教育部人文社会科学规划基金项目

晚清国人诸群体的『中学西传』活动研究

元青 等著

天津出版传媒集团

天津人民出版社

图书在版编目（ＣＩＰ）数据

晚清国人诸群体的"中学西传"活动研究 / 元青等
著. -- 天津：天津人民出版社，2021.12
ISBN 978-7-201-18148-6

Ⅰ.①晚… Ⅱ.①元… Ⅲ.①文化传播－研究－中国
－清代 Ⅳ.①G125

中国版本图书馆 CIP 数据核字(2021)第 277727 号

晚清国人诸群体的"中学西传"活动研究
WANQING GUOREN ZHU QUNTI DE ZHONGXUEXICHUAN HUODONG YANJIU

出　　版	天津人民出版社	
出 版 人	刘　庆	
地　　址	天津市和平区西康路35号康岳大厦	
邮政编码	300051	
邮购电话	（022）23332469	
电子信箱	reader@tjrmcbs.com	

策划编辑	王　康
责任编辑	郑　玥
特约编辑	郭雨莹
封面设计	汤　磊

印　　刷	天津新华印务有限公司
经　　销	新华书店
开　　本	710毫米×1000毫米　1/16
印　　张	17.75
插　　页	2
字　　数	250千字
版次印次	2021年12月第1版　2021年12月第1次印刷
定　　价	72.00元

目　录

绪　论 / 1

　一、选题缘起、研究对象、研究概况 / 1

　二、晚清中外关系根本性变化及文化影响 / 5

　三、晚清走向世界的国人诸群体及"中学西传"活动 / 7

　四、晚清走向世界国人诸群体的总体特征及文化传播形态 / 22

第一章　晚清留学生群体的"中学西传"活动 / 30

　一、留学生群体的构成及知识背景 / 30

　　1. 教会资助及自费留学生群体 / 31

　　2. 官派留美幼童群体 / 34

　　3. 洋务运动时期的军事留欧生群体 / 37

　　4. 清末新政时期的留日生群体 / 39

　　5. 再跨大西洋：20 世纪初的留美生群体 / 41

　二、留学生群体丰富立体的"中学西传"活动 / 42

　　1. 与域外人士的交往 / 43

2. 演讲活动 / 52

3. 留学生社团活动 / 61

4. 创办编辑报刊 / 68

5. 翻译撰写中国题材作品 / 73

6. 日常生活中的潜移默化 / 86

三、留学生群体"中学西传"活动的社会文化动因与价值意义 / 90

第二章　晚清外交官群体的"中学西传"活动 / 96

一、外交官群体的形成及其知识谱系 / 97

二、外交官群体的"中学西传"活动 / 103

1. 广泛出席各种公共活动 / 103

2. 结交当地官方及民间人士 / 112

3. 撰写出版丰富著述 / 123

4. 日常生活中的"中学西传" / 130

三、外交官群体"中学西传"活动的影响、优势与局限 / 132

1. 外交官"中学西传"活动的影响 / 132

2. 外交官群体开展"中学西传"活动的优势与局限 / 137

第三章　晚清旅外士人群体的"中学西传"活动 / 141

一、旅外士人群体的构成及知识背景 / 141

1. 旅外士人群体的构成 / 141

2. 旅外士人群体中西兼备的知识背景 / 146

二、旅外士人群体的"中学西传"活动 / 149

1. 教学与演讲活动 / 149

2. 中国典籍翻译与搜访刊刻活动 / 156

3. 与西人的广泛社会交往 / 160

4. 与日本友人的诗文唱酬 / 171

5. 与日本文士的笔谈活动 / 179

6. 中国书画作品展售活动 / 184

三、旅外士人群体"中学西传"活动的影响 / 187

四、域外需求与旅外士人"中学西传"活动的驱动力 / 194

1. 域外世界获取中国与中国文化知识的客观需求 / 194

2. 旅外士人群体的内在驱动力 / 198

第四章　万国博览会国人参与者群体的"中学西传"活动 / 203

一、万国博览会与晚清中国参与概况 / 204

1. 万国博览会之兴起 / 204

2. 晚清中国参与万国博览会概况 / 205

二、民间自发时期国人参与者群体的"中学西传"活动 / 207

1. 官方缺位与民间自发 / 207

2. 中国商人展示农业大国特色 / 208

3. 中国艺人展现特色文艺表演 / 211

4. 国人参与者群体文化传播活动特点 / 212

三、海关主导时期国人参与者群体的"中学西传"活动 / 214

1. 海关掌握博览会事务筹办权 / 214

2. 国人参与者群体展示中国文化产品 / 218

3. 国人参与者群体与中国文化空间的营造 / 222

4. 博览会的另类参与者及其文化传播活动 / 228

5. 中国文化传播活动特征与缺憾 / 233

四、商部主持时期国人参与者群体的"中学西传"活动 / 237

1. 博览会参会主导权收归商部 / 237

2. 办会官员与商会群体积极作为 / 239

3. 国人参与者群体的中国文化传播活动 / 244

4. 国人参与者群体中国文化传播活动特征 / 246

五、博览会国人参与者群体"中学西传"活动的意义与影响 / 248

1. 强化了中国传统农业国形象 / 248

2. 扩大了文化传播内容和受众面 / 249

3. 有利于中外政治和商贸交往 / 251

主要参考文献 / 254

后 记 / 277

绪　论

近代以来的中国历史，一直被看作向西方学习、寻求民族自立自强的现代化发展史。研究近代历史者，也往往将近代西方文化向中国传播的历史过程视为了解和解读中国近代历史的关键枢纽。然而从全球史跨文化互动的视角来看，"西学东渐"固然是抓住了近代中国历史的鲜明特点，但忽略了"交流""互动"的另一方面，即"中学西传"，不但与近代中西跨文化交往的认识有失偏颇，对中国近代历史的透视也很难说是客观全面的。

一、选题缘起、研究对象、研究概况

晚清时期，经过两次鸦片战争及其后历次中外冲突的打击，中国部分当权官僚士大夫传统的对外观念发生重大变化，加之逐步登上政治舞台的各派先进力量的推动，清政府重新调整对外政策，采取了一系列对外新举措，如遣使驻外、洋务兴学、留学生派遣、参与万国博览会等，使包括外交官、留学生、旅外士人、万国博览会参与者等在内的最早一批中国人走向世界。尽管这些群体间的政治、文化理念不尽相同,但其时代意识、世界眼光、新学知识与文化自觉,仍构成与其他群体的共同社会分野。他们与外部世界的紧密联系,为其域外文化活动提供了历史舞台。他们从不同角度对中国历史与现实、经典与民俗、思想与文艺等所作的域外宣介、研究活动,多姿多彩,为这一时期的"中学西传"提供了直接、广泛且深具适应性的渠道,最早走向世界的国人诸群体也成为晚清时期"中学西传"不可替代的重要力量。

本书中所说的"中学"意即"中国文化",指的是中华民族在几千年的历史长河中所创造的物质文化与精神文化的总和,体现为相对于域外民族文化特别是西方文化的差异性和自我特色,既包括独有的物质生产技术与发明,自成一体的自然科学体系、传统的语言文字、独有的制度文明,也包括内外有别、长幼有序的家族文化,三教合一的信仰世界,传承久远的礼俗与社会风尚等。本书所说的"西传",泛指"域外传播",传播对象指域外之人与域外社会。

研究晚清时期走向世界国人群体的"中学西传"活动,对于全面认识近代以来既有"西学东渐"也有"中学西传"这一中西文化关系格局,改写现有近代中外文化交流史著述偏重"西学东渐"而忽略"中学西传"的基本面貌,完整描述中国文化走向世界的历史轨迹,揭示其内在生命力与辐射力的固有特征,都有着重要的学术价值与研究意义;同时,研究近代中国的外交官、留学生、旅外士人、万国博览会参与者等最早走向世界的国人诸群体,对全面认识与把握其文化观念、文化活动及其影响,推进中国近代外交史、留学史、博览会史等领域的研究,亦有重要学术价值。

大量历史事实证明,晚清时期即使在欧风美雨狂袭、中西文化交流有较大逆差的背景下,中国文化也没有在世界文化舞台上销声匿迹,而是呈现出多主体、宽领域、深影响的域外传播局面。走向世界的国人诸群体就以其杰出工作在晚清"中学西传"历史上留下了重要印记。但在迄今为止的近代中外文化交流史及近代外交官、留学生、旅外士人等群体的研究中，关于其引进西方文化亦即"西学东渐"的活动一直是一个重点，成果堪称丰硕，而域外传播中国文化亦即"中学西传"的活动则少有专门的研究和考察。晚清国人群体的"中学西传"活动之所以长期受到冷落，究其原因有三：一是对其"中学西传"的历史价值认识不足；二是研究视野较为狭窄，涉及内容有限；三是缺乏对相关资料文献的系统搜集和整理。目前，仅有的一些相关成果主要见于以下四类著述中：

一是部分研究中外文化交流史的丛书或通史性著作。如季羡林主编的"中外文化交流史"丛书、李喜所主编的《五千年中外文化交流史》、何芳川主编的《中外文化交流史》等著作中的个别章节对此稍有涉及，但这些内容的篇幅与分量不但与晚清时期国人群体"中学西传"活动的丰富史实不相称，也与书中着力描述的"西学东渐"的丰富内容不平衡。

二是个别关于留学史研究的著述。如元青等著的《留学生与中国文化的海外传播：以 20 世纪上半期为中心的考察》，对 20 世纪上半期中国留学生海外传播中国文化问题作了专题研究，对把握 20 世纪上半期留学生群体在"中学西传"中的地位与作用有一定贡献。李喜所主编的"中国学科现代转型"丛书中的部分内容对中国近代留学生海外传播中国文化亦有简单叙述。日本学者实藤惠秀的《中国人留学日本史》、美国学者史黛西·比勒的《中国留美学生史》的个别章节对此论题也有涉及。上述研究，重点在于民国时期，晚清时期留学生群体域外传播中国文化的研究则较为薄弱。

三是对近代外交官群体的研究。改革开放以来，对近代外交官的研究逐渐引起人们的兴趣，陆续涌现大批成果。其中，钟叔河的《走向世界：近代知识分子考察西方的历史》、王晓秋的《近代中日文化交流史》对近代部分外交官在驻外或出访考察期间,与国外官员、民众交流介绍中国文化的史实有一定阐述。近代主要外交官如郭嵩焘、曾纪泽、薛福成、刘锡鸿、黄遵宪等人物的传记对此也有少量介绍。对近代外交官群体进行系统研究的成果,如祖金玉的《走向世界的宝贵创获——驻外使节与晚清社会变革研究》、胡代聪的《晚清时期的外交人物和外交思想》、李文杰的《中国近代外交官群体的形成:1861—1911》等,对外交官域外宣传介绍中国文化的内容亦有涉及。这些成果的主要关注点是外交官在中国近代化过程中的作用,其"中学西传"的史迹非研究重点。

四是近代中国参与万国博览会问题的研究。近年兴起的近代博览会研究,无论在资料的整理出版,还是博览会沿革等专题研究方面都取得了开拓性进展,其中尤以马敏及其团队的研究最为突出。不少院校的博士生、硕士生亦写作了大量学位论文。综合来看,这些成果主要集中于中国近代参与国际博览会的发展历程、博览会观念变迁、商会组织与博览会关系等综合性研究,在涉及中国参与的国际博览会及其组织参与者在"中学西传"中的作用和主要表现方面,还有较大的开拓空间。

上述成果为我们系统研究晚清时期走向世界国人诸群体"中学西传"的历史提供了某些思路与线索,有较大的学术价值,是我们做好进一步研究的重要基础。但与"中学西传"研究应有的广度、丰富性比,这些成果还远远满足不了需要,尤其在近代中国社会与观念变革及中西跨文化交往视野下详细考察国人诸群体"中学西传"的专题研究尚未得见。

二、晚清中外关系根本性变化及文化影响

殖民主义东来之前,中国历史上还未出现现代民族国家,以及国际的观念,支配中国地理与文化认知的是"天下主义"与"夷夏之辨"这两个古老的观念。其中,"天下主义"有两层意思:第一,古代中国的国家观是一种王朝国家,国之上有一个天下。明末清初的顾炎武曾说,可以亡国,但不能亡天下,天下一亡,就成为丛林世界了。"天下"代表了一套文明价值与秩序。第二,它是一个地理概念。传统中国人对世界的想象是以中原文明为中心,周边有东夷、南蛮、西戎、北狄。只要蛮夷接受了这套文明,就是华夏的一员,就是中华文明的一部分,这就构成了中国的"天下"。这两个内涵集中反映了中国文化的典型特征:它是一套文明观念,天下在民族国家之上。与此同时,天下主义又是一套以自我为中心的等级秩序,中华帝国的背后是华夏中心主义。

正是这样一种"天下主义"的世界观念,深深影响了中国近代以来的外交传统。传统中国拒绝与外来者建立平等的外交关系及广泛的贸易往来。无论是从海上到达的葡萄牙人、荷兰人,还是从陆路进犯的俄国人,都被限制在中国的少数沿海及边陲之地活动。"尽管中西文化早已有往有来,互相影响,而在人员往来上却一直有来无往,只见'自西徂东'而不见'自东徂西'。"[①]对于外来国家的使者与民众,中国古代统治者也很自然地将其看成是来"朝贡"的"化外之民",在清末也没有专门与外国打交道的外交部门,只有一个处理蒙古、回部及西藏等少数民族事务的"理藩院"代行职能。

然而随着鸦片战争的一声炮响,古老的中华帝国面临千年未有之变局。

---

① 钟叔河:《走向世界:近代知识分子考察西方的历史》,中华书局,1985 年,第 34 页。

首当其冲的便是外交领域从观念、制度到实务的巨变。首先,战败的结局、国门洞开的社会现实,改变了中国与周围国家的传统关系,迫使晚清国人从传统的天下意识中走出来,开始关注民族存亡问题。由对器物和军事力量问题的关注,触及制度及知识体系、价值观、伦理观问题,进而重新审视自己的文明。其次,几次灾难性战争所导致的巨大冲击和刺激,使晚清国人始终处在民族危机的历史环境之中,催生了全民族的忧患和抗争意识。1842 年中英《南京条约》签订、1858 年中英《天津条约》签订,1860 年中英、中法《北京条约》签订……此后,英、法、美、俄相继向中国遣使设馆。而总理衙门作为中国第一个正式的外交常设机构,更是改变了中国以往只有理藩而无外交的局面,标志着中国近代外交机构的萌生,开启了中国外交近代化的历程。此后,一系列不平等条约的签订,外国商品的涌入,传教士、外商来华……给晚清社会带来前所未有的冲击与压力。深沉的愤懑与怀旧的苍凉之感,弥漫于被侵略的国人心中。对于资本主义列强而言,清王朝已不是一个享有完全独立主权和领土完整的国家,而不过是被征服的、有待开化的原料供应地和商品市场。资本主义在封建社会建起的租界,亦是晚清看向世界的若干扇窗口。

"创痛深巨唤起了改革旧物的最初意识。"①龚自珍、林则徐、魏源等先贤,在批判中反思传统,在传统中探出头来认识西方,进而创生了"师夷长技以制夷"的著名论断。在向西方学习的过程中,西人的诱导使近代中国产生了有别于传统的递进式认知进程,即器物—政制—文化。一场以"自强""求富"为目标的自救运动得以展开。为了扩大中外交往,学习西方的军事、科技、工业、教育等,取人之长补己之短,清政府陆续派官员游历考察、外交官常驻外国、留学生出国学习、参与万国博览会事务,进而产生了第一批走向世界的国人

---

① 陈旭麓:《近代中国社会的新陈代谢》,生活·读书·新知 三联书店,2017 年,第 52 页。

群体。他们得以近距离观察西方,主动直接地认识世界。正是在最早走向世界的国人诸群体中,产生了"中学西传"的初步成果。

三、晚清走向世界的国人诸群体及"中学西传"活动

晚清之际,在对外观念、对外认识发生重大变化背景下,清政府重新调整对外政策,逐渐形成了新的对外交往模式,采取了一系列对外新举措,促使晚清国人走向世界。本书将走向世界的国人大致划分为四个群体:留学生群体、外交官群体、旅外士人群体、万国博览会参与者群体。

1. 留学生群体

早在20世纪20年代,著名教育家舒新成先生就曾指出,民国初年"留学问题几乎为一切教育问题或政治问题的根本",认为"从近来言论发表的意见,固然足以表示此问题之重要,从国内政治教育实业诸事业无不直接间接为留学生所主持,所影响的事实看来,更足见留学问题关系之重大"。[1]由此,留学生及留学问题研究开始进入研究者视野。

(1)留学生群体的形成

中国近代留学生群体的出现及晚清几次留学运动的发起,反映了鸦片战争后国人向西方学习的历程。1872年的留美幼童派遣,是第一次官方意义上的对外派遣留学。这批幼童派出时年龄较小,寄宿于美国家庭,在美国普遍接受初等、高等教育,可以说经过了系统化的学校教育和西方家庭文化的熏陶;与此同时,将中国人的生活习俗思想观念等,展示并传播到美国社会,一定程度上代表了中美两国民众最初的了解与交流。

1875年至1897年,清政府先后派出四批福州船政学堂学生赴英、法留

---

① 舒新成:《近代中国留学史序》,《近代中国留学史》,上海古籍出版社,2014年,第1页。

学,是中国最早的留欧运动,为中国近代海军的发展奠定了宝贵的人才基础。这批留欧学生与留美幼童有许多不同。首先,他们出国时一般在20多岁,相对成熟,文化、专业素质与外语基础比较好。其次,派遣的目的较明确具体,就是为了培养自己的海军和造船人才,以发展中国的海军和造船事业。最后,留学期限较短,一般为3—5年,学用结合,成效显著,多数能如期学成归国服务。这次留学运动在吸收西方军事技术的同时,客观上也实现了中国文化的西传。如一同出使的随员马建忠、陈季同等,以其所学,著书撰文,纠正西方社会对中国的错误认识,在西方社会、文坛、政界轰动一时,对近代中西文化交流作出了突出贡献。

1896年以后,始有留日学生的派遣。留学日本原系应一时之急,学生之程度等很受质疑,但是他们在日本活跃的情形,曾引起中日间各阶层的注目与关切,而且他们在民国早期各领域所扮演的角色与影响,不容低估。留日学生以其规模、影响而成为当时世界留学史之最。尤其是在学习日本的同时,中日朝野上下各个领域的文化交流活动也最为密切,影响中国近代社会最深最巨。

清末,美国为博取在远东的利益,率先与中国订立协定,退还超过实际损失的赔款,由此促成了"庚款留美"运动。庚款留学生对中国现代化的贡献,领域众多,影响深远。他们在传播中国文化方面的贡献主要表现在以跨文化的视野利用西学来研究中国社会问题(如留美博士论文),跟美国导师与同学的交流也多围绕于中国历史与现实的困境。因此,对中国传统文化的反思以及新文化的更新贡献尤多。

自鸦片战争后打开国门,中国人走向世界的步伐即未停止。以留学生为代表的先进群体成为中西文化交流的载体,他们既具个性,又具共性。他们既能以他者视角观中西文明,又能以在场身份感受各自文化之独特,进而以比较视野看待中西社会,传播中国文化。

(2)留学生群体的"中学西传"活动

晚清中国,没有哪个群体比留学生更加深入地了解西方近代科技、教育、政治、社会等。他们在西方代表了晚清国人的精神风貌,树立起中国学人的文化形象,是"西学东渐"和"中学西传"的急先锋。他们通过演讲、社团活动、创刊办报、翻译著述、与西方人士交往等形式,向世界传达中国声音,展示中国文化。晚清历次留学运动,已经形成了一个人数众多的留学生群体,他们从多个角度,对"中学西传"作出重要贡献。

第一,面对西方社会对中国文化的误读,晚清留学生不甘沉默,努力为中国发声。1887年,耶鲁法学专业毕业的李恩富,出版了他的自传体著作*When I Was A Boy In China*(《我在中国的童年》),以个人生活为蓝本,向美国社会介绍中国人的日常生活、文化教育等,既着力纠正美国社会对中国的误读,又深入对比论述中美文化的异同。李恩富让人们看到,文化本无高下,中西之间亦无贵贱之分,任何民族中"匪夷所思"的文化行为,都有其深刻的文化内涵,与其文化土壤和社会空气相适应。

再如梁启超著书《李鸿章》(又名《中国四十年来大事记》)经留俄生张庆桐译介,廓清了19世纪俄国人对中国人的纷杂认识,是俄国人了解中国40年来大事的读本。张庆桐本人也享誉俄国政界、学术界、新闻界,与俄国文豪列夫·托尔斯泰通信探讨文化问题,一时传为佳话,在晚清时期的中俄文化交流中影响深广。

第二,融汇中西,开展智识层面的交流对话。"中学西传"不仅是中国文化"走出去"的问题,更在于其与西方文化的深度交流碰撞。在欧洲留学十多年,精通英、法、德、意各国语言的辜鸿铭,对中国传统文化在海外的传播有突出贡献。他不仅以翻译儒学经典①的方式,使中国文化出海,更以其深厚的学识素养结交了当时欧洲社会的文化名流,在智识层面开展深度对话。他还利用报刊、出版,影响了众多欧洲汉学家,其代表作 The Spirit of The Chinese People(《中国人的精神》),一经出版即得到西方文化界的广泛关注与讨论。

1911,清末进士、留美博士陈焕章的经济学博士论文《孔门理财学》在纽约和伦敦出版,得到西方经济学界广泛好评。该书"不但是中国人在西方正式出版的第一本经济学著作,而且是唯一一本全面诠释传统,并有重大创新的第一本经济学著作"②,是中国人第一次以西方语言向世界全面展示中国古代儒学思想的重要著作,是传统经济思想史的开山之作。理财学教授亨利·施格(Henry Seager)为《孔门理财学》作序并给予高度评价。马克斯·韦伯在出版的著作《儒教与道教》一书中,将《孔门理财学》作为阐述儒教内容的重要参考文献。1930 年,《孔门理财学》再版,《美国历史评论》(American Historical Review)赞颂"陈焕章做出了破天荒的成就"③。

第三,生活化的文化,活跃的社团组织,进一步形成传播合力。留学生在留学期间与当地群众的生活化交往,如在茶话会、家庭聚会、演讲等场合,有意无意将中国人的生活方式、饮食、着装习惯等展现给域外民众。在美国,颜惠庆每逢休息日,就到老师、同学、朋友家中做客。每当他讲起中国风土人情时,美国友人无不专心倾听,时常捧腹大笑,有时还就疑惑之处进行询问。在日本,以反对缠足的何香凝为代表的中国女留学生的出现,使得一般日本民

---

① 英译《论语》《中庸》等,其中"英文译《论语》,泰西购者近百万部"。(刘成禺:《辜先生鸿铭遗事》,《洪宪纪事诗三种》,上海古籍出版社,1983 年,第 269 页。)《中庸》曾由英国"东方智慧"丛书重版印行过三次。

② 相蓝欣:《传统与对外关系——兼评中美关系的意识形态背景》,生活·读书·新知三联书店,2007 年,第 143 页。

③ 陈焕章:《孔门理财学》,中华书局,2010 年,中译前言 1。

众对中国妇女有了新的认识。

留学生社团的成立,为"中学西传"的深入开展注入新的活力。如留日学生创办的"清国留学生会馆"(后改为"中国留学生总会");留美学生组建的"美国华人学生联盟"(后改为"太平洋海岸华人学生联盟")、"美国中西部中国学生会""绮色佳中国留美学生会""太平洋沿岸中国学生会"等,均曾发挥过重要的文化交流功能。留学生以社团组织为核心,与世界各国留学生进行互动和竞技,在交流碰撞中,促进了中国文化的域外传播。同时,留学生社团的演讲、联谊等各类活动,也为所在国民众提供了一个了解中国的窗口。

2. 外交官群体

晚清是中国近代外交产生及初步发展时期。1861 年,总理各国事务衙门成立,1866 年至 1874 年,先后三次派斌椿、志刚、孙家毂等人出国进行短期考察,直至 1875 年派遣驻外使节的计划正式付诸实施。1876 年,郭嵩焘出使英国,开启了中国正式向外派遣使节的历史。遣使驻外是晚清外交行为变化的标志和晚清外交新格局的开始,外交官开始在涉外事务上发挥作用,也成为中外文化交流的重要纽带。

(1)外交官群体的形成

晚清驻外公使数量较具规模。据钱实甫编纂的《清代职官年表》及故宫博物院与福建师范大学历史系合编的《清季中外使领年表》统计,1875 年至1911 年,清政府派驻国外的使节人数,总计 67 人。"驻扎的国家包括兼使之国在内共计英、法、意、俄、美、日、奥、荷、比、西班牙、葡萄牙、墨西哥、古巴、秘鲁、朝鲜(韩国)以及瑞典、丹麦、巴西等十九国。"①

晚清外交官群体来自全国各省,以广东、浙江、江苏等地区为多。"晚清

---

① 马一:《晚清驻外公使群体研究》,广西师范大学出版社,2019 年,第 3 页。

具有留外背景的公使几乎全部出自闽粤江浙地区。"①"甲午战前的遣使初期,清政府遴选使才,科举正途与洋务能力并重,驻外公使大多为善谈、善办洋务的科甲精英。"②虽然不少开明士大夫已经注意到西学背景在外交工作中的重要性,但是受文化、观念及现实条件的影响,西学背景并未被纳入使臣选派的重要标准,诗词文赋仍是重要的考量内容。"甲午战后,社会变革加剧,舆论倡行西学,国际法、均势观等西方外交思想如潮涌入,势不可挡,清政府传统观念才开始发生巨大变化。"③加之,清政府此时国际地位衰微,民族危机加剧,外交问题更为复杂,急需具有西学背景的人才。因此,在之后的选拔中,西学素养和出洋阅历成为选派的重要标准,并切实影响到驻外使臣的对外交往活动。新式学堂学生、留学归国人员逐渐充实到外交团队中,丰富了晚清外交官的群体构成。

外交官群体大多有良好的家庭背景,且不乏名门之后,如崇厚、曾纪泽、曾广铨等,但也有部分出身清寒之家,如刘式训、容闳、李兴锐、张亨嘉等。学识素养、地位人脉等也是驻外使臣获成功保荐的重要条件。这直接体现为晚清权贵对驻外使臣人选的影响,诸如奕劻、荣禄、李鸿藻、曾国藩、李鸿章、张之洞、袁世凯等。其中,影响最大的李鸿章,与晚清半数以上的公使群体有着千丝万缕的联系。④

总体而言,从受教育程度、出身、地域分布等诸多因素来看,晚清逐渐形成了一个以曾国藩、李鸿章、张之洞等权臣为中心的,立足中外交往之大势,接受中西文化影响较深的关系群体。从外交官群体的文化交流活动来看,其文化视野、知识结构等,对中外文化交流的内容及深度有重要影响,不仅体现

---

① 马一:《晚清驻外公使群体研究》,第41页。

② 马一:《晚清驻外公使群体研究》,第16页。

③ 马一:《晚清驻外公使群体研究》,第18页。

④ 参见马一:《晚清驻外公使群体研究》,第48页。

在其生活方式、行为习惯方面,还体现在其对中西文化的理解和体悟层面。

(2)外交官群体的"中学西传"活动

在屈辱抗争的历程中,最早走向世界的外交官群体也在探索外部世界、审视西方文明、传播中国文化,时刻展现着中国知识群体的修养、品行,传播中国文化的底蕴和魅力。特别是清政府对外遣使设馆之后,晚清外交官与各国的政治交往日益深广,中外文化交流更趋多元。

第一,对中国意向符号、典籍文化的传播。外交活动会引发西方人对中国文化的符号认知,这是富有象征意义的文化传播。1868 年 8 月 8 日,清政府派出的第一个外交使团——蒲安臣使团,在乘坐的从美国纽约州首府奥尔巴尼开往波士顿的客车上,第一次升起中国国旗。从这以后,龙这种传说中的神灵动物,就被全世界看成是古老中国的象征。

1878 年,清政府在日本的东京设立公使馆。在驻日外交官群体的影响下,中国语言以及典籍文化得以传播。一是直接影响了日本学校的中文教育。如"东京的外国语学校放弃了过去以中国南京官话为中心的教育方针,开始重视北京官话"。二是以《红楼梦》这样的名著作为汉语教材。如大河内辉声、森槐南等与中国驻日外交官有交往的文人,都是《红楼梦》一书的热心读者。日本文化名人大河内辉声说:"敝邦呼《源氏物语》者,其作意能相似。他说荣国府、宁国府闺阁,我写九重禁庭之情,其作者亦系才女紫式部者,于此一事而使曹氏惊悸。"①

第二,通过社交往来,展示中国礼仪与物质文化,诠释中国文化精神。外交官以中国代言人的姿态,参与公共活动,利用演讲、论辩、宴会活动等形式,宣传中国的对外主张,展示中国文化。郭嵩焘、曾纪泽、罗丰禄等都曾在公共

---

① 郑子瑜、[日]实藤惠秀编:《黄遵宪与日本友人笔谈遗稿》,文海出版社,1974 年,第 182~183 页。

活动中,凭借得体的言行获得了西方人士的尊重,传播了中国的"以和为贵"的文化理念。驻法公使陈季同,在公开演讲中,向巴黎民众讲述了中国的养蚕文化、养蜂文化,介绍了中医学的相关知识,多角度展现了中国文化的独特性。[1] 1887 年,张荫桓代表中国皇帝出席英国女王钻石庆。他与中国同胞作揖行礼的问候方式,引起了英国民众的注意。[2]庆典上所赠的瓷器、藏香、刺绣、绸缎等中国特色制品,承载了更为丰富的文化内涵,展示了中国贺寿的文化礼仪。此类展示中国文化的事例,不胜枚举。

外交官与当地官方和民间人士的往来, 则更为直接地展现了中国文化。如曾纪泽、伍廷芳、颜惠庆、黄遵宪、黎庶昌等人在西方国家广泛交友,通过赠诗赠画、切磋学问、参加活动等形式与外国友人频繁往来,建立了友好感情。这些私人交往活动,在日本更具代表性。历届驻日公使均与日本文化界往来颇深。驻日公使何如璋、驻日参赞黄遵宪等经常同日本文士一起研墨和诗、著文作序,展现中国书法和诗词艺术,探讨中国历史典章。因此,"风雅好文"也成为选派驻日公使的一个重要考量标准。

第三,借助书籍报纸,传播中国思想,展现中国文化图景。除此之外,这些中国文化的饱学之士们,更常常将所思、所感、所学诉诸笔端,在西方世界产生了一定影响。陈季同在驻法期间,著述颇丰,对于传播中国文化,影响深巨。他在巴黎《两个世界》杂志上刊登的 18 篇文章,展现了中国人的礼俗、精神,深刻剖析中西文化,在中法战争时期的法国社会产生了巨大反响。这些文章后来集结为《中国人自画像》一书,成为西文书写中国的最早

---

① See "Gratitude And Anmiration In Relation To Idolatry,"in *The Illustrated Catholic Missions:An Illustrated Monthly Record, in Connection with the Society of the Propagation of the Faith*(London,England), Issue 20,Thursday, 1 December, 1887, p.120.

② See "Chang in London," *The Yorkshire Evening Post*(Leeds,England),Issue 2105,Thursday, 27 May, 1897, p.4.

著作。他在 1884 年翻译的《中国故事集》(*Les Contes Chinois*)（由《聊斋志异》中的 26 篇故事组成），更把中国的经典作品直接介绍到法国。1890 年发表的《中国的娱乐》(*Les Plaisirs en Chine*)，被西方社会认为是一个完美的素材仓库，可以用来研究社会学中不那么严肃的方面，也可以生动地描述中国社会的轻松氛围。①

曾纪泽曾在《亚细亚季刊》上刊载《中国先睡后醒论》的文章，②深刻阐明了中西关系和中国外交政策，表明了中国人追求富强的信心和勇气，引起西方人关注。黄遵宪受何如璋之命撰写的《朝鲜策略》一书，赠予当时访问日本的朝鲜王朝修信使金宏集。此书不仅有着重要的外交政治意义，亦承载了重要的文化意义，时至今日仍是中朝关系研究的重要材料。此外，颜惠庆、伍廷芳等外交官也通过各自的著述从不同层面传播了中国文明。

总体而言，外交官群体是晚清"中学西传"的重要推动者，从外交层面为晚清的"中学西传"开辟了一条重要的通道。他们自身既是中国文化的象征，也是传播中国文化的载体，对推动中外交往，促进中外文化交流，起到了关键作用。晚清外交官群体在中外文化交流史上的成就，应予彰显和肯定。

3. 旅外士人群体

本书中旅外士人的界定与张仲礼先生所著《中国的绅士——关于其在19 世纪中国社会中作用的研究》一书中的绅士有重合之处，即将拥有功名、学品、学衔、官职之人都归在绅士集团中，但也不完全相同。只要曾受过旧学教育，并有海外游历经历者，即使并未取得功名，也将之归入旅外士人的范

---

① See "A new book by General TCHENG-KI-TONG on a... subject may always be safely predicted to be full of interest for all who care to study the Flowery Land and its inhabitants," *The Morning Post*(London, England), Issue 36721, Monday, 24 February, 1890, p.5.

② See "The Marquis Tseng on China," *Manchester Courier and Lancashire General Advertiser*(Manchester, England), Issue 9401, Thursday, December 30, 1886, p.8.

畴。此外,因驻外公使的随员更类似于传统官员之幕僚,若将其视为"外交官"则似有不当。因此,也将其归入旅外士人的范畴。

(1)旅外士人群体的形成

和身份明确、职责明晰的留学生、外交官不同,同是作为中国文化域外传播者的旅外士人群体,其构成情况相对较复杂。按照出洋原因之别,大致可以分为以下五类:

第一类,受他国聘请,赴域外教授语言的教师,以戈鲲化、潘飞声为代表。第二类,驻外公使的随行人员,以陈矩、孙点、杨守敬为代表。第三类,自费出洋谋生者,以罗雪谷、王治本、陈曼寿、胡璋为代表。第四类,为避祸而被迫出洋者,以王韬为代表。第五类,因公务考察而出洋者,以李圭、袁祖志、吴钟史为代表。还有一些旅外士人,其出洋缘由与上述皆不相同,如单士厘是为投奔其丈夫钱恂而远渡东瀛。罗森则是作为美国佩里舰队的中文翻译前往日本。不难发现,这一群体的出洋原因不尽相同,教育背景也大有不同。

与其他在海外活动的人群相比,在文化传播活动方面,旅外士人这一群体既有其优势,也有其不足。旅外士人在域外通过多种途径为弘扬中国文化作出了重要贡献,这一点是确凿无疑的。长期以来,学界对这一群体的关注稍显薄弱,虽有对个别人物的关注,但缺乏群体性研究。因此,对这一群体进行研究很有必要,不仅能够使我们对中国文化域外传播的情况认识更加全面和深入,而且这也是对那些筚路蓝缕,为弘扬中华文化费尽心力的先驱者最好的纪念。

(2)旅外士人群体的"中学西传"活动

旅外士人群体的"中学西传"活动主要集中于文学、艺术领域,兼及礼仪、服饰等日常生活文化。

其一,传播中国语言、文化。旅外士人在海外通过教授汉语、演讲、翻译等形式传播中国语言、文化。潘飞声和桂林在德国东语学堂协助阿恩德（Adrent）教授的中文课程 Chinesisch täglich（中国人的日常）和 Chinesische Landeskunde（中国文化研究）①，以汉语教育为媒介，传授中国文化。旅美士人戈鲲化在哈佛大学从事汉语教学，创作诗词，编写语言学习教材《华质英文》（*Chinese Verse and Prose*），以此介绍中国的历史典故、文学名作、礼仪风俗等。王韬在1867—1870年受理雅各之邀，旅居欧洲，协助理雅各翻译中国典籍。1871年，他们合作翻译的《中国经典》第四卷《诗经》译毕刊行，在海外大获好评；1872年，《春秋》《左传》译本翻译刊行。

日本保留了中国大量的典籍遗文，杨守敬在日期间尽其所能搜访古书。其《日本访书志》奠定了黎庶昌刊刻《古逸丛书》的基础。旅日士人陈矩共搜集金石遗文四千余种，遗书百余卷，宋元椠本百余卷，未刊行名人著述五百余卷。归国后，他以此资料辑成《灵峰草堂丛书》，填补了黎庶昌《古逸丛书》的缺漏。他们为中国古籍的保存、整理、传播作出了突出贡献。

其二，交流展示中国艺术。在晚清中日文化交流中，以中国书画艺术为中心的多种交流占有重要地位，不仅形式多样，意义丰富，且影响深巨。旅外士人在晚清中日书画艺术交流中扮演了重要角色。

推动了中国传统绘画在日本的传播。中日两国的书画贩卖活动在19世纪70年代后日益频繁。早在1870年至1871年秋之间，广东人罗清就曾在日本东京浅草公园展售书画，且颇负盛名。驻日公使馆设立后，中日人员往来更为便捷，交往日益频繁。众多书法、绘画、篆刻艺术家，东渡日本，并带去不少名家之作。卫铸生、王冶梅等，都曾声震一时，其作品在日本被争相索购。

---

① "Verzeichnis der Vorlesungen usw.für Winter 1887/88", in:Prof. Dr. Ed. Sachau, *Denkschrift über das Seminar für Orientalische Sprachen an der Kniglichen Friedrich-Wilhelms-Universitat zu Berlin von 1887 bis 1912*, Berlin:Reichsdruckerei, 1912, S.55.

王冶梅在日几年,先后在日本出版了《冶梅石谱》《兰竹二谱》《冶梅画谱》等几种画谱,推动了中国传统绘画文化在日本的传播。

填补了日本书道史上的空白。书道,在日本文坛曾备受推崇。中国书法中的碑学传统获得日本人的认可与接受,与中国旅日士人杨守敬有着密切的关系。1880年,杨守敬受公使何如璋邀请,以公使随员的身份东渡扶桑。临行前,杨氏还搜集了约万余种碑版拓印,并将之一并携往。抵达日本后,他所带来的这些珍贵材料在异国引起了巨大反响。杨守敬因此声名远扬,日本书家遂纷沓而来,求教于杨氏。包括成名已久的日下部鸣鹤、松田雪柯、岩谷一六等人,都拜在杨氏门下。杨守敬对六朝汉魏碑刻十分推崇,为日本书坛带来了古拙肃穆的篆书与雄浑大气的隶书。此外,杨氏在日期间先后撰写了《楷法溯源》《寰宇贞石图》等辑录性质的著作,主持刊刻了《邻苏园帖》《景苏园帖》等帖谱,予以日本书道学者极大的启发。

其三,展现中国士人的日常生活文化。晚清旅外士人的社交活动较为丰富,而他们又深受中国传统文化影响,衣冠举止皆尚君子之风。因此,在日常交往中,中国日常生活和礼仪文化也通过这些非语言符号得以传播。此外,中日文士交往多用笔谈的形式,交流内容涉及中国诗词格律、文学艺术、风俗典故、政治制度等多个方面,加深了日本文人对中国文化的认知。且不少日常交往,多有诗词吟诵,不仅让西方人领略了中华诗词之美,同时也感受到诗词在中国传统文士生活中的重要性。诗词于中国文人而言,不仅属文学艺术范畴,更是聚会畅饮不可或缺的重要精神享受。

4. 万国博览会参与者群体

18世纪在英、法等国兴起的万国博览会,是世界范围内经济贸易和科学文化艺术交流的平台。自1851年至1911年,清政府多次受邀参加万国博览会,并以此为媒传播中国文化。

（1）万国博览会参与者群体的构成。晚清万国博览会参与者群体的文化传播活动，按照身份、阶层、地位的区分，大致分为三类：一是以民间商人艺人为主体的文化传播，二是官员与民间商人艺人同台参与的文化传播，三是官员、商会、商人合作共同参与的文化传播。在参与万国博览会以及参与文化传播的过程中，又突出体现了民间自发参会、海关洋员主导、商部主持三个时代特征。不同时期的参会主体及组织者多有差异，对中国文化的传播也涉及不同层面，进而形成一个以万国博览会为平台的"中学西传"群体。

1851 年至 1872 年间万国博览会的中国参会者较少，民间商人、民间艺人是主要的参加者，兼有部分外国商人、官员和学者，清朝官方并未参与其中。在官方缺位，普通民众不知万国博览会为何物的背景之下，中国商人可谓是参加万国博览会的先行者，他们与中国民间艺人一道，形成了最早的参会群体。

1870 年后，万国博览会演变为官员与民间商人、艺人的同台参与。1870年，奥匈帝国驻华公使嘉理治向总理衙门发出照会，邀请中国参加 1873 年在维也纳举办的万国博览会。总理衙门同意参会，并将此次博览会事务交给了海关总税务司赫德办理。在以赫德为首的海关洋员的组织和筹办下，海关英籍洋员包腊作为清政府的代表携带中国商品到维也纳参展，并获得了维也纳博览会的官方奖励和赞赏，自此之后总理衙门将万国博览会的筹办权都交到赫德手上，也预示着官方参与的开始。赫德建立了一套行之有效的参会模式，使参与万国博览会的中国委员会以分组的形式各司其职，高效运转。海关主导中国博览会事业三十多年，越来越多的中国人获得了参加万国博览会的机会，参会规模远超以往，除了私人游历之外，借此考察、经商的民众越来越多。此后，海关洋员与清廷驻外人员、留学生、商人矛盾日深，国内外相关人员将国际博览会的承办权收回的诉求日益强烈。

清末,万国博览会在中国的影响日深,参与群体也出现了官员、商会、商人合作共同参与的新态势。1903 年清政府下令成立商部,拟定商律,实行奖励工商、发展实业的政策。上海、天津、山东、山西、福建、湖南等全国各地的新商会如雨后春笋般出现。[①] 1905 年,比利时列日博览会是第一次由中国官员负责全权办理中国馆的博览会,也是晚清从海关手中收回博览会主办权的转折点。商部的筹办,晚清办会官员、商会组织的加入,为万国博览会注入了新的生机,使万国博览会的参与者真正凝聚为一种新的力量,展示出不同以往的面貌。

(2)万国博览会参与者对中国文化的传播。在清末参与万国博览会 60 年的历史中,农业产品、手工业产品、矿产品及初级制品等土特产品一直是中国展品的重要组成部分。特别是在没有官方参展和大规模的民间自发参展阶段,中国商人携带自己的各色货品参展。

第一,以农产品、民间艺术为主的传播活动。早在 1851 年伦敦万国博览会上,中国的矿产品,茶、棉花、木材等经济作物,丝绸、丝织品等纺织品,以及雨伞、拐杖、扇子、烟斗、鼻烟壶、漆器、雕刻、装饰品等手工艺品在西方首次集中亮相;中国民间艺人将戏剧、武术、中国乐器和杂耍等民间艺术带到万国博览会的舞台上,使西方民众第一次接触到真正的中国民间艺术。这是中国民间商人和民间艺人在无官方指导和资助的情况下,对世界商业文化的早期探索,客观上促进了中国物质文化的对外展示与传播。这些展品体现了中国的丰富物产和精湛的手工技艺,也展示了中国高度发达的农业文明。

以上传播活动出现较早,且人数和声势小,形式虽新奇生动,但多出于商业目的而无主观意愿,再加上中国官方缺位,开展的活动零散没有组织性,整

---

① 参见章开沅、朱英主编:《中国近现代史》,河南大学出版社,2009 年,第 290 页。

体上既无法与西方先进的工业文明相抗衡,传播效果也不显著。然而从文化交流层面上讲,这种借助博览会的舞台展示并传播中国文化的各项活动,是中国文化走向世界的标志之一,其重要性也是不可小视的。

第二,中国独特物质文化展品和中国文化典籍的呈现。随着近代中国积极融入世界市场,通过博览会参与对外文化传播也显现出新的内容和特征。表现在中国独特的物质文化展品日趋丰富,且数量激增;以展示中西文化交流成果为核心的文化典籍译本开始大批量送展;外交官、留学生、政府专派人员开始参与(游览)万国博览会;中式建筑、牌楼、庭院、茶馆、餐厅等在万国博览会亮相。

在官方和民间多种渠道的共同作用下,中国人对万国博览会有了深度参与,但也暴露出诸多问题,如国外对中国文化缺乏深度认知,未能合理布展;存在猎奇炫奇的心理,对身穿中国服装的"小脚"女人和"鸦片鬼"等泥塑或木雕人偶等陋习进行展示,损害了中国形象,不利于民族尊严和国家形象的维护。

第三,近代化成果的展示。清末中国人参加万国博览会,不仅参会群体中增加了中国官员及商会组织,且传播内容、面貌焕然一新。表现在展品的选择上,杜绝辱华展品,坚决维护国家尊严,反映了近代民族意识在士、商群体中的觉醒;体现中国近代化的展品开始出现在万国博览会上,展现了晚清洋务运动40年来近代化的成果,涉及军事、路政、教育、政治等多个方面,且斩获众多奖项;大众传播技术开始应用于展览当中,越来越多的照片、模型展品开始替代实物展品。

进入20世纪,中国在万国博览会的文化传播在展示内容上更具有时代性,它虽然并不放弃中国原有的传统文化展品,但是它向世界展现了正在动态发展中的中国社会,展示着中国积极向西方学习并迈向近代化的努力。

总体而言,随着国人对博览会认知的变化,特别是参会主体的不同,对中国文化的传播也从物质层次渐趋深入到精神文化层次。20世纪更显现出鲜明的时代性,展现了国人群体维护民族尊严、追赶近代化脚步的精神面貌。较之于其他群体的"中学西传"活动,万国博览会参与者对中国文化的展现也更趋生活化、多样化,受众群体更加广泛,促进了中外间的广泛交流。

四、晚清走向世界国人诸群体的总体特征及文化传播形态

晚清走向世界国人诸群体的"中学西传"活动既有共性,又各具特色。他们既是"西学东渐"的重要群体,也是"中学西传"的重要先行者。

1. 晚清走向世界国人诸群体的总体特征

尽管晚清走向世界的群体有别,派出动因及活动内容亦不同,但却具有特定的时代印记与总体特征。

首先,晚清走向世界的国人诸群体,能够在封闭传统与走向开放的双重经验中,成为具有崭新国家与世界观念的新群体。近代最早开眼看世界以及走向世界的先进中国人,在当时的历史情境下,体验着一种固有文化与外来文化的张力。一方面,他们面临以"征服者"自居的洋人的歧视甚至凌辱;另一方面,也遭遇到旧文化的阻碍压迫。在此夹缝中,慢慢领会了近代民族国家与国际世界的观念。从跨文化交际的视角看,身处于西方文化场的国人群体,更能够体会中西文化的异同,形成相对清晰的"国家"与"世界"观念,产生更加包容开放的文化心态和全球视野。在外交官、留学生、旅外士人、万国博览会参与者中,不论是浸润中国传统文化的饱学之士,还是从事商业贸易的普通工商人士,新的国家与世界观念无疑造就了他们不同于以往国人的身份认知与文化认同。

其次,通过近距离的接触、冲突与融合,确立了对中西文化的理性认知。在晚清国人走向世界之前,西方人对中国充满了真假难分的想象。虽然,有不少来华传教士、商人等曾到访中国,体验过中国文化,并将之带到西方。但对于更多西方人来说,从未见过的东方人与文化,不过是鲜少听到的故事。相较于深居国内、不知世界之大的晚清国人,走向世界的国人群体,能够深入西方文化场域,沉浸式了解西方文化,经过日久的工作、学习或社交活动,廓清以往对西方社会的朦胧认识或错误认知。因此,他们更能审慎地对待中西文化,了解中国文化与西方文化的特点和差异,不至看朱成碧。同时,基于对西方社会文化、语言、风俗习惯的了解,他们能够深切感知西方世界对中国的认知期待,与其开展理性的交流对话,加深中西文化的互通与融合。

最后,对于中国摆脱落后面貌,走向近代化的历程形成一种普遍的文化自觉。从文化交流的广义而言,近代中国历史实质上是一场在中西文化对比中走向真正的文化自觉的过程。晚清国人在勇敢走向世界的征程中,伴随着诸多复杂的心理。一方面,国人群体对给中国带来灾难的西方国家充满痛恨,可因各自的历史使命及现实需要,又不得不与西方开展交流对话;另一方面,"当时包括封建统治阶级在内的绝大多数中国人,也还并没有从与世界隔绝的封闭状态中惊醒过来,向中国以外的世界睁开眼睛。对传统典章制度的自信,对古老声名文物的自诩,对近代科学知识的无知,对世界大势的蒙昧,都在禁锢着人们的头脑,束缚着人们的思想"①,而真正的文化自觉,是多元文化中的自我确立。需要真正走进多样的文化中去,了解世界各地的文化差异,取长补短,在比较中确立自我的文化认知。在晚清中外文化交流活动中,留学生、外交官、旅外士人、万国博览会参与者等群体,成为最早的醒悟与体验者。

---

① 钟叔河:《走向世界:近代中国知识分子考察西方的历史》,李侃序。

2. 晚清走向世界国人诸群体文化传播形态

晚清时期国人群体"中学西传"活动纷繁复杂,因各个群体间的差异,各自的具体境遇千差万别。从文化传播角度看,晚清走向世界国人诸群体因身份、视野及所处具体社会环境等的差异,带来了传播内容、传播方式等方面的不同,也造就了"中学西传"活动的多元传播形态。

(1)传播主体

晚清走向世界国人群体的"中学西传"活动,由于传播主体身份的差异,故而造成传播偏好、传播方式及效果等的不同,不仅决定着晚清"中学西传"的存在与发展,而且决定着传播内容的质量与影响。

首先,从晚清"中学西传"活动主要参与群体的密切相关性而言,留学生与外交官两大群体在身份上的差异最为明显,一为官员,一为学子;一为管理者,一为被管理者。这种身份立场的差异,决定了他们在观察西方、审视自身的过程中开放度的差异。尽管留学生群体大都接受过中国传统教育,但就思想文化层面而言,他们有着更为开放的接纳心态。无论是留美幼童,还是此后的留欧生、留日生、庚款留美生,在中外文化交流中充分展现了对不同文化面向的关注与讨论。而外交官群体中,虽不乏拥有西学背景者,但毕竟在身份上受到政治导向的影响,其传播活动具有更为浓郁的保守色彩。

其次,旅外士人的特殊性在于他们多受传统教育熏染,以士绅学者的形象示人。宣扬、展示中国文化是旅外士人文化交往的重要内容,中国传统文化也是旅外士人在海外的立身之基。他们和留学生、外交官的共同特点之一,就是在拥有中学背景的基础上,能够沉浸式的观察、学习西方文化,并将之介绍到中国。而旅外士人区别于其他群体的一个重要特征是:除外交随员外,其他多是以个体为单位,零星、自发走向世界,且文化交流活动几乎占据其旅外生活的主导地位。因此,旅外士人在海外常被看作是中国传统文化的代表,备受域外文人敬重。

万国博览会参与者群体的构成则相对复杂,但就万国博览会的活动重心来看,这一群体中除官绅阶层之外,最值得关注的还有以商人为中心的市民阶层。商人、手工艺者、工匠等职业群体,在晚清外国博览会上发挥了至关重要的作用。他们是中国传统商业文化的代表,是中国传统艺术、技艺的传承者,是中国工匠精神的展示者。他们更能够代表中国社会的乡土文化和市民风貌,向西方社会展现中国社会中更为平民化的文化内容。他们的文化传播由"器物"而"精神",拓宽了晚清"中学西传"的文化层面。当然,晚清参与万国博览会多以官方为主导,很大程度上反映了官方的商贸态度,集中展现了中国近代化的早期成果。因此,晚清万国博览会参与者是"中学西传"进程中不可或缺的重要力量。

综合来看,留学生与外交官作为异域交流的先行者,对中国社会有着更深的关切,他们是晚清"中学西传"的引领者,引导着其他各个群体走向世界,开启了后来更为深入的交流活动。

(2)传播内容

晚清的中西文化交流,因参与群体不断走向开放与文化自觉,故而突破了明清之际的中西文化交流格局,开启了多层次、宽领域的互动与传播。这一变化,在传播的内容上有突出体现。

一般来说,异质文化的交流与对接,大致可以分为三个层次:第一个层次只停留在狭义的文化对文化的交融,基本不触及社会经济的变革,当然也不会产生与这种社会经济变革相衔接的知识群体;第二个层次,即以经济社会变动为基础的文化交流;第三个层次,由经济社会的变动所催生的新知识阶层群体充当核心媒介,融合中外文化。①显然,晚清国人诸群体的

---

① 参见李喜所:《中国留学史论稿》,中华书局,2007年,第5页。

"中学西传"活动,早已突破了单纯的文化层次的交往和以经济变动为基础的交流,开始产生中国社会最初的新知识阶层,融合中外,进入了更深层次的交往与传播。

作为传播者与受传者互动过程的轴心,传播内容是传播活动得以存在的理由。晚清走向世界国人诸群体的"中学西传"活动,因群体间社会地位、文化水平、交往层面等诸多差异,使其在具体的传播内容方面又各有侧重。外交官、留学生、旅外士人等精英知识分子群体,多以社会交往为途径,文化典籍为载体,主要传播精神文化。而博览会参与者,虽然较为全面地介绍传播了中国文化的各个层面,但亦不免泥沙俱下,缺少过滤与进化。

具体而言,外交官群体代表官方出使,关涉两国政治、军事、经贸、文化等多重问题,在"中学西传"过程中代表官方立场,是晚清"中学西传"的官方力量,更能从国家交往、民族品格等层面展现中国文化,回应并不断消解西方社会对中国文化的曲解或敌视。为了营造良好的国家形象,外交官所传播的中国文化,需经过慎重的考量和筛选,侧重于传播世界各国都易于接受的内容,摒弃中国文化中腐朽和糟粕的部分。如以曾纪泽、黄遵宪为代表的外交官群体,展现了中国以和为贵的文化品格,自强不息的民族精神,匡扶弱小、绝不称霸的外交理念等。此外,外交官的域外活动,因涉及官私两个层面,能够触及其他群体难以触及的层面和高度,在传播力度和深度上更具优势。

留学生群体接受西方教育,却难以归化于西方社会,造就了独特的边缘身份。一方面是中国人身处西方的孤独感和疏离感,另一方面也形成了留学生群体"入乎其内出乎其外"的独特中西文化观。他们既能以他者视角观中西文明,又能以在场身份感受各自文化之独特,进而以比较视野,看待中西社会,传播中国文化。其文化交流多以个人传播为基础,组织传播为强大支撑,不仅展现了国人的精神面貌和文化风俗,也逐渐在海外学界树立起中国人的学术形象,在改善国外知识界对中国文化的理解与认知方面,发挥了重要作用。如容闳、张庆桐、辜鸿铭等人即是其中的佼佼者。

旅外士人在海外被视为中国传统文化的象征、中国士阶层的代表,其文化交往,多从诗词文赋、书画艺术等层面展开,为中国传统文艺的域外传播,中国古籍的搜集整理发挥了突出作用。

相较而言,万国博览会参与者群体则多以体现传统民俗的物质文化层面的传播为特色。万国博览会所展示的丝绸、茶叶、陶瓷、建筑等器物是中国人的生活方式和文化的象征,是一种被涵化的文化,更能形象生动地体现中国文化的不同层面。与此同时, 以赫德为首的海关洋员将中国定位为落后、低等、被殖民的文化角色,其传播行为明显受到了当时国际政治局势的影响,缺乏维护中国对外形象的意识;其传播内容不乏中国文化之糟粕,如缠足、鸦片等,在满足世界各国猎奇取乐之心的同时,也极大刺伤了国人日渐觉醒的民族国家意识。

(3)传播意义与特征

信息的交流始终是在传播者与受传者之间流动。"人们之所以能作为传播者和受传者分别走进信息沟通的活动中来, 就是因为传播者有提供和传送信息的目的,受传者有追逐和获取信息的需要。"①而在其间,传播的具体形态即传播过程充分体现了传播的特色与影响。在晚清国人群体走向世界之前,多数中国人与世界各国民众对彼此的认知,始终处于一种隔膜状态中,并未形成清晰完整的概念。晚清走向世界的国人群体,在中外文化交流中发挥了桥梁和纽带的作用,对中国和所到国都具有重要意义。

首先,晚清走向世界国人群体的"中学西传"活动,是跨文化的双向传播

---

① 邵培仁:《传播学》,高等教育出版社,2000年,第9页。

与对话,是"来自不同文化背景的社会成员之间的交往与信息传播活动,也涉及各种文化要素在全球社会中迁移、扩散、变动的过程,及其对不同群体、文化、国家乃至人类共同体的影响"①。这种过程体现了文化间近距离的接触与碰撞,最典型的就是在走向世界诸群体努力下,"西方文化中心论"的文化舆论与氛围逐渐松动,也推动着西人理性思考与认知他们眼里的"东方"。这种深层次的交往,以文化排他性和融合性的双重特质为基础,为当下中外文化的交流提供了历史借鉴。

其次,晚清走向世界国人群体的"中学西传"活动,体现了多群体、多层次、多领域的历史合力。官方的推动不可或缺,如从参与到主导的万国博览会事业,外交官国外履职期间的大量文化活动等,都体现了晚清时期官方力量在走向世界过程中推动中国文化对外传播的努力。同时,无论旅居域外的中国士人,还是留学海外的中国学生,民间力量传播中国文化的工作,其主动性与成效更是生动可表。

再次,晚清走向世界国人群体的"中学西传"活动,总体上呈现出传播领域宽,传播层次深,传播轨迹由简到繁的过程。同时,传播形式适应了域外风习,以域外人们喜闻乐见、感兴趣与能够接受的方式讲述中国故事、中国风尚,适应了域外人士的阅读、欣赏与接受习惯。这是晚清时期国人群体"中学西传"活动能够取得较好成效的重要原因。

最后,从世界历史的整体发展和统一性角度考察晚清走向世界国人群体的文化活动能够更加清晰认识到,晚清走向世界国人群体是世界不同文化由彼此隔绝、交汇融合到整体发展这一历史进程的重要推动力量。他们走向世界的行动,既是文化出海,也是文化更新;与其说是被动的向外求索,不如说

---

① 邵培仁:《传播学》,高等教育出版社,2000年,第9页。

是应中国文化发展、更新的必然要求,主动与世界各国文化对话。去国离乡的国人群体前赴后继、筚路蓝缕的探求,开启了世界文化与中国文化对话的新篇章。

第一章
晚清留学生群体的"中学西传"活动

晚清时期因应社会变革逐渐形成多达数万人的留学生群体。这一群体凭借其深厚的中西学素养和文化自觉意识,在广泛开展"西学东渐"活动的同时,通过学术文化交流、组建留学生社团、进行中国问题演讲、创办编辑报刊、翻译撰写中国题材作品等方式,为"中学西传"开展了大量活动。其所传扬的中国文化精神和优秀文化成果,为包括知识界和普通民众在内的域外人士提供了一幅幅迥异于西方的中国文明画卷,丰富和改善了域外对中国与中国文化的认知。留学生群体在晚清时期"中学西传"中的事功在近代中西跨文化交流中写下重要一页。

一、留学生群体的构成及知识背景

晚清以降,中国遭遇"三千年未有之大变局",迫使当权者改变了对外认识与对外政策,派遣中国学生留学海外成为可能。1872 年至 1875 年,清政府先后派出 4 批 120 名幼童留美,拉开了晚清官派留学运动的序幕。此后,清政府又于 19 世纪 80 年代先后选派 80 多名青年赴欧洲各国学习军事、制造等课程,官派留欧登上历史舞台。甲午战败,清政府将学习目标转向日本,1896 年选派 13 人赴日,成为中国人赴日留学的开端,至 1906 年前后十余年间,留日生达两万余人,形成中国近代史上的第一次留日高潮。清末几年,影响深远的庚款留美兴起,近 200 名青年赴美留学。加之几十年间以其他各种途径负笈海外的中国求学者,晚清留学生人数多达数万。

1. 教会资助及自费留学生群体

19 世纪中期的留学活动大多发生在民间,这一现象的出现主要是受到来华传教士的影响。来华传教士在中国创办的教会学校,是中国学生接触西学的窗口。教会学校具有西方特色的授课方式和内容,开阔了中国学生的视野。与西学的接触也成为中国学生出国学习新知的动力。此外,传教组织或传教士个人的资助,也为中国学生出洋留学提供了资金支持。正是这种带有宗教色彩、零星分散、偶然性极强的民间留学,培育出有异于传统的新力量,从而最终成就了政府行为的大规模官派留学生。此外,西方国家的入侵,使古老的中国被迫卷入世界的近代化潮流之中。中国社会风气的改善,逐渐扭转了国内开明士人的夷夏观念,出洋留学渐受推崇。鉴于早期民间留学生较为分散,笔者只选取其中的几个典型例证进行说明。

在以教会、传教士资助为主的早期自发留学生中,容闳、黄胜、黄宽是不可绕过的重要代表。1847 年,容闳、黄胜、黄宽在美国传教士布朗(Rev. S. R. Brown)的帮助下前往美国留学,他们被称为"近代留学生中的先驱者",容闳则被称为"近代留学生之父"。容闳(1828—1912 年),广东香山县南屏村人,因其家境贫寒,童年未曾受过系统的私塾教育。1835 年,容闳来到澳门,进入英国传教士创办的小学学习,开始接受西式教育。1841 年,容闳进入在澳门的马礼逊学校开始接受中西课程教育。长期在充满西方基督教文化氛围的校园中学习,容闳对西方文化的兴趣和倾慕与日俱增。1847 年,他在马礼逊学校创办人布朗资助下到达美国,进入孟松学校。1849 年进入耶鲁大学学习。容闳自幼赴美留学,在美国接受了完整的高等教育,受到西方文化的深刻影响,其人生观、价值观、文化观,均刻上了深深的西方印迹。同时,容闳的中国文化背景对其成长也产生了重要影响。容闳从小便与哥哥一同背诵"四书""五经"、古典诗词、《古文观止》等经典,因此他日后不仅能用毛笔书写汉字、创作律诗,还能将"四书""五经"活学活用于毕业赠言之中。①容闳具有的较为深厚的传统文化根底,为其在美国传播中国文化奠定了基础。

民国时期著名外交家颜惠庆的父亲颜永京早年接受洗礼成为一名基督徒,进入美国传教士文惠廉(William Jones Boone)所办学堂学习,并于 1854 年得到教会资助赴美留学,1861 年毕业于俄亥俄州凯尼恩学院(Kenyou College)。自 1868 年开始,在教会任职并参与文华学堂和圣约翰书院的创建工作。颜永京对颜惠庆兄弟二人的学习教育格外严厉,颜惠庆早年曾就读于上海一个秀才创办的私塾,"跟着这位启蒙教师, 开始学习国学的入门知识","私塾的教学方法是老式的,我们必须背诵《三字经》《百家姓》《千字文》和《孝经》等,此外,每天都要练习书法"。②传统蒙童读物成为颜惠庆兄弟早年国学知识的重要来源。后来,颜氏兄弟先后就读于英国教会创办的中英学堂,以及由英国人创办的同文书院。青少年时期,颜惠庆阅读了大量历史书籍、武侠小说以及传奇故事。颜惠庆记述:"青少年时,凡是能找到的中国小说,我们都读了。"在他出国的前一年,父亲颜永京为他聘请了一位秀才,专门教他

---

① 参见章开沅:《西学东渐与东学西渐——耶鲁馆藏档案简介》,《浙江社会科学》,1999 年第 1 期。

② 颜惠庆:《颜惠庆自传——一位民国元老的历史记忆》,吴建雍译,商务印书馆,2003 年,第 7 页。

学习国学经典,为出国学习作准备。颜惠庆"每天用六个小时,攻读古籍,练习写文章和书法",学作八股文、写"试帖诗",以考取功名。①颜惠庆打下了深厚的中国文化基础,正如他自己所说:"尽管出生、成长于已经半西化了的上海,我们对本民族的文化和人文环境仍然情有独钟。"②1895 年,颜惠庆在其父亲安排下,入弗吉尼亚圣公会中学(The Episcopal High School),后入弗吉尼亚大学(Virginia University)。

其他如顾维钧等自费留学生,早年也都接受了系统的传统文化教育。顾维钧对其早年教育经历也有记述:"当我三岁零一个月的时候,二哥和我就被送去上学,是一位朱先生开办的私塾。"③年龄渐长后,顾维钧跟随姐夫一块入读基督教卫理公会开办的英华书院,学习英文、中文、地理等科目。后又转入一位留日生开办的家馆,学习中文、历史、书法、作文、算术、地理、英文和体育等课程。④1901 年前后,他入上海圣约翰书院学习。该院"聘请了新教师多人以取代守旧的教师","我们的中文课改由一位留日归国的学者讲授,他完全同意康梁维新派所主张的新思想","他不要求我们阅读和背诵经书,而是按不同题材,有的根据经书中的引文,有的根据时事,进行讲课。这受到了学生的普遍欢迎"。⑤在接受西方近代教育的同时,顾维钧也陆续接受了中国文化教育。

早期教会及传教士资助的中国学生中还有一批女学生,如金雅妹、柯金英、石美玉、康爱德等。近代中国第一个女留学生金雅妹(1864—1934 年),又

①　颜惠庆:《颜惠庆自传——一位民国元老的历史记忆》,吴建雍译,第 17 页。

②　颜惠庆:《颜惠庆自传——一位民国元老的历史记忆》,吴建雍译,第 8 页。

③　顾维钧:《顾维钧回忆录》(第一分册),中国社会科学院近代史研究所译,中华书局,1983 年,第 6 页。

④　参见顾维钧:《顾维钧回忆录》(第一分册),中国社会科学院近代史研究所译,第 16 页。

⑤　顾维钧:《顾维钧回忆录》(第一分册),中国社会科学院近代史研究所译,第 18~19 页。

名金韵梅,浙江鄞县韩岭人,父亲金定元(译音)是宁波耶稣教长老会的牧师,与1844年来华的美国北长老会传教医师麦加缔博士(Dr. D. B. Mccartee)交情甚笃。金雅妹2岁多时父母相继去世成为孤儿,由在宁波的美国传教士麦加缔夫妇收养为义女。1881年,在传教士麦加缔的资助下,17岁的金雅妹进入著名的纽约医院附属女子医学院。1885年5月,她以全班第一名的优异成绩毕业,成为最早毕业于美国大学的中国女留学生。毕业后,金雅妹先后在纽约、佛罗里达和华盛顿的一些医院实习,由于她理论知识扎实,临床医术甚佳,对刚刚兴起的显微医学研究有特殊心得,很快便取得了令人瞩目的成绩。1887年,她的学术报告《显微镜照相机能的研究》在《纽约医学杂志》上刊出,引起医界同行的重视,并于1888年获医生资格。金雅妹幼年未能系统学习中国文化知识,反而是在进入教会学校及留学归国后进行了中国文化知识学习。留学归国后,她在我国华北等地从事医生工作十多年,期间开始学习中国文化、关注中国时政。返回美国后,她在与美国社会交往中频繁进行有关中国与中国文化等主题的演讲,同时利用一切机会展现中国服饰、饮食、工艺等传统文化,竭力纠正西方社会对中国形象的误读,多次为中国问题发声。

总体来讲,教会资助及自费留学生群体的知识背景具有以下特点:其一,他们多生活在中国东南沿海地区,居住地社会风气较之内陆更为开放,并且自幼接触中国传统教育,有一定的中文学养;其二,该群体所在原生家庭多与外国教会存在联系,或早期即进入教会学校学习,接触西学较早。

2. 官派留美幼童群体

容闳之所以被称为"中国留学生之父",主要是其在推动中国官派留学生的进程中发挥了开创性作用。1854年,容闳从耶鲁大学毕业时便产生了"留学教育救国"计划,即选派优秀的中国青年前往美国留学,致力于以西方的科学技术改造中国,使古老落后的中国"日趋于文明富强之境"。然而当容闳返回祖国实施其计划时,却遭遇到重重困难,经过 18 年的艰辛努力,在曾国藩、李鸿章等人的支持,1872 年,清政府决定分 4 年派 120 名幼童,由容闳带领前往美国留学。

1871 年 9 月,曾国藩、李鸿章在其二人的联名会奏中列出了《挑选幼童赴泰西肄业章程》,从《章程》条例中可以看出留美幼童的挑选是相当严格的,《章程》规定"(幼童)应选条件为年龄十三至二十岁,曾读中国书数年……姿性聪慧,并稍通中国文理者"①,后奕䜣将幼童年龄定为 12 至 16 岁。1872 年 2 月 17 日,容闳在留学计划得到批准后致信诺亚·波特教授②,介绍了幼童选拔的情况,"入学资格包括:资质聪慧、体格健壮、个性纯正、品德优良、年龄在 10 至 20 岁之间。入学前,10 至 15 岁者需学习一些指定的经典作品,15 至 20 岁者则需具备以中文标准格式写作之能力。幼童在预备学校学习英文与中文,每日时间平均安排"③。其实,在实际进行的考察中并不仅仅看重中文基础,《章程》还规定"出洋的学生不仅要聪明,长相也要端正,因为代表大清国出洋,不可有碍观瞻"④。甚至挑选学生中有名字不雅驯者、粗鄙者,也要责令父兄亲属先期改正。正是基于清政府严苛的选拔条件,加上在上海预科学校一年的学习,虽然他们出国的年龄偏小,但是其自身已经具备了一定的中国传统文化基础,再加上在留学生随员中配备两名中文教习,出洋肄业局规定在美幼童寒暑假要学习中国传统儒家文化,"局内延中华教习二人,幼童以三个月一次来局习华文。每次十二人,十四日为满。逾期,则此十二人复归,再换

---

① 《中国近代史资料丛刊·洋务运动》(二),上海书店出版社,2000 年,第 154 页。

② 诺亚·波特(Noah Porter,1811—1892),美国教育家,1871—1889 年任耶鲁大学校长。

③ 吴义雄、恽文捷编译:《美国所藏容闳文献初编》,社会科学文献出版社,2015 年,第 5 页。

④ 钱钢、胡劲草:《大清留美幼童记》,香港中华书局,2004 年,第 47 页。

十二人来。以次轮流,周而复始。每日卯时起身,亥时就寝"。其学习内容包括"读书、写字、讲解、作论,皆为一定课程"[1]。在《留美幼童的奖励学习办法与作文》中明确要求"作文习字、国文的基础训练","关于作文有论与解二种。高级生作论,低级生作解。……籍以训练学生读经作文"。[2]清政府为了维护其对中国知识分子的思想控制,使得这批留美幼童开始了夹杂中国传统文化教育的留学生活,留美幼童的中文学习即使在美国期间也未曾中断。

1872 年 9 月,经过近一个月的海上航程,第一批幼童终于在旧金山登岸。上岸前,他们换上了早已准备好的中国特色服装——蓝绸夹衫、酱色长马褂、软缎靴子。为了使这些幼童在生活和学习上得到更好的条件,容闳与美国友人商议将幼童分别寄养在美国医生、教师、律师等知识分子家庭中,每个家庭安排 2—4 人不等。1877 年,李圭在其《环游地球新录》一文中记述:"尝观其寓西人绅士家,颇得群居切磋之乐,彼此若水乳交融,则必较相有成。是中西幼童,皆受其益也。况吾华幼童,仍兼读中国书,而不参潤。使其专心致力,无此得彼失之虞,是其法之良善者也。他年期满学成,体用兼备,翊赞国家,宏图丕烈,斯不负圣朝作人之盛意也钦。"[3]这种家庭寄养式的生活不仅使得幼童们切身地体会美国家庭的生活方式,同时也将中国人的生活习俗乃至精神面貌展现在了美国民众面前。

在一般意义上说,人们对于留美幼童的中国文化背景可能会存有疑问,认为幼童出国时年龄尚小,其中国传统文化教育有一定缺失。但从留美幼童

---

① 李圭:《环游地球新录》,钟叔河主编:《走向世界丛书》(第一辑·第 6 册),岳麓书社,1985 年,第 264 页。

② 《留美幼童的奖励学习办法与作文》,陈学恂、田正平编:《中国近代教育史资料汇编·留学教育》,上海教育出版社,2007 年,第 130 页。

③ 李圭:《环游地球新录》,钟叔河主编:《走向世界丛书》(第一辑·第 6 册),第 264 页。

的选拔、预备出国以及留学生活三方面来看,其知识背景中不乏中国文化的浓厚因素。

3. 洋务运动时期的军事留欧生群体

19世纪60年代兴起的洋务运动,是清政府面对列强入侵、民族危机日益加深境遇下发动的自救自强运动,其间由洋务派开创的留学教育事业,也多直接或间接与强军御侮相联系。19世纪70年代中后期开始的官费留欧活动,以学习欧洲军事技术为目的,形成了海军为主、兼及陆军的留学派遣格局。

1876年4月15日,李鸿章挑选淮军将领卞长胜、查连标等7人,随同德国教官李励协(Lehmcyer)赴德国学习军事,这是清政府官派陆军留学生的开端。1877年,李鸿章与沈葆桢在福州船政学堂挑选刘步蟾、林泰曾等30人,在李凤苞、日意格,随员马建忠、文案陈季同等人的带领下赴法国海军学习。之后,在李鸿章、沈葆桢的主持下,分别于1881年和1886年从福州船政学堂和天津水师学堂选取10人、34人留学欧洲,学习军事技术。1889年,李鸿章借德国教习瑞乃尔(Schnell Theodore. H)归国之际,奏报清廷选取段祺瑞、商德全、吴鼎元等5人随瑞乃尔赴德国学习军事。

随着官派留学的开展,清政府对留欧学生的留学年限作了比较恰当的规定,为此后的留学教育提供了一种成功的范例。留欧学生的留学期限并不完全统一,一般是2至3年,最长不超过6年,比起留美幼童长达15年之久的留学期限,这一期限显然更为省时省钱。不仅如此,为了保证在规定时间内收效最大,缓解国内人才匮乏的窘境,清政府还对留欧生的年龄、专业素质作了严格的限定。

首先,和留美幼童不同,留欧学生大多都是20岁左右的成年人,具有较为成熟的生活、学习能力。考察这批留欧生的中文知识背景可以发现,该群体多是在福州船政学堂、天津水师学堂等中国专业教育学堂中选拔的。他们少年时便接受中国传统教育，在选拔时更是要求具备良好的中国文化基础。早期留欧生中魏瀚、陈兆翱、陈季同及刘步蟾、林泰曾等人均通过社会招考进入船政学堂，最终被选拔至欧洲学习。沈葆桢在上奏清政府的奏折中指出了留欧生选拔条件："前学堂习法国语言文字者，当选其学生之天资聪颖、学有根底者，仍赴法国深究其造船之方，及其推陈出新之理。后学堂学习英国语言文字者，当选其有根底者，仍赴英国深究其驶船之方……"①即使在留学欧洲期间，也要进行中文知识的学习和考核，李鸿章在奏折中提出，"两项学生（留学英法者），每三个月由华、洋监督会同甄别一次……并由华监督酌量调考华文论说。其学生于闲暇时，宜兼习史鉴等有用之书，以期明体达用"②。这种对留学期间的中国知识内容的考核，有利于留欧生群体在学习外国科学技术的同时，继续深化他们的中国传统文化涵养。

其次，该时期的留欧生基本精通留学目的国的语言文字，如不能精通者则不予或缓予出国，可见清政府对留学生的语言要求非常严格。一般来说，船政留欧生在派往欧洲之前，至少已受过 5 年以上的堂课学习和外语训练，对于此段求学生活所掌握的技能，船政学堂学生曾有这样的描述："我们的老师 Carrol 先生掌握了这些原则，来自远方，宏宣教化，讲授天文、地理、算学等科，胜任愉快，未曾使任何东西落后，而经常奋力工作。"③从该段文字可以看出，留欧学生出国前已经学习了较为系统的专业知识，并且这些专业知识多为西人直接教授。这样的教育前提，使留欧生具备更高的学习起点。最后，还

---

① 陈学恂、田正平编：《中国近代教育史资料汇编·留学教育》，第 233 页。

② 陈学恂、田正平编：《中国近代教育史资料汇编·留学教育》，第 242 页。

③ 《田凫号航行记》，《中国近代史资料丛刊·洋务运动》（八），上海书店出版社，2000 年，第 388 页。

需经过各地主办洋务大臣的严格考察、精心挑选。留欧生选送本着宁缺毋滥原则,条件之严由此可见一斑。

官派留欧学生在当时不仅达到了清政府预期培养军事人才的效果,而且对中国文化的海外传播也作出了重要贡献。

4. 清末新政时期的留日生群体

甲午战败后,清政府面临日益加剧的民族危机和统治危机,出洋留学受到清政府的大力支持。1898年,张之洞在其《劝学篇》"游学第二"中写道:"出洋一年,胜于读西书五年,此赵营平百闻不如一见之说也。入外国学堂一年,胜于中国学堂三年,此孟子置之庄岳之说也。游学之益,幼童不如通人,庶僚不如亲贵,尝见古之游历者矣。"这种关于留学海外优势的言论,在清政府开明的官僚阶层得到广泛的认可。张之洞又提出:"至于游学之国,西洋不如东洋:一、路近省费,可多遣;一、去华近,易考察;一、东文近于中文,易通晓;一、西学甚繁,凡西学不切要者,东入已删节而酌改之。中东情势,风俗相近,易仿行,事半功倍,无过于此。"①随后几年,清政府又陆续颁布了一系列鼓励留学政策,例如:准奏张之洞等人上呈《筹议变通政治人才为先折》,颁布《广派游学谕》《鼓励游学毕业生章程》等,大力提倡和支持自费留学,"令有财力之文武各大员及各省富商,各选聪颖子弟,自备资斧报名,由各省资送总理衙门,一体汇送外洋学堂肄业"②。并且规定自费出国"不必限以年岁"。1901年,光绪皇帝在上谕中表示"如有自备旅资出洋游学者,著各该省督抚咨明该出使大臣随时照料。如果学成得有优等凭照回华,准照派出学生一体考验奖励,候

---

① 张之洞:《劝学篇》,陈学恂、田正平编:《中国近代教育史资料汇编·留学教育》,第47页。

② 《刑候补郎中京霍翔呈》(1898年9月11日),陈学恂、田正平编:《中国近代教育史资料汇编·留学教育》,第48页。

旨分别赏给进士举人各项出身,以备任用而资鼓励"①。在此大环境下,中国赴日本留学者络绎不绝,一度成为潮流。日本学者曾对此情景有过描写:"学子互相约集,一声'向右转',齐步辞别国内学堂,买舟东去,不远千里,北自天津南自上海,如潮涌来。每遇赴日便船,必制先机抢搭,船船满座。……总之分秒必争,务求早日抵达东京,此乃热中留学之实情也。"②

据统计,清末先后有超过两万的中国学生东渡日本,形成了中国近代史上第一次留日热潮。宏大的留学潮流导致清末留日生群体成分复杂。胡汉民在其自传中记述:"其时学生全体内容至为复杂,有纯为利禄而来者,有怀抱非常之志愿者;有勤于学校功课而不愿一问外事者(此类以学自然科学者为多),有好为交游议论而不悦学者(此类以学社会科学者为多),有迷信日本一切以为中国未来之正鹄者,有不满意日本而更言欧美之政制文化者。其原来之资格年龄,亦甚参差。有年已四十五十以上者,有才六七岁者;有为贵族富豪之子弟者,有出身贫寒来自田间者;有为秘密会党之领袖以亡命来者,有已备有官绅之资格来此为仕进之捷径者(法政学校更有为新进士所设之特班,殆如散馆之入翰林院,功令使然)。"③庞大的留日生群体的知识背景也是参差不齐,但是从该时期留日学生所组建的社会团体、创办的宣传刊物、译介的中日文书籍,以及各种社会活动的参与者情况来看,大部分留日生具备良好的学识,即使有些留日生因语言或课程不能满足入学条件,也选择日本所开设的预备学校,学习语言和补习相关知识。留日生黄尊三在其《三十年日记 留

---

① 《清帝多派学生分赴欧美游学谕》(1905年9月1日),陈学恂、田正平编:《中国近代教育史资料汇编·留学教育》,第4页。

② 〔日〕实藤惠秀著,谭汝谦、林启彦译:《中国人留学日本史》,北京大学出版社,2012年,第29页。

③ 《胡汉民自传》,载《近代史资料》(第45号),中国社会科学出版社,1981年,第12~13页。

学日记》中,详细记述了他到达日本前期先从基础知识学起,并先后进入巢鸭宏文学院和正则英语学校补习的情况。这些学校专为中国留学生补习而设,注重日语与普通学科学习。①

综合考察,晚清时期留日学生群体不仅为中国文化的海外传播贡献了重要力量,而且对清末时期中国历史走向产生了深远影响。

5. 再跨大西洋:20 世纪初的留美生群体

继留美幼童之后,1900 年南洋公学派遣 2 名学生赴美,成为 20 世纪初公派留美的先锋。1906 年,清政府规定,留学生"凡欲入高等以上学校及各专门学校者,必有中学堂以上毕业之程度,且通习彼国语文,方为及格"②。1906年和 1907 年北洋大学堂共计派遣留学美国者 44 人。1908 年 6 月,美国国会同意将庚子赔款多余部分退还中国,作为中国学生留学美国基金。1909 年 9月,清政府开始用美国退还的庚子赔款派遣留美学生。1909 年派遣第一批留美学生 47 名,1910 年派遣 70 人,1911 年派遣第三批留美学生 63 人。从1909 年至 1911 年,三批共派遣庚款留美生 180 人。同时,该时期的自费留美生数量也不断增加,据粗略统计从 1890 年至 1908 年,约 126 人。③

该时期留美生具备丰富的中外知识储备。这一时期留美生在国内多接受过良好的中等教育,大都毕业于中国新式学堂或教会学校,中国传统教育、新式科学和外文等都具备一定基础。1904 年,《美洲留学报告》曾指出:"今留美诸君在大学者,自土生外,大都从北洋大学堂、南洋公学、上海约翰书院来者,他几无所闻。"④多数所选拔的留学生可直接进入美国大学学习。此外,他们都

---

① 参见黄尊三:《留学日记》,湖南印书馆,1933 年,第 5~11 页。

② 《学部奏咨辑要》卷 1,陈学恂编:《中国近代教育大事记》,上海教育出版社,1981 年,第157 页。

③ 吕光斌:《近代自费留美生研究》,南开大学硕士论文,2010 年,第 53 页。

④ 《美洲留学小史》,《学报汇编》,1900 年,第 583~586 页。

是通过严格的国内会考选拔出来的,在宁缺毋滥的原则下经严格筛选,保证了生源的优良。从考试内容来看,初试为国文和英文,复试考代数、平面几何、法文、德文、拉丁文、立体几何、物理、美史、英史、三角、化学、罗马史、希腊史等科目。"能被录取者,皆具有良好的中西文化涵养。"从年龄上看,该时期留美生年龄段在16—20岁,已为成年人,有独立的生活和学习能力。与早期留美幼童相比,他们不仅在心智上更为成熟,而且出国前的知识素养更是不可相提并论。即使与同时期留日速成生及留欧军事生相比,他们所具备的中国文化的水平也同样具有优势,故其传播中国文化的力量及影响力也更大。

从晚清中国留学生群体的构成及知识背景看,留学生们出国前大都接受了良好教育,既有西学知识的学习,也有中国文化的基础训练,受教内容新旧夹杂,亦旧亦新,带有过渡时代的特色。在他们身上,新式知识汹涌而来,传统知识依旧具有生命力,传统与现代融合在一起,在一定程度上左右了他们以后的学术旨趣和思想走向,致使其在对比中西文化时,能够比较理性地看待中西文化的差异,既不会刻意抬高西方文化,也不会过分贬低中国传统文化,在传播中国文化时,能够准确而全面地把握中国文化,有利于扩大中国文化的影响,改善西方对中国文化的认知。

二、留学生群体丰富立体的"中学西传"活动

晚清时期的留学生是中国近代最早走向世界及与外部世界联系接触最多、规模最大的国人群体。他们在努力学习新知的同时,凭借其深厚的中西学素养和文化自觉意识,在中西跨文化交流中努力作为,既成为"西学东渐"的桥梁,亦成为"中学西传"的先锋,是晚清时期中国文化域外传播不可替代的重要力量。

1. 与域外人士的交往

晚清时期留学生群体采用丰富立体的方式向海外传播中国文化,其中与域外人士的日常交往和学术交流不仅展现了国人的精神面貌及风俗文化,也逐渐在海外学界建构起了中国文化学术形象。留学生群体在改善国外知识界对中国文化的理解与认知方面,发挥了重要作用。容闳、张庆桐、辜鸿铭等人即是其中的佼佼者。

容闳不仅开启了晚清时期留学的新篇章,推动了晚清留学的发展,他在海外求学和任职留美幼童监督之时,也积极向美国社会传递了中国文化。容闳早期在美求学期间十分爱好体育,不仅是划船俱乐部的成员,也是橄榄球队的队员,常参加学校的橄榄球比赛。每当比赛进行之时,啦啦队就会唱起自编的歌曲,在歌词中大家巧妙地利用了容闳的名字——"Yung Wing"的谐音,编成这样的口号:"我们一定赢(Win)","因为我们有闳(Wing)!"同学们称容闳为"穿老旧衣服,头戴一高草帽紧压其盘卷的辫子,在球场上奔驰,竟成为传奇式的足球英雄"[1]。容闳通过积极参与美国校园生活,不但在很短的时间内便消除了与同学之间的学业差距,而且以勤奋和进取精神赢得了美国同学的尊敬。加上他的中国身份,他渐渐成为无人不晓的"名人"。1854 年夏,在容闳的毕业礼上,许多美国民众慕名而来,为的就是亲眼目睹中国首位在西方接受正规高等教育并获得学位的中国毕业生尊容。容闳本人也常以此自诩:"以中国人而毕业于美国第一等之大学校,实自予始。故美国人对予感情至佳。"[2]

容闳在大学毕业时给同学们的赠言更具有浓郁的东方色彩,引用了众多

---

[1] 吴湘相:《容闳最有意义的一生》,《传记文学》,第 16 卷第 6 期。

[2] 容闳:《容闳回忆录》,恽铁樵、徐凤石等译,东方出版社,2006 年,第 27 页。

中国典籍名句及国人惯用的格言、民谚。如他为雅克布·布朗·哈里斯(Jacob Brown Harris)留言时选取了《论语·学而篇》中的名句"礼之用,和为贵",为斯莱德(Slade)和阿德里安·梵·辛德伦(Adrian Van Sinderen)的留言选取《孟子·离娄章句下》中的"大人者不失其赤子之心",为斯塔尔(Star)的留言是中国惯用的民谚"有志者事竟成";为詹姆斯·奇特里奇·伦巴尔(James K. Lombard)留言"手描一管笔,到处不求人"。①为亨利·霍顿(Henry Horton)留言:"人为万物之灵,霍顿吾友,无论生活境遇如何,你的才华都会展现。希望你成功,不仅为自己,而且为全世界。"②毕业时面对即将分道扬镳的昔日同窗,容闳借刘禹锡《岁夜咏怀》一诗抒发愁绪:"弥年不得意,新岁又如何? 念昔同游者,而今有几多? 以闲为自在,将寿补蹉跎。春色无新故,幽居亦见过。"③

1876 年 10 月 4 日,鉴于容闳对中美友好关系的贡献,耶鲁大学授予容闳荣誉法学博士学位。获此殊荣,容闳不胜感激,在给时任耶鲁大学秘书富兰克林·B. 德克斯特的感谢信中写道:"我为中国及中国人民接受该荣誉,并将其当作世界上最年轻但最有活力之国家对最古老而最保守民族之褒奖,作为对后者学习西方文学、科学和宗教之激励。"④从信中内容可以看出,容闳并没有将所得荣誉归功于自身,而是出于民族大义,代表中国,有礼有节、不卑不亢向美方表示了感谢。容闳此举,向美国社会展示了一个崭新的中国人形象。1909 年,容闳英语自传 My Life in China and America 出版。容闳在书中展现了自己一生的社会经历,结合对自己早年生活和留学归国后所从事工作的介

---

① 容闳:《容闳回忆录》,恽铁樵、徐凤石等译,第 41~42 页。

② 吴义雄、恽文捷编译:《美国所藏容闳文献初编》,第 19 页。

③ 这首诗是容闳为同学亨利·L.哈伯尔(Henry L. Hubbell)毕业纪念册留言前所录,留言本身过于暗淡无法辨认,这首诗则很清晰,故录于此。吴义雄、恽文捷编译:《美国所藏容闳文献初编》,第19页。

④ 吴义雄、恽文捷编译:《美国所藏容闳文献初编》,第 7 页。

绍,用西方的语言讲述了中国的文化。这也是一个中国人融入美国社会并最终赢得其理解和认可的真实记录。

中国留学生与一些世界文化名人的交往——书信往来、互赠著作等活动,在西方社会中引起民众、媒体的广泛关注和好评,对树立一个良好的中国形象及推动中国文化的域外传播产生了重要作用。其中,两位中国留学生与俄国文学泰斗列夫·托尔斯泰的交往颇具代表性。一位是留俄生张庆桐,另一位是留学英、法、德等国的辜鸿铭。

张庆桐(1872年—?),江苏上海县人,1896年考入同文馆学习俄语专业,1899年选派赴俄国留学,同行留学者有傅仰贤、陈瀚、郝树基三人,先入俄国彼得堡艺文学堂,①毕业后进入圣彼得堡大学政法科,1905年毕业。留学期间,张庆桐踏访了俄国多处文化名胜,并前往法国、意大利、英国、芬兰等欧洲国家进行考察,阅历丰富。其间,张庆桐与俄国人沃兹涅克斯基将梁启超所著《李鸿章》(又名《中国四十年来大记事》)合作翻译为俄文,并于1905年12月1日邮寄给俄国著名文学家列夫·托尔斯泰,并附一信,希望能与这位享誉世界的文化名人进行交流。托尔斯泰于12月4日回信,对张庆桐表达了感谢,并表露出一直希望能与中国人进行交流的态度,以及其对于中国传统文化的关注。托尔斯泰在回信中写道:“承蒙您寄赠的书,尤其是您的来信,给了我很大的快乐。在我整个长久的一生当中,我曾经有好几次同日本人交往,但从没有一次同一个中国人交往,也没有过联系,而这正是我一向非常向往的,因为很久以来,我就相当熟悉中国的宗教学说和哲学(虽然,大概是非常不完全的,这对于一个欧洲人来说是常有的情形);更不用说关于孔子、孟子、老子和对他们著作的注疏。(被孟子驳斥了的墨翟的学说,更特别使我为

---

① 艺文学堂,建于1872年,是俄国著名的培养中学教师的师范类学校。

之惊佩。我对于中国人民向来怀有深厚的敬意,在极大的程度上,由于可怕的日俄战争的种种事件变得更强了。)"①信中,列夫·托尔斯泰不仅对中国人民在面对列强侵略时"能坚持到底的忍耐的精神"表示肯定,而且对张庆桐所提出的中国问题发表了自己的看法。1912年,张庆桐出版了《俄游述感》一书,在书中他不仅提到了自己与托尔斯泰通信之事,还将托尔斯泰的信翻译为中文,并加一段附注。附注写道:"托氏生平极推重老氏无为,与我国先民感情甚厚。此书勤勤恳恳,一出于至诚,以重农主义望之于我,尤有深意。托氏于俄历一千九百十年十月初七日谢世,生前有人面称其生平著述,托氏答言:'此皆不足道,余以为最有价值者,复中国人某一书而已。'愿读者深长思焉。托氏手书,余珍藏之,异日当置之国家博物院中。"②

辜鸿铭(1857—1928年),名汤生,1857年出生于马来西亚槟榔屿的一个华侨家庭,其父辜紫云在英商福布斯·布朗(Forbes Brown)橡胶园做管理工作,母亲为葡萄牙人。辜鸿铭自幼聪明乖巧,深得布朗夫妇喜爱,布朗膝下无子,便将其收为义子。1869年左右,13岁的辜鸿铭随布朗夫妇前往英国读书,布朗不仅拥有巨额资产,而且是一名温文尔雅的牧师,起初他教授辜鸿铭学习。随后,从1870年至1880年十多年的时间里,先后安排辜鸿铭留学于英、德、法等国。欧洲留学使辜鸿铭不仅精通英语、德语、法语、意大利语等外语,对欧洲国家的社会、政治、经济、文化有了深入的了解,而且对欧洲的汉学研究也有了深入接触。加之回国后非常注重对中国传统经典的系统学习,中国传统文化素养日益深厚。

1905年日俄战争结束后,辜鸿铭写成《当今,帝王们,请深思! 论俄日战

---

① [俄]列夫·托尔斯泰:《列夫·托尔斯泰文集 书信》(第16卷),周圣等译,人民文学出版社,1992年,第325页。

② 张庆桐:《俄游述感》,1912年,第24~25页。

争道义上的原因》一文,并于 1906 年 3 月将此文及《尊王篇》和一封长信送给了托尔斯泰。托尔斯泰于同年将自己的著作和一封长信寄与辜鸿铭。据凌叔华在《记我所知道的槟城》中记述:"也是那时候,梁伯(梁松生)告诉我们辜伯早年曾与世界文豪托尔斯泰通信讨论东西文化,托氏回过他好几封长信,那是很难得的。可惜我那时的英文太浅,年纪太幼,信是看见了,一点看不懂。……我是多么后悔当初懂不得读那些信,似乎他的家人也不会珍惜这些名贵的遗产,听说他归道山后,家中书物也随子孙妻妾四散了!"①从凌叔华的记述中,我们可以得知其亲眼看到过托尔斯泰写给辜鸿铭的信件,而且不止一封,这说明辜鸿铭与列夫·托尔斯泰保持着很长时间的联系。但不幸的是,如引文中所言,随着辜鸿铭的逝去,这些信件也被遗失。

目前,留存的列夫·托尔斯泰于 1906 年 10 月写给辜鸿铭的一封回信影响较为广泛。此信是一封公开信,曾以德文和法文分别在《新自由报》《欧罗巴邮报》刊载。英文报刊《世界周刊》也进行了转载。1907 年,我国著名学人刘师培将该信进行翻译,译文连载于《天义报》第 16、17、18、19 期。1911 年,《东方杂志》第 8 卷第 1 号也刊登了《俄国大文豪托尔斯泰伯爵与中国某君书》译文,在这封信中列夫·托尔斯泰再次表达了对中国的兴趣和对于中国"道德"的崇敬。这与他和张庆桐的通信内容相似,都讨论了中西文化的问题:"中国人的生活常引起我的兴趣到最高点,我曾竭力要知道我所懂得的一切,尤其是中国人的宗教的智慧的宝藏:孔子、老子、孟子的著作,以及关于他们的评注。我也曾调查中国的佛教状况,并且我读过欧洲人关于中国的著作。"②

在以后的时间里,辜鸿铭又将自己翻译的儒家经典著作 The Universal

---

① 凌叔华:《凌叔华自述自画》,中国青年出版社,2013 年,第 180~181 页。

② 1911 年 2 月,此信《俄国大文豪托尔斯泰伯爵与中国某君书》,译载于《东方杂志》第 8 卷第 1 号。现流传最广的译文是味荔译自《世界周刊》第 13 期,载《东方杂志》1928 年第 25 卷第 19 号上。

Order of Conduct Life—A Confucian Catechism(《大学》)、*Great Learning of Higher Education*(《中庸》)等书赠送托尔斯泰,进一步将中国经典推向俄国及欧美社会。他在《给托尔斯泰祝寿文》中呼吁文明、宗教的互补与共存,各民族、国家共享繁荣与太平:"今之所谓宗教,如耶、如儒、如释、如道,靡不有真理存乎其中,惟是瑕瑜互见,不免大醇小疵;各国讲学同人,如能采其精英,去其芜杂,统一天下之宗教,然后会极归极,天下一家,此真千载一时之会。"①这一呼吁,得到了托尔斯泰的积极回应和赞同。与托尔斯泰的积极互动使辜鸿铭一时间在西方社会声名鹊起,就连英国文豪毛姆(William Somerset Maugham)也曾慕名到北京登门拜访,毛姆甚至称辜鸿铭是研究与传播"中国孔子学说的最大权威"②。丹麦著名文学评论家和文学史家勃兰兑斯(Gerog Brandes)曾撰写专文对辜鸿铭著作进行评论并向西方推介,称其为"现代中国最重要的作家"③。与其有密切交往的重要人物还有印度的泰戈尔和甘地、法国的罗曼·罗兰等名人。

辜鸿铭与西方汉学家骆任廷(James Haldance Stewart Lockhart)、卫礼贤(Richard Wilhelm)等人的通信④往来也颇具代表性。他们在信中讨论的内容,涉及诸多中国文化问题,包括:

一是有关汉学研究门径及学习中国文化的参考书目⑤。辜鸿铭指出,研究

① 《给托尔斯泰的祝寿文》,《辜鸿铭文集》(上卷),海南出版社,1996年,第234页。

② 毛姆:《辜鸿铭访问记》,《辜鸿铭文集》(下卷),海南出版社,1996年,第594页。

③ 勃兰兑斯:《辜鸿铭论》,《辜鸿铭文集》(下卷),第615页。

④ 英国乔治沃森大学、苏格兰国家图书馆及德国慕尼黑巴伐利亚科学院档案馆所藏辜鸿铭与骆任廷和卫礼贤的私人信函共计77封。大部分为英文书写,包含私人信函和在报刊上发表的公共信函,其中大多数为未刊资料,极具史料价值。中国学者吴思远将其整理、翻译、出版《辜鸿铭信札辑证》一书。

⑤ 1887年7月15日,辜鸿铭在致骆任廷的信中,附有建议骆任廷学习汉学的详细"课程列表",包括《唐宋八大家》《史记》《孟子》《东莱博议》《唐诗三百首》《东坡诗选》《文选》等中国历史、文学作品。

中国文化首先要"流畅自如地阅读"中文著作,"若无法做到这一点,你就根本无法把握住所阅读书籍的主旨精神,更无法能够从一种相互关联的整体视角来理解某一国的文学作品了"①。其次要熟悉"中国传统思想的本源",即中国的人文传统。辜鸿铭建议骆任廷首先仔细研读《大学》《中庸》,待通晓文意后,再学习儒学纲要性著作《大学衍义》和《大学衍义补》,然后通过《资治通鉴》了解"儒家要义在一个民族历史中的体现"②。辜鸿铭提出"怎么做才能使欧洲人理解中华文明的价值?"辜鸿铭认为解决办法是"让欧洲人了解中国文学",遂建议卫礼贤通过阅读《唐宋八大家》和《文献通考》等著作感受"中国文学中的高尚品味"③,然后再进行中国著作的翻译。

二是推荐翻译合适的中文著作。辜鸿铭不赞成卫礼贤翻译诸如《金瓶梅》等反映中国"腐朽状态"面貌的作品,而希望翻译宣扬"深入国人骨髓的忠孝宗义"的文学作品。他列举周公(律法的制定者)、汉高祖(伟大的平民/民主皇帝)、诸葛亮(政治家)、司马迁(历史学家)④等代表中国绅士典范的人物,让欧洲人感受"杰出的中国人的人格",以此唤起西方对"中华文明的兴趣"。

三是通过校订中外文翻译书稿,促进其对中国词义的正确理解。辜鸿铭在信中对骆任廷、卫礼贤翻译的中国作品译文进行了部分校订。例如,辜鸿铭指出《大学》应被翻译为 Great Learning,而不应为 Higher Education;"乱天下"应为 to destroy all civilization in China,并非 to bring anarchy or chaos into Empire;中国的"孝悌"⑤与罗马人的"孝敬(pietas)"应表达为同样的意思等。⑥交

① 辜鸿铭:《辜鸿铭信札辑证》,吴思远编译,凤凰出版社,2018 年,第 2 页。
② 辜鸿铭:《辜鸿铭信札辑证》,吴思远编译,第 5~6 页。
③ 辜鸿铭:《辜鸿铭信札辑证》,吴思远编译,第 114~115 页。
④ 辜鸿铭:《辜鸿铭信札辑证》,吴思远编译,第 119 页。
⑤ 1887 年 7 月 15 日,辜鸿铭致骆任廷的信中"孝悌"以汉字书写。
⑥ 辜鸿铭:《辜鸿铭信札辑证》,吴思远编译,第 49 页。

往中,辜鸿铭还随信将自己创作的《中国牛津运动故事》《张文襄幕府纪闻》等作品赠送二人。

除张庆桐、辜鸿铭外,中国其他留学生与欧洲当地知名人士也有较为广泛的接触。如马建忠在随船政学堂留学生赴法之后,考取了公费留学进入巴黎政治学院,并且取得了4个学位。其在法国期间利用清政府驻法国公使翻译的身份,广泛地与法国知名人士接触,尤其是与对汉学具有较深造诣的高第(Henri Cordie)的交往最具代表性。高第是蜚声国际的汉学家,熟悉中国社会和事务。1897年,马建忠通过出席科学院晚会的机会获知高第的通信信息,在致高第的信中,马建忠表现出了强烈的交往热情,"我这次在巴黎只停留数日,亟愿前往拜访阁下。……我回到下榻地方,便急不可耐地起草这封信,请求您指定时间和地点,以便我前往拜访,与您倾谈我们国家各种事情,您远比生于斯长于斯的大部分人更为熟悉这个国家"。交往中,马建忠在向其倾诉的同时,也想听听他对时局的观感和意见。①马建忠与高第两人在交往中结下了很深的友谊。1900年,马建忠去世时法国汉学刊物《通报》(T'oung Pao),刊载了两篇与马建忠相关的文章,一篇是耶稣会士所写的《马氏文通》长篇述评,另一篇为该刊主编、汉学家高第为马建忠撰写的讣告。虽然讣告中对于马建忠的信息略有错误,但是字里行间可以体现出高第对于马建忠的敬重和深情。讣文内容为:

> 我们在这最新一期的刊物发布《马氏文通》的书评以及马氏本人于1900年9月3日于上海去世的消息。这个消息令我们震惊不已。他曾患有哮喘病,心脏虚弱,可能是由此引起的灾难。他出生于松江地区泗泾

---

① 马骥:《高第(考狄)档案中的马建忠法文信函——兼论高第与马建忠关系》,《宁波大学学报》(人文科学版),2017年第6期。

镇一个天主教家庭，三兄弟中最年轻的一位，受洗时所起教名为玛弟（Mathias）。1877 年他随由李凤苞和日意格所领导的留欧教育使团来到法国。他在政治学院修学，并成功通过法学院考试。[①]

留日生与日本友人的交往更为密切。1906 年 6 月，早稻田大学 327 名留日预科一期中国学生即将毕业，校方提议："为保留纪念起见，趁诸君预科毕业之机，务请诸君存留笔墨与诸君履历，一并装订成册，名《稻泥鸿爪》，永远保藏，诗文字画不拘。"[②]《稻泥鸿爪》即《鸿迹帖》，共装订七册，收录了 1906—1910 年间 230 名中国留日学生的留言，内容包括诗文、题词和绘画等。其中，留日生们题写了数十篇具有中国韵味的诗词，如锡暇摘录杜甫诗文《晚行口号》《陪郑广文游何将军山林十首(其六)》和《春日忆李白》[③]；吴慎摘录范仲淹《岳阳楼记》[④]等。还有部分留日生选择创作诗词以抒心意，所成诗文不胜枚举。留日生热衷于采用骈文、檄文、绝句等文体进行创作，并博采隶书、行书、楷书、行草等形式肆意挥毫。故留日生的诗文作品不仅尽显中国诗辞韵味，还展现出极高的书法水准，极具欣赏价值。《鸿迹帖》收录了留学生所绘图画，共计 50 余幅[⑤]，题材涉及梅兰竹菊以及写意山水等，富有中华文化独特的意蕴美感。《鸿迹帖》是晚清时期留日生域外传播中国文化的生动材料，显示了

---

① 马骥：《高第(考狄)档案中的马建忠法文信函——兼论高第与马建忠关系》，《宁波大学学报》(人文科学版)，2017 年第 6 期。

② 《清国留学生への布告》，《早稻田学报》明治 39 年(1906 年)，第 15 号，第 63 页。《稻泥鸿爪》最早由驻日参赞钱恂命名，取自苏轼《和子由渑池怀旧》一诗："人生到处知何似，应似飞鸿踏雪泥。泥上偶然留指爪，鸿飞那复计东西。"故在校方布告以及清朝驻日公使杨枢为《鸿迹帖》写的序文中书写为《稻泥鸿爪》，但最终装订成册时改以《鸿迹帖》代之。《鸿迹帖》共七册，现藏于早稻田大学图书馆。

③ 《鸿迹帖》(第一册)，1906 年，第 16 页。

④ 《鸿迹帖》(第二册)，1906 年，第 13 页。

⑤ 根据《鸿迹帖》(全七册)统计而得。

留日学生深厚的国学内涵与艺术修养。

鲁迅留学日本期间结识了很多日本友人,并且与他们保持着长时间的往来。《鲁迅日记》中所提到的日本友人统计约有 209 人,加上鲁迅早年留学时期所结识的日本友人应有 300 人之众。1902 年,鲁迅东渡日本,进入弘文学院;1904 年,弘文学院结业后,入日本仙台医学专门学校。在与日人交往中鲁迅通过多种方式来纠正日本友人对中国文化的错误认识,有时面对日人对中国的歧视,更是直言相辩:"日本国民性,的确很好,但大的天惠,是未受蒙古之侵入;我们生于大陆,早营农业,逐历受游牧民族之害,历史上满是血痕,却竟支撑至今日,其实是伟大的。"①鲁迅对中日文化的认识是比较全面、清醒的。他常用日本国民性中的优点来鞭挞中国国民性的弱点,但却毫无民族自卑感。

无论是日常生活中的交往,还是学术文化上的交流,晚清时期留学生群体始终立足中国文化,在与世界名流和普通大众接触的过程中积极作为,试图将更多的中国文化、中国元素传递给域外。

2. 演讲活动

晚清时期尽管已有很多东来的西洋传教士和商人对中国社会与文化有所介绍,但对于那些想要深入了解中国的国外民众,这些介绍显然远远不够。故中国留学生在海外以演讲的方式,生动传递有关中国的丰富信息,就显得引人注目。曾兰生、金雅妹、顾维钧等留学生在此方面多有建树,在西方社会产生了较大影响。

曾兰生(又译曾来顺),自幼失去双亲,被美籍传教士收留。1843 年,其随传教士抵达美国进入中学学习,1846 年进入汉密尔顿学院。曾入美国求学时

---

① 忻剑飞:《世界的中国观:近二千年来世界对中国的认识史纲》,学林出版社,2013 年,第 14 页。

间比容闳尚早,后因其在大学二年级后失去了生活赞助,而被迫辍学返回中国,故其留学经历并不为人所熟知。1872 年 5 月,因其精通英文被选拔为幼童出洋肄业局英文教员。该年 8 月作为第一批留美幼童的随团翻译再次返回美国。其间,曾兰生主要负责翻译与联络工作,有时帮助陈兰彬等人处理一些外交事务。根据曾兰生的任命书,其在出洋肄业局的职务是"翻译人员",因此隶属于委员陈兰彬和副委员容闳。但是在美国人眼中,他并不是陈兰彬和容闳的下属,而是同级别人员。因此,他经常被美国人介绍为"中国教育专员"①。由于精通英语,又有清政府委派的正式职务,曾兰生很快便融入了当地上层社会。于是,他更多的是以清政府代表和中国文化使者的身份与美国民众广泛交流,而公开演讲构成了曾兰生这一时期的重要活动,也使得中国文化在美国社会得到了广泛传播,取得了良好效果。"曾兰生和容闳一样,有充分的理由成为代表中国和中国观点的有影响力的发言人,他也是 19世纪晚期在美国接受西方教育的中国人中的一员,斯科特(K. Scott Wong)称这些人是'文化捍卫者和经纪人'。……两人都能说一口流利的英语,熟悉美国的生活方式。起初作为留学生,后来作为清廷使节,他们都进入了美国的精英圈子,并被美国同行所接受。然而,在 CEM②(中国教育使团)最初的领导人中,曾兰生是独一无二的,他带着妻子和六个孩子来到美国。报纸上对他家庭各种社会活动的报道,加上他无数的公开演讲,极大地帮助了好奇的美国观众了解当代中国。"③

随留美幼童返回美国后，曾兰生利用在斯普林菲尔德第一年里的空闲

---

① Edward J. M. Rhoads, In the Shadow of Yung Wing: Zeng Laishun and the Chinese Educational Mission to the United States, *Pacific Historical Review*, Vol.74, No.1(2005), p.40.

② Chinese Educational Mission(CEM).

③ Edward J. M. Rhoads, In the Shadow of Yung Wing: Zeng Laishun and the Chinese Educational Mission to the United States, *Pacific Historical Review*, Vol.74, No.1(2005), p.22.

时间,与留学时所熟悉的一些老师及汉密尔顿学院重新取得了联系,还包括之前他在新加坡时熟识的两位传教士艾拉·特雷西(Ira Tracy)和约瑟夫·特拉维利(Joseph Travelli),他们时常书信往来。与汉密尔顿学院的重新接触促使汉密尔顿学院对这位曾经的校友、现为清政府特派"教育专员"的曾兰生十分感兴趣。1873年6月,汉密尔顿学院授予曾兰生名誉文学硕士学位。这一荣誉增添了曾兰生在当地社会的知名度。更为引起美国社会普遍关注的是,1873年3月曾兰生携其夫人、儿女前往华盛顿参加格兰特总统的第二次就职典礼。"他们身着'原住民服装',出席了就职典礼和随后在白宫举行的招待会。"①据新闻报道,曾兰生站在中国的立场上对美国总统说道:"总统先生,我祝贺你再次当选美国总统,并希望美国和中国帝国政府之间现存的关系能够继续像它们之间的海洋一样平静。"②这次活动的亮相使得曾兰生在美国名声大噪。1874年,曾兰生作为"中国教育专员"被邀请加入位于马萨诸塞州纽伯里波特的现代语言大学(该大学主要的职责是向外国学生教授英语,并向美国人教授包括中文在内的外语),正是基于美国社会对其身份的认同。

19世纪70年代,听演讲在美国是一种流行的文化活动,曾兰生巧妙地利用了美国社会的这种兴趣,将大量的空闲时间用于在美各地演讲。1872年11月,他在写给好友爱德华·诺斯的信中说道:"一个中国人到全国各地演讲,其新奇之处将吸引许多人。"几个月后,他对诺斯说:"自从我离开你以来,我被邀请到十几个地方讲中文","如果我愿意,我每天晚上都有演讲要做。新英格兰人很擅长听关于其他国家的讲座。"③曾兰生的演讲一部分是免费进行,而有些讲座是向美国听众收费的,他在写给诺斯的信中描述:"邀请太多

① *Hamiltamilton Literary Monthly*, March 1873, p.278.

② *Springfield Daily Republican*, April 23, 1873, p.2.

③ Edward J. M. Rhoads, In the Shadow of Yung Wing: Zeng Laishun and the Chinese Educational Mission to the United States, *Pacific Historical Review*, Vol.74, No.1(2005), p.43.

了,我不得不缴纳 30 美元的税款,并支付所有费用。"①即使如此,美国民众对于曾兰生关于中国话题的演讲仍是充满兴趣。

曾兰生在美第一年演讲活动比较频繁,只要有邀请便悉数参加,开始主要在斯普林菲尔德和附近的社区发表演讲,后到纽约中部的克林顿、尤蒂卡和沃特敦等地。其出席的演讲场所更是众多,包括汉普顿郡的集市、斯普林菲尔德的百周年庆祝活动、地方的科学协会、基督教青年会、公理教会主日学校、中央卫理公会教堂和浸信会教堂,还有哈特福德公立高中和卫斯理学院的毕业典礼及 1873 年汉密尔顿学院的毕业典礼。曾兰生在康涅狄格同样受欢迎,他在那里给诺斯写信时说到,教育部长诺思罗普(B. G. Northrup)付给他一笔可观的钱,让他在其各地开办的教师学院进行演讲。②

曾兰生的演讲主题十分广泛,但大部分与中国传统文化、风俗、社会现状等问题联系密切,包括:"中国孝的实践""中国的教育""中国的象形文字""中国的风俗习惯""中国人""中国艺术与科学的现状""中国茶文化""中国农业""公共事业"等。具体内容:

一是有关中国古代文明及中国丰富的物质文化。如他在汉普登县博览会上向听众讲述古代中国人对天文学的认知,提出中国人很早就知道了一年的长度,并认识到每三年一次闰月的必要性,并据此调整他们的农业生产活动。他又对当时中国的农业状况进行了简要介绍,包括农民"简单和原始"的农具、农家肥的使用、作为畜力的水牛等。③

二是中国的科学技术,内容主要集中在瓷器制造、雕版印刷、火药和指南

---

①　*Chan to North*, Nov.25, 1872, and April 4, 1873.

②　See *Pittsburgh Evening Leader*, Dec.20, 1874, p.5; Chan to North, Feb.3, Sept.10, 1873, Chan Lai-sun 1850 File.

③　See *Springfield Daily Republican*, Jan.16, 1873, p.4.

针,并着重强调了它们的悠久历史。①

三是关于中国的茶文化。在关于茶的讲座中,他描述了茶叶从种植到收获、烘干再到销售、出口的复杂过程,讲解了热茶的冲泡方法。②

四是关于中国社会的习俗和制度。尤其关于中国传统婚姻,曾兰生将其描述为"一个漫长的过程",介绍了从最初由职业媒人撮合、订婚再到举行婚礼的中国传统婚俗。提到即使在婚礼之后,中国的新婚夫妇们仍需较长的时间才能培养出真正的夫妻感情。相比西方社会,中国新婚夫妇没有婚庆旅行,更没有蜜月,甚至新娘始终都要在丈夫面前保持矜持和娇羞的姿态。演讲中曾兰生还将中美婚姻情况进行了对比,他认为,虽然中国传统婚俗在美国人看来一定"非常奇怪",但是在中国目前的情况下,这种行为"是合理的,甚至是必要的"。③

五是关于中国的教育体系。曾兰生在哈特福德公立高中的毕业班介绍说:"我们的体系是一个通用的体系,你们的也是。有钱的中国人会送他的儿子上学。无论他有多穷,只要他有能力,他都能成为首相……中国的每个城镇都有自己的学校,每个城市都有自己的高中,每个省份都有自己的大学。我们的制度和你们的一样民主。"④上述演讲在一定程度上纠正了当时的美国人对中国及中国人刻板、落后的负面印象。

曾兰生还多次就中国当时的社会问题进行演说。如英国在中国进行的鸦片买卖问题,他明确向诺斯表示过,他最初演讲的主要原因之一就是"发起

---

① See *Springfield Daily Republican*, Feb. 27, 1873, p.3.

② See *Springfield Daily Republican*, Jan.16, 1873, p.4, Feb.27, 1873, p.3, and Oct.9, 1873, p.5 转引自 Edward J. M. Rhoads, In the Shadow of Yung Wing: Zeng Laishun and the Chinese Educational Mission to the United States, *Pacific Historical Review*, Vol.74, No.1(2005), p.46.

③ *Springfield Daily Republican*, Feb.15, 1873, p.4.

④ *Springfield Daily Republican*. Feb.15, 1873, p.4, and April 28, 1873, p.3.

一场讨伐英国政府销售鸦片的运动，并痛恨这种贸易破坏如此多的人的生命"，他呼吁"现在正是唤起公众同情、消除这种泛滥的毒药的时候了"。他在不同场合、不同听众面前多次就鸦片问题进行演讲，其目的就是提升这个话题在美国社会的热度，进而博取美国民众对于中国社会的同情与支持。曾兰生曾经公开表示："如果我要做关于鸦片的演讲，我非常希望能提前几天在我演讲地点的报纸上得到公布。这样我就可以让报社的记者记下我在他们报纸上所说的话。"在一次演讲中，他从英属印度讲到英国在中国的鸦片贸易，描述了吸食鸦片的方式，描述了其对个人身体及社会的有害影响，中国过去所做的根除毒品的努力，包括鸦片战争。他呼吁美国人"帮助中国从每年毁灭数百万人的鸦片中拯救出来"①。曾兰生的演讲揭露了英国对华鸦片贸易的罪行，让更多的美国人认识到英国政府的卑劣行径。

　　曾兰生在美国的活动轨迹和演讲内容，《斯普林菲尔德共和日报》进行了详细报道。②其他在美国进行多次讲演并取得广泛影响的还有中国女留学生金雅妹。1885 年 5 月，金雅妹参加纽约女子医学院毕业典礼，首次出现在美国社会的公共视野中。据《纽约时报》报道，在纽约女子医学院 5 月 29 日举办的第 17 届毕业典礼上，医学院院长罗伯特·海多克（Robert Haydock）为 11 位毕业生颁发了毕业证书，而在这 11 位毕业生中，金雅妹是唯一一位来自中国的留学生。③ 1904 年 10 月 16 日，金雅妹作为"世界和平大会"的中国代表再次公开出现在美国民众面前，她的演讲吸引了参加"世界和平大会"的各国

---

　　① *Springfield Daily Republican*，June 7，1873，p.4.

　　② See Utica Items from Springfield Daily Republican as follows：Jan.16，1873，p.4；Feb.15，1873，p.4；Apr.12，1873，p.2；Apr.28，1873，p.3；May 19，1873，p.8；June 7，1873，p.4；June 9，1873，p.8；June 16，1873，p.2；Aug.26，1873，p.3；Oct.9，1873，p.5；Oct.10，1873，p.3；Oct.20，1873，p.3；June 16，1874，p.6. Sept.26，1874，p.6.

　　③　See LITTLE ORIENTAL LADY WHO WON PEACE CONGRESS，*The New York Times*，October 16，1904.

代表的注意,其形象更是让参会者眼前一亮。当大会主席奥斯卡·S.斯特劳斯(Oscar S. Straus)向出席者介绍来自中国的金雅妹医生时,"满屋子的客人都饶有兴趣地抬起头来,因为这位小巧玲珑的中国妇女穿着一件中国产的灰色丝绸长袍,轻盈地走到讲台上,至少看上去很像一幅图画"。金雅妹所展现出的中国女性形象,完全颠覆了参会者对于遥远东方女人的臆想,诸如蹩脚的英语口语等西方社会对于中国女性的固化认知。《纽约时报》如此报道:"金博士还没说完半打句子,大家就坐直了,眼睛盯着看。她的英语口音、语法和习惯用语都很地道。这也许并没有使他们感到惊奇,使他们感到惊奇的是她讲的那些使人耳目一新的话,以及她说话的优美动听的方式。"她对听众讲道:"这似乎很合适,我应该和你们谈谈和平,因为我的国家是世界上唯一一个遵守了你们的教义的国家。也许女人也应该与和平代表们交谈,因为正是女人阻止了男人变成一个畜生。"①金雅妹的这次演讲成功地吸引了美国各界的注意,为接下来讲演活动的顺利进行奠定了基础。

当晚,金雅妹又在中央公园西区的伦理文化协会新大厅里进行了第二次演讲。她讲道:"在这次伦理文化会议上,我感到很自在。因为,虽然在中国没有一个以这个名字命名的团体,但中国就是一个巨大的伦理文化社会。"演讲中金雅妹向美国民众讲述了中国儒家倡导的生活方式,"儒家哲学所致力于教育公民过简朴生活和实现相对平等的财富分配"。金雅妹还讲到中国商人,"尽管我们的商人处于社会底层,但他们非常遵守孔子确立的道德规范,因此他们赢得了正直、诚实和公正的美誉"。在谈到中国工匠时,她指出:"我们在艺术上的成功源于我们的工匠,他和农民一样,全身心地投入到他的作品中。

---

① LITTLE ORIENTAL LADY WHO WON PEACE CONGRESS, *The New York Times*, October 16, 1904.

我们教会工人热爱自己的工作。"针对当时西方社会流传的"黄祸论",金雅妹进行了有力驳斥。她表示:"现在不明白为什么西方国家要害怕'黄祸'","中国两千年来一直是和平的守护者,崇尚和平是中国人的天性","中国人喜欢和平,最大的战斗是与自我,最大的胜利是自我克制"。此外,她还明确表示,目前可以证明西方国家给中国所带来的"鸦片贸易和各种外国租界已经表明,'黄祸'是无法与'白祸'相比的"①。

金雅妹在伯克利学院发表了《一个中国女人对东方战争的看法》的演讲,对日俄战争进行了理性分析,并谴责日本对中国的侵略。最后她指出:"中国不是那么风景如画,她年纪大了,但精力旺盛,她需要你的帮助来改变她的外表。中国需要的是西方的美德而不是恶习。"②

在美期间,金雅妹称她急切地希望把一个真实、准确的中国传达给美国人民。在演讲中,金雅妹向听众们如此介绍中国人的性格特征:"你们说中国人迟钝,因为他们不像你那样微笑。也许你们没有给他们太多的机会。如果你能和这个中国人交谈,你会发现他是一个宗教梦想家,是一个超越地球的梦想家。"③"你们美国人把我的国家看作是一个奇异的地方,充满了古怪的事以及古怪的人。但事实上,中国人与你们一样。""这里的许多人显然没有意识到我们是人,有着和他们一样的理想,一样的缺点,一样的美德。"金雅妹还介绍了当时国内进行的改革运动,表示"我想让世界了解,中国至少已经非常认真地开始了改革运动,尽管这一过程中还有很多不可避免的失误,但必定会成功"。"我们能够且必须靠自己完成改革。我们对这个伟大世界的诉求

---

① "Little Oriental Lady Who Won Peace Congress," *The New York Times*, Oct.16, 1904.

② "Little Oriental Lady Who Won Peace Congress," *The New York Times*, Nov.13, 1904.

③ LTTLE DR. YAMEL KIN ANSWERS SOCIALISTS. Chinese Woman Tickles Cooper Union Crowd with Replies. *The New York Times*, February 18, 1905.

是,在改革的进程中,我们应该是自由的而不是被攫取。"①

金雅妹的演讲内容得到了西方民众的广泛认可和支持。《纽约时报》报道说:"她(演讲)赢得了听众,金博士坐了下来,观众们从惊讶中恢复过来,爆发出一阵欢呼声……"英国国会议员詹姆斯·考德威尔(James Caldwell)评价说:"她真了不起! 我已经听了她六次了,每次她都用令人愉快接受的方式说些新的东西。"②金雅妹自幼与美国传教士麦加缔生活,信仰基督教,同时她又对中国传统的儒家文化有着自己的深刻认识,中国传统的伦理观念对她有深刻的影响,在美国期间她身体力行积极参与到美国人的社会活动中,并以中国新女性形象出现在西方民众面前,向他们展现和纠正不被熟知甚至被扭曲的中国。

顾维钧也是留美生中擅长演讲的人。1906年,顾维钧自费进入哥伦比亚大学。他在校期间非常活跃,经常参加语言社举办的演讲和辩论比赛,其演讲题目多与中国有关。他还参加了戏剧社、法语学会、"皇冠"组织(致力于改善哥伦比亚大学学生福利的学生组织)等学生社团。顾维钧曾回忆说:"一天晚上大同社召开大会,我由于某种原因被要求在会上演说。也许这是一个以中国为主题的晚会。我在会上做了以《觉醒了的中国》为题或类似这种题目的演说,介绍中国的一些情况,以及人们普遍要求改革的情绪。……我刚讲完,对中国十分友好的康奈尔大学政治经济学教授克斯博士走过来向我祝贺。"③顾维钧最终选择政治和国际外交专业,也与其在哥伦比亚大学一年级所参加的课外演讲等活动有密切关系。他说:"我对很多课外的事情感兴趣。我参加了语言社(Philolexian society)并参加演讲比赛。我以《旁观者》编辑部候补编辑的身份写报道。各俱乐部和社团时常邀请我去演讲。我讲演的题目通常是听

---

① DR. KIN SAYS JAPAN IS AMERICA'S BITTERESE ENEMY, *The New York Times*, April 16, 1911.

② "Little Oriental Lady Who Won Peace Congress," *The New York Times*, Oct. 16, 1904.

③ 顾维钧:《顾维钧回忆录》(第一分册),中国社会科学院近代史研究所译,第25页。

众和我所感兴趣的。这些题目都是有关中国的,如中国的形势、中国的问题、中国的前途等。"①

19 世纪末 20 世纪初,演讲活动在美国是一种流行的文化活动,曾兰生、金雅妹、顾维钧等留学生充分利用了美国社会的这种文化时尚,在美期间将大量的空闲时间用于到各地及大学校园演讲,将中国知识、习俗与价值观传递给大量美国民众,实际起到的传播中国文化的作用不可低估。

3. 留学生社团活动

随着域外中国留学生群体的壮大及其群体意识的萌发,为更好融入国外学习生活、实现留学价值,中国留学生在留学地建立了诸多留学生团体,为中国学生内容及中国学生与外国同学之间的社会和文化接触提供了有效服务,形成了具有中国特色的社交生活圈,直接或间接地促进了中国文化的海外传播。

1902 年,为方便组织管理日渐增长的留日学生群体,在部分官费留日生的倡议和驻日使馆的支持下,留日生在日本建立了第一个留学生组织"清国留学生会馆",1905 年改组为"中国留学生总会"。"会馆"的成立既达到了组织、管理留日学生的目的,同时"会馆"在名称和组织形式上也体现了中国文化传承,促进了中国文化在日本的传播。据《清国留学生会馆第五次报告》记载,会馆聘请了日本著名国语家松本龟次郎为留日生补习日语,音乐教育家铃木米次郎教授音乐。②通过在会馆"音乐讲习会"的学习,促成留日生沈工心、曾志忞等人成立了"亚雅音乐会"③。1904 年,部分留日生毕业回国,会馆举办了音乐送别会, 出席者包括日本音乐改良家伊泽修二氏和一些日本友人。音乐会正式开始前,全体留日生齐唱《国民歌》,"全座鹄立,雍容揄扬,有

①　顾维钧:《顾维钧回忆录》(第一分册),中国社会科学院近代史研究所译,第 31 页。
②　清国留学生会馆:《清国留学生会馆第五次报告》,1904 年,第 19 页。
③　张静蔚编:《中国近代音乐史料汇编 1840—1949》,人民音乐出版社,1998 年,第 119 页。

大国民气度焉"。其间,留学生演唱中国传统戏剧,吹奏中国古典乐器,"沈君强汉之昆曲独唱,华君倩朔之笛独奏,有国风焉"①。留日女学生也参与其中,表演了风琴、洋琴及歌舞等,展现了中国新女性形象,令包括日本民众在内的听众耳目一新,精神大振。

清末,留日生所创办的社会团体数量众多,据统计约有 29 个②,如励志会、编译社、拒俄义勇队、演说练习会、青年会等,按照各社会团体的性质可以大体分为学术团体、爱国团体、艺术社团,还有革命团体。大量留日学生社团的涌现,足以在一定程度上引起日本官方、校方及社会民众的关注,加之他们作为中国进步青年代表在日本社会所开展的演讲、文艺汇演等活动,传达了中国青年的精神面貌和具有中国特色的文化元素,宣扬了中国人追求民族振兴、改良政治制度的呼声,达到了在日本宣传中国、传扬中国文化的目的。

几乎与"清国留学生会馆"等留日社团组织同期,美国高校中也产生了很多学生社团。中国留学生积极参与其中,与世界各国的留学生共同参加活动、竞技比赛,在交流碰撞中,促进了中国文化的域外传播。在美国的中国学生不仅在学业上表现优异,而且在组织能力上也表现出较高的水平,在不同的大学创建了中国学生群体主导的留学生会,这些学生会为中国学生之间及中国学生与美国同学、朋友之间的社会和文化接触提供了便利条件。1901 年 10 月,加州大学伯克利分校的一些学生提出了组织社团的想法,他们把留学生组织命名为"美国华人学生联盟"(后改为"太平洋海岸华人学生联盟")。该协会最初包括美国各地的中国留学生,但是随着在美中国学生人数的增加,独立的社团组织不断涌现出来。1903 年,中国学生在芝加哥成立了中西部中国

---

① 《亚雅音乐会开会式为甲辰卒业生送别记》,《新民丛报》,1904 年 7 月,第三年第三号。

② 参见李喜所主编、刘集林等:《中国留学通史·晚清卷》,广东教育出版社,2010 年,第248~249 页。

学生暑期联盟"美国中西部中国学生会"。1904年,由康奈尔大学及其附近的中国学生组成学生联盟,成立了"绮色佳中国留美学生会"(The Ithaca Chinese Students' Alliance)。1905年8月,美国东部各州成立了中国学生联盟"太平洋沿岸中国学生会",成为美国最大、最活跃的中国学生组织。经过几年的发展,1909年最终正式成立了"全美中国学生联合会"并选举了第一届联合会委员。

全美中国学生联合会的宗旨为:第一,为中国的复兴而努力;第二,促进中国在美留学生之间的联系;第三,维护留美学生的共同利益。①各地区联合会每年在暑假期间,定期举办年会,将留学生个体纳入整体,加强留学生之间的交流,并开展丰富多彩的活动。年会通常在位于新英格兰地区风景秀丽的大学城举行,从各处来的中国学生在那里聚会一个星期左右。会议的日程仿照基督教青年会(YMCA)的形式:上午开会,下午开展体育活动,晚上举行社交聚会或娱乐活动。年会使学生们彼此联系起来,有了表达共同关心问题的场所,并让他们有机会展示自己的艺术和体育才华。它还鼓舞了学生群体的士气,使中国留学生们有一种归属感。对当地的美国居民来说,年会提供了一个了解中国学生的窗口,地方报纸常常很有兴趣地对当地中国留学生年会进行报道。②

年会主要活动大体可以分为以下五类:

一是演讲。年会最重要的内容是大会讲演。讲演者包括中国政府驻美官员、美国教育家,也有美国政府的官员。1903年,"美国华人学生联盟"受到华

---

① 参见张睦楚:《民族意识与自由主义的双重变奏——留美中国学生联合会之历史考察》,社会科学文献出版社,2018年,第48页。

② 参见叶维丽:《为中国寻找现代之路:中国留学生在美国(1900—1927)》,周子平译,北京大学出版社,2017年,第27页。

侨吴颂尧的资助,举办了一场"留学生与中国文化"的主题演讲。1910年,"美国中西部中国学生会"年会,邀请了居住在康涅狄格州德高望重的容闳,在美国留学生界引起了轰动,年迈的容闳用颤抖的声音向学生们提出教导和忠告。美国知名人士雅礼协会负责人爱德华·休姆(Edward Hume)也曾到会发表演说。参会的还有美国政府官员包括前国务卿约翰·福斯特(John Foster)、康涅狄格州州长弗兰克·韦克斯(Frank Weeks)、前麻省州长戴维·瓦尔施(David Walsh)等。①这种活动的举办扩大了留学生组织的影响。二是交友联谊。以此促进不同学校、不同专业领域同学之间的交流、互动。三是体育竞赛。体育活动种类丰富,涉及田径、球赛、赛艇等活动。四、辩论。联合会中各校代表针对中国问题进行宣讲,然后展开辩论。五、联合会的主要职务人员的选举活动等。

此外,联合会还开展了对华人社区的教育活动。虽然当时美国政府已限制华工进入美国,而且美国社会排华思想严重,但是在美国经商的华人和从事体力劳动的华工较多,他们大部分聚集而居,形成了美国人所谓的"地下中国城"。"'地下'者,卑贱、污秽、地域之谓也。"②美国人对中国人聚居地的蔑称,毫不掩饰其厌恶、歧视中国人的狭隘民族心态。有些唯利是图的美国人,利用中国人居住区的窘境,在其附近开设"唐人百物院""唐人地下小蓬莱"等类似的游乐场,对"中国城"中吸食鸦片、聚众赌博、缠足等陋俗进行展览。面对这种辱没国家、国人的情况,中国留学生十分愤慨,经"同学各处讲求当道,设法禁止,历时久之'唐人百物院'始关闭"③。其实,美国人所展览内容也在一定程度上反映了当时中国人聚集区的真实情况,严重损害了中国的形象,成为"美人轻视华人之一大原因"。留美学生对于"中国城"的态度十分矛盾,

---

① 参见叶维丽:《为中国寻找现代之路:中国留学生在美国(1900—1927)》,周子平译,第28页。

② 蔡正:《美国之"地下中国城"》,《留美学生季报》(第六卷第三期),第18~22页。

③ 蔡正:《美国之"地下中国城"》,《留美学生季报》(第六卷第三期),第18~22页。

因为通过存在于美国的"中国城","不可能了解中国真正的文化和制度"①,但如今一些美国人却将中国留学生与中国底层人民同等看待。有中国留学生提出抗议:"不要以为你去过旧金山的唐人街、上海或香港,就了解了关于中国的一切。事实上,这些地方并不是真正的中国,就像纽约东区并不代表整个美国一样。"②

中国人在美国饱受歧视的社会状况,更加激发了留美中国学生的民族自尊,使得他们开始关注华人社区并立志帮助华人改善社区生活状况,以此来改变美国社会对于中国人的偏见和歧视。留美生张宏祥曾撰文《留学生之进步》,提到"公益事业之关切也,人以为人在学生时代,对于社会实为一种绝不负责任之人物,实则不然,而吾留美学生尤能负实在之责任。举其显著易见者而言之。在美各城市,华侨类聚而居。当离中国时,皆为苦力,不知教育为何事,入美而后,寄人篱下,形格势禁,更见其绌,居住衣着,不知修饰,甚或烟窠赌窟,相习为非,此皆境遇所铸成,非必尽华侨咎,留美学生有鉴于此,对于华侨聚居之处,极力设法改良。如纽约波士顿等埠,俱有学生担任教书宣讲及童子军等事,此一端也"③。但是究其本质,留美生开展"公益活动"的最终目的不仅是为了改善中国劳工的状况,同样是为了改善中国在美国的形象。

为提升留学生在美形象,联合会发表声明,要求留美学生需要注意自身的形象:"一须整饬衣裳。衣服乃交际上最先夺目之事,无论华装布服,奢俭各殊。荷其人为修己自爱之士,鲜有于一身之内,不力求衣饰整洁者。二须慎重言语,意立言之道首在温恭。三须检点举止,不可低头曲背踽而行一若久病之

---

① Correct Information about China. *The Chinese Students' Monthly*, February 1919, pp.219–222.

② *The Chinese Students' Monthly*, April 1918, pp.373–400.

③ 张宏祥:《留学界之进步》,《留美学生季报》(第五卷第三期),1918年,第2页。

夫。四须谨慎交游。五须注意身体。"① 1910 年,中国留美学生在其联合会所创办的《留美学生月报》上发表了《我们能为我们的工人阶层做些什么?》一文,主要阐述了"我们能为我们在这个国家的华工做些什么"这一问题,显然这是留美学生对中国在美华工的关注。当这个"敏感而又重要"的讨论在中国留学生中广泛传播后,很快得到了广大中国留学生的积极回应,大家呼吁"所有留学生联合会成员都应承担起帮助中国工人的责任"②。为应对当时提出的新问题,1910 年到 1912 年间,部分中国留美学生组织筹办了名为"一般福利"(General Welfare Work)的系列社团活动,旨在改善华工在美生存状况。这些活动也得到了美国人的认可,"美国人啧啧称赏,各大学教员及办事人之优待吾国学生,及消减其轻视中国人之习惯者,实缘吾国学生能组织杂志集会,讨论其事业不仅仅在教室以内"③。留美生以实际行动向西方展现了中国青年的社会活动能力以及热心公益的良好风貌。

留美生社团还经常"进行选举,组织辩论,模拟议会,举行中英文演讲比赛,以及特技表演。成百上千的小镇居民到校园的集市上去买中国玩具、丝织品及中国女学生卖的新奇玩意儿,集市被中国灯笼和旗子装点得宛如仙境一般"④。一些留学生还从事商业活动,他们开办中国古玩局,出售古钱币、瓷器、绘画等文物和手工艺品,这对爱好艺术的西方人士有特殊的吸引力;他们与中国商人合作从事丝绸贸易,中国精美的丝绸也让不少西方人士着迷;他们开办杂货店,出售各种中国土特产和具有中国艺术风格的日用杂货。最吸引西方人士的则是风格各异的中餐馆,这些餐馆布置典雅,具有古老中国的文

---

① 余箕传:《敬告留美同人》,《留美学生季刊》(第五卷第一期),1918 年,第 97~100 页。

② A Problem, *The Chinese Students' Monthly*, November.1909, p.5.

③ 《记事·留美学生联合会近事》,《教育杂志》(第 4 卷第 7 号),1912 年,第 48 页。

④ *Directory of the Chinese Students in United States of American 1911—1912*, Published by The Chinese Students' Alliance, 1912.

化特色,而且饭菜精美,深受西方上层人士欢迎,促进了中国饮食文化的传播。①

联合会成立后所举行的暑期年会、创办期刊、关注在美华人生活等一系列活动,不仅加深了中国留学生的内部交往,同时也拉近了中国留学生与当地华人的距离。更为重要的是,联合会所举办的一系列活动,也向美国社会展示了一个新的中国形象,在一定程度上纠正了美国社会对中国社会的刻板印象与误读,促进了中国优秀文化在美国社会中的良性传播。

中国留学生还在域外建立了一些专业社团,开展了相关活动,更为直接地宣传了中国文化。1904年,清政府派遣俞同奎等16人赴西欧各国留学。俞同奎入英国利物浦大学攻读化学,获硕士学位,是我国近代留学生中最早获得硕士学位的学生。除在英国学习外,他还曾到德国、法国、意大利、瑞士等国进修深造。留学期间,俞同奎萌发了"以科学之宏力,谋我国之富强"的想法。1907年12月24日,俞同奎联合在欧洲留学的李景镐、吴匡时、陈传瑚等人,在法国巴黎成立"中国化学会欧洲支会",这是我国最早的化学学术团体。俞同奎历任该会会长、评议员,对该会的创建、组织和开展学术活动作出了重要贡献。"中国化学会欧洲支会"成立后,一项重要工作是大力宣传中国化学事业发展的历史和现状。1909年5月,第七次万国应用化学会在伦敦举行,俞同奎与会并宣读了论文《中国化学工业之现象及后来之发达》,介绍了中国古代化学事业的成绩。论文大意为:"中国古代发明化学上事业之多,史乘昭著,可证中国人于科学一事,实非绝无根底;后来整顿化学工业一事,则分三部;详述政府学会学生三种人,通力合作之事实,及后来莫大之希望;最后则指出中国之发达,于世界有利无弊之故。"论文宣读后,引起外国学者的重视,

---

① 参见元青等:《留学生与中国文化的海外传播:以20世纪上半期为中心的考察》,南开大学出版社,2014年,第52页。

"即刻为报馆所登载,而德国人尤为注意"①。此次留学生首次代表中国参加世界性科技大会,凭借其良好的专业知识素养,赢得了各国代表的尊重和主办方的礼遇,"此次中国第一次派员,故赴会各国来宾及会中执事人员均极关注于中国委员之举动,而相待亦独优。譬如英太子之欢迎词,特提及中国各名人之演说,亦于中国之事三次致意,此外则宴会各事,请客券虽限数极少,而中国之委员必与焉。英王召见之十三国②,中国亦预其一,事虽甚细,而情谊则殷,一若中国振兴在即,有无穷之大希望存焉"③。中国留学生创建"中国化学会欧洲支会"及对外传播中国化学事业的成绩,反映了以俞同奎为代表的留欧学生发展中国化学事业,力图使中国化学科学在世界上占据一席之地的强烈愿望。

1907 年在美创办的"昌教会",目的则在于宣扬儒家学说,增强留学生的民族自信心,同时也促进美国民众对中国儒家文化的了解。创办人是以翰林身份留美、就读于哥伦比亚大学经济系的陈焕章。陈曾阐述"昌教会"创办的原因:"一则愤于吾国人之无耻而自贱,二则愤于外人之肆口讥评,三则遇外人之细心考问,不能不答之,四则寻常论辩之中,己亦不自安缄默,故不揣冒昧,发起一昌教会,以为基础。"④昌教会的创办及其活动是留美生域外传播中国文化的有益尝试。

4. 创办编辑报刊

创办、编辑报刊是晚清时期留学生群体海外传播中国文化的又一重要形

---

① 《伦敦举行第七次万国应用化学会纪事》,《东方杂志》(第 6 卷第 9 号),1909 年,第 17 页。

② 大会期间,英国皇室在白金汉宫特别选取十三国代表进行召见,吴匡时代表中国出席。尚有十一个参会国未获召见。

③ 《报告 伦敦举行第七次万国应用化学会纪事》,《时报》,1909 年 8 月 5 日。

④ 陈焕章:《致饮冰室学长书》,丁文江、赵丰田编:《梁启超年谱长编》,上海人民出版社,1983 年,第 388~389 页。

式。报刊是高效的文化传播媒介，受到中国留学生的青睐。他们在创办编辑报刊、介绍中国与中国文化方面表现出极大的热情。较早在此领域作出努力的是留美生黄清福（Wong Chin Foo）。1868 年，黄清福随传教士到达美国，先后进入华盛顿的浸信会学院和宾夕法尼亚州的路易斯伯格学院学习。19 世纪80 年代正值美国排华风气高涨时期，美国各种报纸、杂志上刊登了大量侮辱中国人的言论和漫画，中国人在美国的生存环境十分艰难。黄清福认为美国社会之所以排斥中国人，除了美国本土工人与华工争利的因素外，还源于美国社会对中国与中国文化的误解和无知。1883 年 2 月，黄清福"在美东华人人口最多的纽约市"①创办了 Chinese American（《华美新报》)②，用中英两种文字出版。"这份长达四页的新报纸于 1883 年 2 月 3 日出版，正好赶上中国新年。"③黄清福最初称其为《美华新报》，字面意思是"新的美国中文新闻"，但他在报头将其翻译成英文，简称为"美籍华人"。然而到了 3 月底，他将中文版的汉字顺序改为"华美新报"——字面意思是"新的中美新闻"④。这份报纸之于在美华人的意义深远。黄清福试图为改善中国人在美国的处境尽一己之力。黄曾表达其创办报纸的初衷在于："打算向'落基山脉以东的近 10万中国人'提供本地和外国新闻来源"，同时向美国民众宣传中国文化，消除、纠正美国人对中国文化、传统习惯、风俗等的误解，努力减少美国人对中国人的敌意。虽然因经费等原因该报于 9 月底即停刊，但其开创了留学生创办报

①　梁初鸿、郑民编：《华侨华人史研究记》(二)，海洋出版社，1988 年，第 390 页。

②　Scott D. Seligman, *The First Chinese American: The Remarkable Life of Wong Chin Foo*, Hong Kong University Press, 2013, pp.89–100.

③　Scott D. Seligman, *The First Chinese American: The Remarkable Life of Wong Chin Foo*, Hong Kong University Press, 2013, pp.89–90.

④　Scott D. Seligman, *The First Chinese American: The Remarkable Life of Wong Chin Foo*, Hong Kong University Press, 2013, p.90.

刊传播中国文化的先例。

20 世纪初期,随着留美教育的发展,留美生创办报刊亦呈现新的面貌。1905 年 8 月,中国东部学生联盟成立,作为其机关报的《中国留学生公报》开始发行。这是留美中国学生在美国出版的英文期刊。1906 年改版为月刊发行,1907 年 11 月定名为《中国留美学生月报》(以下简称《月报》)。创刊初期作为中国留美学生东部联盟的机关刊物,1911 年中国留美学生会成立后,该刊遂成为该会机关刊物。1910 年,中国留美学生在《月报》上陆续发表了一系列有关改善中国形象的文章,如《我们能为我们的工人阶层做些什么?》,表明中国留美学生对在美华工的关注,呼吁"为国内外华人的福祉而努力——为改善国内劳动状况而努力",号召"所有留学生联合会成员都应承担起帮助中国工人的责任"。在留美生看来:"任何看到我国一些同胞悲惨处境的人,都不会对这个问题漠不关心。"《月报》逐渐成为美国社会了解中国的一个重要窗口。据统计,1906—1911 年 11 月间,《月报》所刊登的有关中国问题的文章 80 多篇,内容涉及中国民众教育、劳工问题、中国的灾害与救济、中国的宪法和军事、中国目前所进行的改革,以及留学生的责任等。更具特色的是,《月报》开设"国内新闻""读者来信"专栏,设立"答疑部"专门为美国民众解答他们对于中国问题的疑惑,还曾整理发表《外国人讨论中国时切勿犯的错误》专题文章,旨在收集并纠正西方社会对于中国文化的错误认识。同时,《月报》设有专版刊登评论中国时事及与中国有关的国际事件的文章。

《月报》对于中国留学生来说,它是一根绳索,将海外学子团结在一起,向国内传递更多有用的信息资源;对于西方社会而言,它是一个传声筒,留美生尽自己所能大声疾呼,希冀向西方社会展现一个真实的中国。而出版《月报》的重要目的就是充当中国问题的传播媒介,尽可能地提出众多"中国问题"的

"另一面"。①随着报刊的流行和其实用性的增强,《月报》逐渐发展成为中国学生间互帮互助的媒介,也是美国社会了解中国的一个窗口。《月报》从 1905 年创刊直至 1931 年,从未间断,由每年任命的编辑委员会编辑,并由负责订阅、发行、印刷和广告等行政事务的管理委员会管理。在 26 年的时间里,《月报》多次改版,栏目和主题均发生了改动。从起初只有十几页的简装本,到后来发展为内容丰富、涉猎广泛的综合性期刊;从一本留美学生社团的内部刊物,发展成为受众广泛、编排成熟的社会刊物。《月报》读者群除了中国留学生外,还包括在美华侨及美国学生、商人、传教士,近三分之二的订户不是该联盟的成员,其中多数是美国人和欧洲人。

除《月报》外,1909 年留美生还创办了中文杂志《美国留学报告》,1911 年 6 月改名为《留美学生年报》,1914 年 3 月再改名为《留美学生季报》,1928 年停刊。其宗旨为"使国内之人,略知美国情形及留学界之情形"。该刊设有论说、消息、评论、文苑等各种专栏,反映留学界的生活状况,介绍美国社会文化和中国政治、经济、社会风情,虽在中国国内出版,也在美国广为发行,无疑起到了沟通中西文化的桥梁作用。期刊文章既指出中国在政治、军事实业、教育等方面的弊端,也提出引进先进文化、寻求中国自强之路的举措;既回顾光荣的往昔,也毫不避讳地面向屈辱的现在,更充满期待地展望不远的将来。此种积极态度,不仅显示了留美生的拳拳爱国之心,也在留美学生界及美国知识界产生了重要影响,成为留美生宣传、介绍中国与中国文化的重要阵地。

除上述刊物外,留美生还创办、编辑了其他一些刊物,如顾维钧担任总编辑的哥伦比亚大学学生刊物《旁观者》;孙中山在旧金山创办、留美生蒋梦麟担任主笔的革命报刊《大同日报》等。

---

① The Chinese Students' Monthly 1906—1931 A Grand Table of Contents(中国留美学生月报总目)前言,华盛顿特区研究图书馆协会中国研究资料中心,1974 年。

留美生创办、编辑的报刊在美国社会中的订阅量逐渐扩大,受众范围也日渐广泛,对中国文化的传播产生了积极影响,这点从报刊广告版面上也能看出一二。1920年,《月报》仅广告就长达40页,广告客户中不仅有美国中餐馆,还有美国的商业和制造业企业,如纽约的"标准石油"及"通用电气"等都是比较固定的客户。美国国会图书馆、美国教育局和耶鲁大学图书馆甚至收藏了完整的《月报》。

晚清时期,留日中国学生群体所创办的刊物也十分丰富,这些刊物成为留日生传播中日文化的重要桥梁。较早的刊物应为1899年由郑贯公、冯自由等人所创办的《开智录》,该期刊主旨是抨击专制统治,宣扬资产阶级自由平等、天赋人权等思想。据统计,1899年至1911年间,留日中国学生创办的刊物达40多种,其中影响较大的有《译书汇编》《新民丛报》等。其中,留日中国女学生秋瑾于1904年在东京创办了《白话报》;同年,抱真女士创办《女子魂》杂志,两刊物皆提倡妇女解放,反对缠足恶习,鼓励女子争取受教育权利等,从中也可以看出,留日中国学生群体中,女留学生的活跃程度不亚于男性留学生。1903年,来自湖北省籍的留日中国学生在东京创办《湖北学生界》,随之先后有十几个省区的留学生以同乡会的名义创办期刊,如《江苏》《江西》《浙江潮》《云南》《四川》等,各有侧重、各具特色。这些刊物不仅翻译了大量的日本文献,向国内介绍了诸多日本的新文化、新思想,同时极具中国文化特色,尤其是以省名命名的期刊,其内容多涉及地方特色,阐述各地存在的社会问题,对日本民众了解中国知识、中国问题起到重要作用。

中国留日学生团体开智会主办的《开智录》,以"倡自由之言论,伸独立之民权,启上中下之脑筋,采中东西之善法"[①]为宗旨。期刊设置论说、言论自由录、杂文、演说、来稿、外论等译书、伟人小说、词林、时事笑谭等栏目。冯自由

---

① 章开沅主编:《辛亥革命词典》,武汉出版社,2011年,第36页。

曾评论该刊物"专发挥自由平等真理,且创作歌谣谐谈等门,引人入胜"①。《开智录》早期借助梁启超《清议报》馆为发行及印刷机关,"凡有清议报销流之地,即莫不有开智录",以至于"各地华侨以其文字浅显,理论新奇,多欢迎之,尤为南洋群岛为最"②。这是一份具有革命倾向的刊物,考察《开智录》所刊发的具体内容,可以明显发现该刊中所宣传的西方资产阶级自由民主思想的文章皆与中国政治制度、社会需求及时政问题密切相关。

类似内容刊物还包括《国民报》《白话报》《醒狮》《民报》等。李昪、高旭(天梅)等人所编辑、发行的《醒狮》,其栏目设置包括论说、军事、教育、政法、学术、医学、音乐、美术、小说、时评等,其中刊发大量中国问题内容。如第一期的"论说"为《醒后之中国》;教育栏刊登的是《中国义务教育之问题》。③第二期美术栏刊文《国画修得法》,小说栏刊登的是连载的中国游侠小说和历史小说《仇史》,时评则刊出了国内所发生的大事件。④由此可见,该类刊物在发行过程中不仅致力于启迪国人心智,同时也致力于向海外民众宣传中国社会追求科学进步、改良政治制度和教育制度的努力及传统美术、文学等中国文化内容。

5. 翻译撰写中国题材作品

翻译中国文化经典或用外文撰写有关中国问题的论著是晚清时期留学生群体"中学西传"的重要方式。

兼具两种或多种语言能力及文化背景的留学生,在中西文化互动方面扮演着不可替代的角色。一方面,晚清时期的中国留学生处于新旧文化交融碰撞时期,早期在中国的本土教育中多系统接受了中国传统教育,中国文化已

① 冯自由:《革命逸事:横滨开智录》,《逸经》(第6期),1936年,第35页。

② 冯自由:《革命逸事:横滨开智录》,《逸经》(第6期),第35页。

③ 参见《醒狮》(第一期),1905年,目录。

④ 参见《醒狮》(第二期),1905年,目录。

然根植于他们的内心世界,向外界传播中学业已成为一种出于本能的文化惯性。另一方面,留学生极力贴近西方社会的风俗习惯和价值理念,坚持采用西语传播中国文化。以此种为中国文化在异域发声,收效十分显著。陈季同在其著作《中国人自画像》的序言中就曾表露了这种中国文化创作的观念:"我打算在这本书中实事求是的描述中国——按照自己的亲身经历和了解记述中国人的风俗习惯,但却以欧洲人的精神和风格来写。我希望用我先天的经验,来补助后天的所得,总之,像一位了解我所知道的关于中国一切的欧洲人那样去思考,并愿意就研究所及,指出西方文明与远东文明之间的异同所在。"①以李恩富、辜鸿铭、陈焕章、陈季同、顾维钧、宋庆龄等为代表的中国留学生,在翻译中国典籍,撰写相关中国问题的著述时,均持此种理念与做法,有效地向西方社会展现了一幅幅生动的中国文化图景。

李恩富(1861—1938 年)是第二批留美幼童中的一员。1873 年,12 岁的李恩富赴美学习,1881 年受清政府留学政策影响,在耶鲁大学一年级时中断学习,被召回中国。值得庆幸的是,1884 年李恩富在美国传教士的帮助下,得以重返美国,继续进入耶鲁大学学习法律专业,1887 年以优异的成绩毕业。同年,李恩富出版了他的自传体著作 When I Was A Boy In China(《我在中国的童年》),这是中国人在美国出版的第一部著作。李恩富创作此书之时,正值美国社会排华浪潮的峰值,华人在美国社会遭受了诸多不公正待遇,备受歧视。身为中国人,李恩富凭借其较高的社会身份,致力于为华人争取平等、自由等社会权利,一时间成为在美华人的代言人。《我在中国的童年》较为全面地展现了中国文化的方方面面,包括中国人出生的礼节、家庭伦理、亲属关系、烹饪饮食、休闲娱乐方式、中国女孩、私塾教育、宗教、节日习俗及庆祝方

---

① 陈季同:《中国人自画像》,黄兴涛等译,贵州人民出版社,1998 年,第 5 页。

式等。该书向西方社会提供了一个认识中国、了解中国的良好途径。

一是纠正了部分美国人对中国人的恶意丑化，改善了华人的海外形象。李恩富在书中提道："我发现，美国普通人对中国的传统习俗、礼仪和文化体系存在不同程度的误解。我不是要批评大多数的美国民众，毕竟他们只能通过报纸和到过中国旅行的人了解中国，而很多旅行者，他们看到了中国发生的事情却不能以最恰当的方式表达。这样，以讹传讹，真实的中国是什么样子就成了一个谜。从英国散文家约翰·曼德维尔开始，旅行家们越来越追求有关中国故事的奇幻和神秘色彩，而忽视了中国的真实情况（当然，有一些旅行家不是这样的）。因此，我在本章中要讲到的中国风俗习惯、礼仪和文化制度等等，有可能悖于普通人心目中的中国。"李恩富针对美国社会中广为流传的"中国溺婴"事件进行了阐释和辩驳，他指出："我要补充一点，这些女孩子并没有一出生就被扼杀在褓襁中。美国人有种普遍性的误解，认为中国的女孩子一出生就会被杀死，因为他们的父母只想要男孩而不想要女孩。他们这么想我很生气，因为这与实际情况根本不一样。在中国，因为女孩子们不能在公共场所抛头露面，光宗耀祖的任务就落在了男性身上，再加上延续香火的需要，不管是亲生的男孩还是收养的男孩都很受欢迎。我敢说，溺死女婴在中国是很少见的。一些穷苦人家，连自己的肚子都填不饱，生了小孩之后，不愿看着他们活活饿死，往往帮他们找一条活路。"①关于中国女性形象问题，李恩富亦有所论述："长久以来，一提到中国女孩，大家想到的就是怨妇的形象：容颜憔悴，百无聊赖地坐在闺房里冥想，向往着墙外的美丽世界，的确，她们没有美国女孩那样的自由，但她们也没有被锁起来。她们的自由是传统礼教所要求的端庄大方和得体的生活。她们可以走亲访友，可以和友邻

---

① 李恩富：《我在中国的童年》，刘畅译，福建教育出版社，2013年，第37~38页。

出去玩,可以上戏院看表演,可以交游看风景,可以观赏龙船比赛,还可以进行其他的一些有意思的社交活动。"①

二是通过自己的亲身体验,在驳斥美国社会错误认知的同时,主动向美国社会介绍了中国的日常生活、乡约民俗、节日庆典、私塾教育等。例如,李恩富在解释"家庭伦理"时指出中国是宗法社会,讲究"三纲五常","所有人都需要服从这样的社会伦理","对于小孩来说,最重要的是听话孝顺,千万不能由着性子来"。在中国家族中,婆媳关系、老幼尊卑及"大家长制"下中国孩子在吃饭时都要遵守礼节。在中国人的休闲娱乐内容中,他介绍了中国男孩没有美国人打棒球网球、踢足球、骑车等所谓的体育运动,但是中国民众有自己传统的娱乐活动,如放风筝、踢毽子、斗蛐蛐、掷骰子等。他介绍中国的教育状况,"多由私人创办"的私塾学校,中国读书人通过科举考试进入仕途等。书中还具体讲述了中国学堂的收费情况、课程安排(《三字经》、"四书五经")、作息时间、学习方法(死记硬背)、惩罚方式(戒尺、鞭打)等。②关于中国的"宗教信仰",李恩富介绍了中国的三大宗教体系:儒教、道教、佛教。③儒教被中国皇家和知识分子所推崇,被奉为"国教",是圣贤教化的宗教,与注重灵修和冥想的宗教不同,重道德修养,实用性很强。关于道教和佛教,李恩富也作了区分和介绍。最后他拿中国的宗教与西方的基督教进行对比,指出:"中国的宗教里没有与基督教的安息日对应的节日。……我们没有教堂,但是我们有佛殿。"接着描述了中国佛殿的建筑构造和特色,以及民众对神灵的供奉。在李恩富看来,中国与美国虽然有很多方面不同,但是两国间的文化并不存在矛盾和冲突,完全可以相互理解、和谐相处。尽管书中对中国文化诸多方面

---

① 李恩富:《我在中国的童年》,刘畅译,第42~43页。

② 参见李恩富:《我在中国的童年》,刘畅译,第46~55页。

③ 参见李恩富《我在中国的童年》,刘畅译,第57页。

的描述有不确切处,也包含一些过分赞美的内容,但在当时美国社会激进排华氛围中为中国文化正名,堪称可贵。此书在美国出版后,十几家报刊进行了推送,其中《每日晚报》最早刊发了书讯。①《佛蒙特守望者》(Vermont Watchman)对该著作发表了评介:"他以一种有趣的方式描述了中国儿童生活的特点,教育方式,父母与孩子之间的关系,青少年的娱乐活动,以及与此相关的各种各样的其他事情都令人好奇。这本书虽然适合年轻人阅读,但各个年龄段的人对此都有浓厚的兴趣。"②

综合来看,李恩富的自传体著作《我在中国的童年》除了纠正美国社会对中国的误读,更看重对中美文化异同的对比和论述。李恩富以平实的笔触,在中西之间不偏不倚地行走着。他让人们看到,文化本无高下,中西之间亦无贵贱之分,任何民族中"匪夷所思"的文化行为,都有其深刻的文化内涵,与其文化土壤和社会空气相适应。李恩富将美国社会对华人歧视的根本原因归于美国社会对中国文化的无知和误解。他认为,一旦美国人了解了中国,就会改善对待华人的态度。所以他认为必须首先改变美国社会中流行的对中国的偏见,并对美国通俗文化中的华人错误形象进行纠正。他希望通过传播中国社会文化各方面的真实情况,改善中国的形象,为华人移民赢得理解与认可。尽管作者在书中对中国的描述有夸张溢美之处,对中国社会的看法也难免有其局限性,但该书仍不失为在种族歧视的情况下,将中国文化介绍给美国读者并为华人辩护的有力著作。

辜鸿铭对于中国文化在西方的传播,除上文提到其与俄国大文豪列夫·托尔斯泰的文化交往,更为突出的贡献是其用英文撰写的中国题材的著作

---

① See Literary Gleanings. *Daily Evening Bulletin*, Jul.2, 1887.

② New Publications, *Vermont Watchman*, Jun.15, 1887, p.4.

和翻译中国儒家经典。辜鸿铭认识到,脚踏实地立足于自己古老、可靠的文化基础,不要去生搬硬套只适用于另外一种社会状况的西方文化,这对于东方民众的自我生存是极为必要的。①其对于"中学西传"所做的贡献主要有两方面:

一是用英文撰写中国题材的作品。1883 年,辜鸿铭首次在英文报纸《北华捷报》上发表题为"中国学"的英文作品;之后从 1901 至 1905 年,辜鸿铭分 5 次发表了 172 篇《中国札记》,其中包括 *Papers from a Viceroy's Yamen:A Chinese Plea for the Cause of Good Government and True Civilization*(《来自总督衙门的文件:一个中国人对良好政府和真正文明事业的呼吁》)《当今,皇上们,请深思! 日俄战道德原因》等英文文章,陆续刊于《日本邮报》等报刊的英文政论,反复强调东方文明的价值,讨论日俄战争在道义方面的根源,并批评俄日双方的侵略政策。1911 年,*The Story of A Chinese Oxford Movement*(《中国牛津运动故事》中文称《清流传》)出版,德国著名汉学家卫礼贤(Richard Wilhelm)把它从英文译成德文,取名为《中国对欧洲思想的抗拒:批判论文集》。②书中还收录了辜鸿铭《尊王篇》一书中的《文明与混乱》一文。1912 年德文版《清流传》开始发行,这使得辜鸿铭著作在德国的读者群开始扩大,同时辜鸿铭的思想观点也引起了越来越多的德国知识分子的关注,并在他们中间激起了强烈反响。《传教学与宗教学杂志》《传教学杂志》及《三月》等多家德国报纸杂志刊登了该书的书讯。辜鸿铭的另一部重要的英文论著是 *The Spirit of The Chinese People*(《中国人的精神》或译为《春秋大义》《原华》),这是辜鸿铭向西方宣传中国传统文化的代表作之一,1915 年 4 月由辜鸿铭将

---

① 参见辜鸿铭:《辜鸿铭文集》(上卷),黄兴涛等译,第 488 页。
② 参见方厚升:《君子之道:辜鸿铭与中德文化交流》,厦门大学出版社,2014 年,第 92 页。

所演讲过的英文演讲稿整理出版。在开篇序言中辜鸿铭写道:"本书的目的,是去尝试解释中国文明的精神并揭示其价值。"全书分为六章,其中辜鸿铭以"中国人的精神""中国的妇女""中国的语言"作为本书前三章的标题,以此来介绍中国文明的精神并揭示其价值。总结出中国人的性格和中国文明的三个特征"精深、博大和淳朴"①。此书一经出版立即得到西方文化界的关注,在西方国家广为流布。德国学者奥斯卡·A.H.施密茨(Oscar. A. H. Schmitz)将此书译成德文,随即在德国社会同样引起了广泛的关注和良好的反响。

二是翻译传统儒家经典,如英译《论语》《中庸》等。在其之前,来华传教士和西方汉学家们也曾对中国儒家经典进行翻译,但由于语言、文化的差异,其对中国经典语句的含义理解有偏差,翻译质量粗糙,甚至表述混乱,错误百出,一定程度上影响到西方社会特别是知识界对中国文化的理解。以英国著名汉学家理雅各为例,他是当时英国对于中国传统文化研究最为深入的学者之一,在王韬的帮助下花费 20 多年的时间,翻译了四书、五经等中国经典著作,还撰写了大量有关中国题材的文章,在西方社会产生了广泛的影响,促进了西方社会对中国的认识。辜鸿铭在留学期间曾与理雅各有过接触,但当时限于辜氏对于中国文化认识的薄弱,未能有所回应。后来,辜鸿铭对理雅各评价道:"自从理雅各博士开始发表关于中国经典翻译的最初部分,迄今已四十年了。现在,任何人,哪怕是对中国语言一窍不通的人,只要反复耐心地翻阅理雅各博士的译文,都将禁不住感到它多么令人不满意。"②辜鸿铭认为理雅各对于中国文化的理解过于肤浅,未能真正了解其内涵,甚至有些著作表达了错误的观点。鉴于此,辜鸿铭认为自己作为中国人有责任和义务向西方社

---

① 辜鸿铭:《中国人的精神》,北京联合出版公司,2013 年,第 2 页。
② 辜鸿铭:《辜鸿铭文集》(下卷),黄兴涛等译,第 345 页。

会传播正确的儒家文化,以此来达到中西文化间的相互理解、承认、尊重。他在英译本《论语》序言中写道:"受过教育的有头脑的英国人,但愿在耐心地读过我们这本译书后,能引起对中国人现有成见的反思,不仅修正谬见,而且改变对于中国无论是个人,还是国际交往的态度。"① 在英译本《中庸》序言中他再次表明:"我希望说的是,如果这本出自中国古代智慧的小书能有助于欧美人民,尤其是那些正在中国的欧美人更好地理解'道',形成一种更明白更深刻的道德责任感,以便能使他们在对待中国和中国人时,抛弃那种欧洲'枪炮'和'暴力'文明的精神和态度,而代之以道,无论是以个人的方式,还是作为一个民族同中国人交往过程中,都遵从道德责任感——那么,我将感到我多年理解和翻译这本书所花费的劳动没有白费。"②

在翻译儒家经典过程中,考虑到一般西方阅读群体对于中国文化不熟悉,为促进其对儒家经文的理解乃至对经义的认同,辜鸿铭没有采用严格对照的直译,也很少利用宋代大儒朱熹的注解,而是结合西方社会的表达和阅读习惯,使用地道的西文进行表述,文辞准确,行文流畅,十分具有可读性。他常常引用歌德、卡莱尔、爱默生、阿诺德和莎士比亚等西方著名作家和思想家的话,来注释相关译文。在《论语》的英译本中辜鸿铭写到,这是"一本引用歌德和其他西方作家的话来解说的新的特别翻译",并指出:"为了使读者能彻底理解这些内容,理解本书中思想的意义,我们加了一些注释,引用非常著名的欧洲作家的话,通过引用那些熟悉的思想系列,或许对了解那些作家的读者们有所帮助。"这种中西融合的做法,在很大程度上扩大了西方读者群,促进了中国文化在西方民众中的流传,以至于"英文译著《尊王篇》《论语》《中

---

① 辜鸿铭:《辜鸿铭文集》(下卷),黄兴涛等译,第346~347页。
② 辜鸿铭:《辜鸿铭文集》(下卷),黄兴涛等译,第513页。

庸》《孟子》《孝经》《春秋大义》,阐发微言,光大名教,欧美几人手一篇"①,其中"英文译《论语》,泰西购者近百万部"②。《中庸》曾由英国"东方智慧"丛书重版印行过三次。"东方智慧"丛书的初衷即是希望这些书"成为东西方古老的思想世界和新兴的行动世界之间友好和理解的使者"。这套英文译著精选了大量的东方经典译著,对沟通东西方的思想文化起到了不可磨灭的作用,在西方学术思想界也产生了广泛持久的影响。辜鸿铭的译介活动,"作为一个中国人首次独立、自动和完整地向西方输出中学——儒家经典,打破了长期以来中国儒家经典的翻译由西方传教士垄断的局面"③。而且他的译著被西方汉学界视为儒经翻译的范本,成为西方研究中国儒家文化的重要参考书和依据,对后来西方汉学的发展也起到了举足轻重的作用。

辜鸿铭一生以极大的热情与创造力,把中国传统文化介绍给西方,对纠正西方对中国和中国文化的误解,维护中华民族尊严,以及促进西方汉学健康发展都起到了不容忽视的作用,在西方世界产生了积极的文化效应。1928年4月,辜鸿铭去世后,吴宓在《大公报·文学副刊》发表《悼辜鸿铭先生》一文,文中对于辜鸿铭向西方传播中国文化功绩的评价是:"除政治上最主要之一二领袖人物应作别论外,今日吾国人中,其姓名为欧美人士所熟知,其著作为欧美人士所常读者,盖无有如辜鸿铭氏。自诸多西人观之,辜氏实中国文化之代表,而中国在世界唯一有力之宣传员也。"④

陈焕章出生于名门望族,自幼接受系统而严格的中国传统私塾教育,秉承读书人"学而优则仕"的传统,12岁考取了秀才。1893年求学广州,入康有

---

①　刘成禺、张伯驹:《辜先生鸿铭遗事》,《洪宪纪事诗三种》,上海古籍出版社,1983年,第271页。

②　刘成禺、张伯驹:《辜先生鸿铭遗事》,《洪宪纪事诗三种》,第269页。

③　奚永吉:《文学翻译比较美学》,湖北教育出版社,2001年,第137页。

④　黄兴涛:《文化怪杰辜鸿铭》,中华书局,1995年,第105页。

为主持的万木草堂学习,受康有为思想和学术影响,立志一生致力于中国传统文化的重建。1903年考取举人,1904年考中"恩科联捷进士",保和殿复试时"钦点内阁中书"。1905年被选派为官派留美学生,先入库克学院学习英语,1907年考入纽约哥伦比亚大学政治经济系学习,1911年完成博士论文《孔门理财学》。该书"不但是中国人在西方正式出版的第一本经济学著作,而且是唯一一本全面诠释传统、并有重大创新的第一本经济学著作"①。鉴于这本书的学术价值,当年《孔门理财学》作为哥伦比亚大学历史、经济和公共法律研究系列丛书,以45卷、46卷第112号和113号同时在纽约和伦敦出版,很快在西方经济学界好评如潮。

该书承载着深厚的中西文明学养,用英文向西方系统介绍了儒家经济思想及中国历史上的经济实践活动。陈焕章在《〈孔门理财学〉之旨趣》中写道:"兄弟之作是书,本含有昌明孔教以发挥中国文明之意思。盖西人每多鄙夷中国,几以为世界文明,惟西人专有之,而中国从未占一席也。是书以孔子为主脑,故取材莫多于经部。"②值得称赞的是,《孔门理财学》不仅在中外文化交流中起到了重要作用,其内容也使得诸多西方学者从中国古代经济思想中获得现代经济分析的重要参考。关于《孔门理财学》在西方社会所引发的学术影响,从以下事例可见一斑:美国哥伦比亚大学中文教授夏德(Friedrich Hirth)在为本书所作的序言中称"陈焕章既为孔教徒,又通过西方科学方法以精研孔教,西方读者将在陈氏著作中发现由纯粹孔教家对孔教的表述"③。理财学教授亨利·施格(Henry Seager)为《孔门理财学》所做序言中写道:"凡能读本

---

① 相蓝欣:《传统与对外关系——兼评中美关系的意识形态背景》,生活·读书·新知三联书店,2007年,第143页。

② 陈焕章:《〈孔门理财学〉之旨趣》,《孔门理财学》,岳麓书社,2005年,第807页。

③ 陈焕章:《孔门理财学》,韩华译,中华书局,2010年,第1页。

书者,无人不信服孔教是一伟大的理财体系,伟大的道德与宗教体系。所有解决中国今日危难问题所必需的要素,孔教即便没有全部包含,但也是包含最多者。能迅速并富有成效地解决这些问题,陈博士以其高尚的品格、不平凡的学问最适宜参与其国家的改革,并在其中起到非凡杰出的作用,这是我们所有美国朋友所热切期望的。"①美国社会通过《孔门理财学》不仅对中国的道德及宗教有所了解,还对中国的政治体制、婚姻、伦理、私有财产及妇女观有所认知。

从《孔门理财学》的内容来看,陈焕章对论证材料的精确应用,体现出了其坚实的中西文献功底,不仅掌握了儒家传统经典文献,对西方经济学原理和方法也融会贯通,并将两者巧妙结合。1912 年,经济学家凯恩斯在《经济学杂志》上为《孔门理财学》撰写书评。同年,威斯康星大学著名社会学家、政治经济学博士罗斯(Edward Alsworth Ross)在《美国经济评论》发表书评,认为陈焕章打通了中西经济传统,为西方的政治经济学接上了孔子以降的中国伦理学和社会学资源,相互补充,使得《孔门理财学》在浩如烟海的西方政治经济学文献中占据一个独特的位置。② 1915 年,马克斯·韦伯在出版的《儒教与道教》一书中,将《孔门理财学》作为阐述儒教内容的重要参考文献。1930 年,《孔门理财学》再版,《美国历史评论》(American Historical Review)称赞"陈焕章作出了破天荒的成就"③。

在译介中国作品方面,留俄生张庆桐所译介的梁启超所著《李鸿章》(又名《中国四十年来大事记》),在晚清时期的中俄文化交流中影响较大。上文

---

① 陈焕章:《孔门理财学》,韩华译,中译前言 2。

② 参见陈焕章:《孔门理财学》,韩华译,第 605 页。

③ 陈焕章:《孔门理财学》,韩华译,中译前言 1。

所述中国留学生与欧美人士交往内容中所提张庆桐与俄国文豪列夫·托尔斯泰的交往,也是从《李鸿章》翻译完成后开始的。张庆桐1896年进入京师同文馆学习俄语专业,1899年作为清政府官派留学生赴俄学习。留俄期间,张庆桐与俄国友人沃兹涅克斯基合作,历时两个多月,将梁启超所著《李鸿章》翻译为俄文,于1905年初在俄国作家亚历山大·维列夏金推荐下交付出版。这应该是中国人俄译汉语书籍的最早著作。在《李鸿章》出版过程中,由于书中内容涉及很多人物名称、地名,而且时间跨度较长,排版时出现很多错误,张庆桐逐一核对修改,直到1905年秋最终定稿出版。俄译本《李鸿章》正式出版后,张庆桐将一部分图书赠送于俄国各界显贵名流,并通过各种途径,努力扩大此书在俄国社会的影响。张庆桐对此有详细描述:"书成,乃筹广布此书之策,使俄通国皆知。乃分三途:一赠内外权要,一赠报界,一赠诗文巨子。"①俄政府要员中接受张庆桐赠书的有财政大臣维特、外交大臣拉姆兹多夫、驻华公办吴克托穆。维特对俄译本《李鸿章》非常重视,建议专门制作精装本,由其呈送沙皇。沙皇尼古拉二世收到书后,下旨向张庆桐颁发斯坦尼斯拉夫三级勋章。至今,俄罗斯亚斯纳亚·波利亚纳庄园仍收藏着一部1905年俄文版《李鸿章》,上面有张庆桐所题"恭请俄国文豪雅教,张庆桐敬赠"②。

张庆桐还主动向圣彼得堡和莫斯科的重要报刊赠书,以求扩大此书的社会影响。俄国媒体对俄译本《李鸿章》的出版反响热烈,有报纸对此书的评介为"大致谓此为中国高等文字在俄开幕之始"③。有学者评价到,中俄两国有着数百年的交往史,然而由于受历史文化传统和民族利益因素的影响,到19世纪末20世纪初,俄国人对中国的认识依然纷乱庞杂,其中不乏曲解甚至错误

① 张庆桐:《俄游述感》,1912年,第58页。
② 阎国栋:《沟通中俄文化的先驱——张庆桐生平事迹补苴》,《俄罗斯文艺》,2009年第2期。
③ 张庆桐:《俄游述感》,第74页。

之处,张庆桐选中梁启超的这部著作,作为俄国人了解中国 40 年来大事的读本,可谓正逢其时。此书在俄国的影响并不仅限于促使他致信托尔斯泰,而是体现在一个更大的范围之内。从俄国皇帝到政府要员乃至学术界和新闻界,都知道中国有张庆桐,张庆桐译有《李鸿章》。现在看来,张庆桐的许多活动都是前无古人的举动,比如俄译汉籍、赠书沙皇等,因此在中俄文化交流史上,张庆桐的意义已不限于是与托尔斯泰通信的第一个中国人。①

　　留法生陈季同用法语所创作的中国题材著作,也为晚清时期留学生的"中学西传"活动留下了浓重的一笔。1877 年 3 月,陈季同以帮办文案的身份随福州船政学堂留学生到达法国,后入巴黎政治学院学习"交涉、律例"。陈季同一生成就主要体现在近代中西文化交流上。他精通法文,兼习英、德和拉丁等多种西方文字,一生主要以法文写作,致力于向法国介绍中国文化。在欧洲的十余年中,陈季同有感于法国社会对中国文化的普遍隔膜与偏见,决意通过翻译中国著作传播中国文化。生活中,陈季同经常出席当地的交流活动,在一些适当的时机,其凭借熟练的法语表达和对西方文化的了解,不失时机地将中国文化和文学作品介绍给法国人。其法文代表作有《中国人自画像》《中国戏剧》《中国故事》《中国人的快乐》《黄衫客传奇》《巴黎印象记》《我的祖国》以及轻喜剧《英雄的爱》等,并首次把中国古典文学巨著《红楼梦》《聊斋志异》的部分篇章译成了法文。由于陈季同留学结束后主要从事晚清政府的外交工作,故本书将在晚清外交官群体的叙述中对其"中学西传"方面的贡献进行细致阐述。

　　在翻译和创作中国题材作品的同时,不少留学生在学位学术论文题目的

---

① 参见阎国栋:《沟通中俄文化的先驱——张庆桐生平事迹补苴》,《俄罗斯文艺》,2009 年第 2 期。

选择上涉猎中国相关问题的研究,举凡中国的政治、经济、文化、民俗、国情等领域皆有涉及。在论文撰写过程中,他们搜集了大量的中国文献资料,并结合西方理论与研究方法开展研究,其内容在论文答辩中往往引起评审老师的兴趣,出版发表后更得到西方学术界的欣赏,促进了中国文化在西方知识界的传播和影响。清末留学美国的顾维钧(博士论文题目为《外国政府对中国政府的权利要求》)、朱友渔(博士论文题目为《中国慈善精神:一项互助的研究》)、严鹤龄(博士论文题目为《中国宪政展望概论》)、陈维城(博士论文题目为《在华传教士的教育工作》)、陈焕章(博士论文题目为《孔门理财学》)等人的学位论文即是海外留学生中国问题研究的代表作。

6. 日常生活中的潜移默化

留学生群体在与当地居民的日常生活交往中,很快便融入当地居民的生活,通过参加茶话会、家庭聚会、演讲会等,有意无意地将中国人的生活方式、饮食、着装习惯等展现给域外民众。据颜惠庆记载,每逢休息日,他就到老师、同学、朋友家中做客,每当他讲起中国风土人情时,美国友人无不专心倾听,时常捧腹大笑,有时还就疑惑之处进行询问。他回忆说:"布莱克里德校长夫妇以及其他的老师及夫人对学生们十分友好,每个星期日的晚上,我们都到老师家中做客,以致与他们越来越熟识。""一次,我初到一位老师家中,在座的人询问有关中国及其民间风俗的各种问题",特别是有关中国的订婚及结婚习俗。颜惠庆的解答令在场听众无不捧腹。在弗吉尼亚大学学习期间,颜惠庆与房东相处融洽,房东的侄子还将他介绍给镇上的许多人,"星期日晚上,他们经常邀请我们去家中喝茶,或共进晚餐"。颜惠庆还回忆:"记得有一次,父母给我们寄来一个很大的盒子,盛满了各种食品,我和弟弟及同学们都高兴极了。美国同学非常喜欢吃中国的荔枝干、糖果,可是对松花蛋,无论从味道还是口感上,都无法接受。"①这些来自家乡的食品,唤醒了颜惠庆兄弟对家乡的记忆,而他们用中国食品来款待美国友人,客观上也宣传了中国的饮食文化。留美生常邀请美国教授和当地友人参加家庭招待会和"中国之夜"等活动,在这些活动上,中国学生热衷于表演具有中国民族特色的歌舞,以活跃晚会气氛。这些日常生活的交往,使美国民众得以直接了解中国人的真实面貌和文化生活。

留日生中何香凝颇具代表性。1902年冬,何香凝随丈夫廖仲恺自费东渡日本留学,她的出现曾在日本引起了一阵波动。何香凝自幼反对缠小脚,其天足在日本留学界闻名一时。同广大留日学生一样,何香凝一到东京就将学习新知识、新思想和参加留学生的集会等活动视为寻求救国真理的门径,是中国女界爱国运动的积极鼓吹者。"拒俄"运动前夕,留日女学生发起成立了"共爱会","以拯救二万万之女子,复其固有之特权,使之各具国家之思想,以得自尽女国民之天职为宗旨"②。何香凝虽未参加"共爱会",但她积极宣传这一主张。在日本人的固有印象中,中国妇女仅是男人的附庸,她们不仅不具备基本的受教育权利,更不具备识字能力。而以何香凝为代表的中国女留学生的出现,使得一般日本民众对中国妇女有了新的认识。

留学生们独特的中国气质和风度,也使得他们在日常生活中赢得了西方人士的欢迎和喜爱。美国人威廉·L.菲尔浦斯③作为留美幼童的同学,在其自传中曾描述到:"在哈德福的乡下学校和中学里,我最好的朋友大部分都是中国孩子,每次回忆到此事,自己似乎也觉得奇怪","我发现学校里有很多的中

---

① 颜惠庆:《颜惠庆自传——一位民国元老的历史记忆》,吴建雍等译,第28页。

② 《日本留学女生共爱会章程》,《江苏》,1903年第2期。

③ 威廉·L.菲尔浦斯博士是美国耶鲁大学教授,曾与留美幼童一起在同一中学读书,曾撰写《书信自传》一书。

国学生,可能一半是由于东方人逗人、可爱的性格,以及他们适应人的天赋,我很自然地经常请他们作为我的游伴"。"他们的装饰,除了拖着一根辫子,与我们无异。当他们踢足球的时候,将辫子塞进内衣里,有时候缠在头上,辫子一散开,给对手的诱惑过大。我们玩的各种游戏,他们都感到新颖,但是他们都是排球、足球、冰上的曲棍球戏的好手,尤其是溜冰,他们的技艺已到达巅峰。当脚踏车问世时,学校第一个有脚踏车的孩子就是张,现在我能眼看着他们骑着这奇怪的机械上街了。"①菲尔浦斯博士的回忆录,清晰地再现了当时留美幼童在美国人眼中活泼、聪慧的形象,表明他们已经很好地融入了美国的社会生活。李圭在《环游地球新录》中记述了在美见到留美幼童的场景,"初四日,见诸幼童多在会院游览,于千万人中言动自如,无畏怯态。装束西人,而外罩短褂,仍近华式。见圭等甚亲近,吐属有外洋风派。幼小者与女师偕行,师指物与观,颇能对答"②。

不仅如此,在某些社交活动方面,中国留学生的表现甚至优于其美国同学,以至于引起美国学生的嫉妒,"这许多孩子们,不仅在运动方面比我们美国人卓越,在其他方面也要比我们强。由于这种原因,往往引起我们内心的激愤,当他们参加任何社交场所,我们许多美国人即失去所有的机会。他们对女孩子那么彬彬有礼的风度,是我们万万不及的。女孩子们老是喜欢与东方人士跳舞,是否他们的风度与谈吐具有正直的魔力,我不敢确定,不过任何舞会或招待会上,最美丽动人的女孩子们,终是对东方人特别恩宠有加,这是事实。当他们从我们的前面通过,或者接受中国学生们注意的那种温柔,以及使美国孩子感到痛苦的那种表情,使我永远不能忘怀。以我个人来说,对

① 威廉·L.菲尔浦斯:《书信自传》,牛津大学出版社,1939年,第85页。译文参见陈学恂、田正平编:《中国近代教育史资料汇编·留学教育》,上海教育出版社,2007年,第128页。
② 李圭:《环游地球新录》,钟叔河主编:《走向世界丛书》(第一辑),第6册,第298页。

这种场合、反应,感到有趣,因为我的父母不允许我学跳舞,而这种民族间的
竞争,引起我戏剧性的直觉,认为东方人的跳舞很优美"①。由此,我们可以发
现,中国留美幼童以一个崭新、自信的群体形象出现在美国社会的各种社交
活动中,不仅引起了美国社会的关注,更赢得了美国人的好感和尊重。

　　对于中国幼童在美国社会的受欢迎程度,通过中国留学生撤回一事中美
国重要人士的激烈反应可见一二。在中国将撤回幼童的消息传开后,以耶鲁
大学校长朴德(Porter)为首的社会知名人士联合署名致信清政府总理衙门。
信中对于留美幼童做出了评价:"贵国派遣之青年学生,自抵美以来,人人能
善用其光阴,以研究学术。以故于各种学科之进步,成绩极佳。即文学、品行、
技术,以及平日与美人往来一切之交际,亦咸能令人满意无间言。论其道德,
尤无一人不优美高尚。其礼貌之周至,持躬之谦抑,尤为外人所乐道。职是之
故,贵国学生无论在校内肄业,或赴乡村游历,所至之处,咸受美人之欢迎,而
引为良友。凡此诸生言行之尽善尽美实不愧为大国国民之代表,足为贵国增
荣誉也。盖诸生年虽幼稚,然已能知彼等在美国之一举一动,皆与祖国国家
之名誉极有关系,故能谨言慎行,过于成人。学生既有此良好之行为,遂亦收
良好之效果。美国少数无识之人,其平日对于贵国人之偏见,至此逐渐消失。
而美国国人对华之感情,已日趋于欢洽之地位。"②这种出自美国上层人士的
评价应该说是比较客观公正的。

　　在日常生活中,留学生们也与国外友人有多方面的交流互动。留日生黄
尊三在《留学日记》中记录了其留日期间多次与日本友人交往,双方一起出
游、餐会、长谈等情节。如1909年7月12日,黄尊三患病,日本友人齐腾前来

---

①　威廉·L.菲尔浦斯:《书信自传》,牛津大学出版社,1939年,第85页。译文参考陈学恂、田正
平编:《中国近代教育史资料汇编·留学教育》,第129页。

②　容闳:《西学东渐记》,湖南人民出版社,1981年,第108页。

探望,并嘱咐黄应注意休息,"余感其意良诚。即掩卷与之谈心"①。下午二人还至浅草公园看电影,晚上一起吃日本料理。即使房东或女佣,黄尊三也多有交往,1909 年 8 月 5 日,其在日记中写道"主人以日本人在北京所办之杂志名燕壁(尘)者见示。是书载中国事颇详。遂从伊借来十册,以便无事参阅"②。在这些日常交往中,中国留学生将更多的中国元素传递给日本民众。

上述多个方面的史实表明,虽然生活在晚清时期西强东弱的"文化交流逆差"中,但中国留学生仍以其特殊身份、境遇特别是丰富立体、多姿多彩的中国文化传播活动及其突出业绩,成为晚清"中学西传"活动中不可替代的重要群体。

三、留学生群体"中学西传"活动的社会文化动因与价值意义

晚清留学生群体的"中学西传"活动,是在其时复杂的社会文化与教育背景中开展的。从文化传播主体来看,晚清留学教育兴起前,来华的西方传教士在"中学西传"中起着主导作用。传教士所编刊物、所撰著作,在相当长的一段时期里向西方展现着他们对中国文化的认知,成为西方了解中国文化的主要来源,客观上推动了中国文化的对外传播。诸如在华多年的马礼逊、米怜、裨治文、麦都思、卫三畏、丁韪良、傅兰雅、李提摩太等传教士,编纂数十部学习汉语与中国知识的双语辞书,编写大量中文学习教材,翻译出版大批中国儒家典籍、文学小说等,推动了域外汉学研究的发展。另外,裨治文主编的英文报刊《中国丛报》,对中国政治、经济、文化、宗教和社会风俗等诸多方面进行了介绍。卫三畏撰写的《中国总论》,被誉为关于中国的百科全书,对美

---

① 黄尊三:《三十年日记(留学日记)》,湖南印书馆,1933 年,第 164 页。

② 黄尊三:《三十年日记(留学日记)》,第 172 页。

国汉学的发展起到了重要推动作用。丁韪良的《花甲记忆——一位美国传教士眼中的晚清帝国》、明恩溥的《中国乡村生活》、狄考文的《中国官话课本》等,记录了各国来华传教士对中国社会和文化的多重体验,成为西方认识中国的重要途径。这些观察和认识不乏深刻独到之见,但不容忽视的是,来华传教士对中国文化的认识,毕竟是一种外来观察,他们对中国文化的选择、译介和认知存在着一定的偏误。他们对中国文化的传播,通常受制于汉语水平,不能完全理解和阐释中国文化的深邃内涵。更有甚者,有些在华传教士受西方政府、宗教、集团利益驱使,或者出于个人主观目的,有意曲解中国文化,对中国文化进行错误解读,其所传播的中国文化,已经在很大程度上遭受了错误的取义或嫁接。传教士"中学西传"活动的局限性,使留学生群体逐步取代西方传教士群体,成为"中学西传"活动的主体是势所必然的。

从西方社会对中国与中国文化的整体认知来看,西方中心论笼罩下的偏狭中国观及中国海外移民史背景下西方对中国的敌意和冲突,严重影响着域外对中国与中国文化的客观认识。

19世纪四五十年代,随着中西文化接触交往的不断深入,西方社会开始出现"黄祸论"的民族歧视思想。70年代俄国的无政府主义者米哈伊尔·巴枯宁(Michail Banunin)认为,"欧美'自由世界'的人民受到了奴隶般的亚洲人'威胁',因而只能要么通过美国和澳大利亚回移的中国侨民改造中国,要么由俄国领头征服中国"[①]。1895年,德国皇帝威廉二世亲手绘成油画"黄祸图",随即被大量印刷出版。威廉二世不仅将"黄祸图"送给本国主要官员以及欧洲各国首脑、贵族和大臣,而且还将其张贴在德国与亚洲来往贸易的轮船上,使得这幅"黄祸图"在西方社会备受关注、广为流传。不久,"黄祸论"便

---

① 罗福惠:《非常的东西文化碰撞:近代中国人对"黄祸论"及人种学的回应》,北京大学出版社,2018年,第8页。

蔓延至奥地利、俄国、法国、比利时、英国、美国等国家。同期,美国国内爆发了声势浩大的全国性的排华运动。此次排华运动虽然没有涌现出诸如"黄祸"等蔑华、辱华语词,但是相比欧洲各国,种族歧视观念在美国更是甚嚣尘上。19世纪中期,美国个别州政府就已经相继制定了限制来美华工的系列法案,例如1850年至1861年间,加州连续制定的《外国矿工法案》《反对那些没合法入籍资格的人向这个州的移民》《防止华人和蒙古人种向这个州的继续移民》《关于保护白人自由劳工,使他们免于华人苦力劳工的竞争,并阻止华人向加州的移民》等法案,试图通过制定限制性法案的方式,挤压华人在美生存空间。美国排华运动是自下而上由民间到政府的运动,并从开始的零星几个州逐渐波及全美。1882年5月6日,美国国会表决通过了《关于执行有关华人条约诸规定的法律》,即"排华法案"。"排华法案"的通过使美国人排斥、迫害在美华人的行为合法化,标志着美国的排华、反华行为已从地方政府的行动上升为以联邦政府为主导的国家行为。从目前掌握的资料来看,美国"排华法案"的制定,并非仅仅以限制华工、保护美国公民工作权益为目的。美国排华不单是受到国内经济问题的引导,亦出于美国"对华人和中国文化的误解和敌意","排华法案体现的既是(美国政府的)经济保护政策,也是国家安全政策,更是一个防止中华民族同盎格鲁·萨克森民族融合的种族隔离政策"。①

经过两次鸦片战争及后来列强历次侵华战争的冲击,中国日益衰败,军事、经济、科技等方面明显落后于西方,中西差距进一步拉开,中国的整体国力已无法与西方各国匹敌。在西方眼里,近代中国已是政治腐败、社会动荡、生产力落后的国家。中西间的实力差距造就了西方社会的居高临下,贬低中

---

① 张庆松:《美国百年排华内幕》,上海人民出版社,1998年,第13页。

国与中国文化乃至丑化中国人的言行也就不足为奇。陈季同曾在其著作《中国人自画像》序言中写道:"从这种好奇和惊讶来看,人们可能把中国人想象成了一种被驯化了的类人动物,在动物园里表演着各种滑稽动作。他们总喜欢将我们置于幻灯片之中。我们完全了解这种通常都伴随着展览的所谓真实描绘意味着什么。在展览中,中国人的形象大如屏风上画着的人物,小如糖浆上浮着的梅干,这就是四万万中国人? 他们对中国这块土地的了解仅限于此! "①

西方社会对中国和中国文化的错误认知及偏见,对域外中国人的歧视与排斥限制,成为中国留学生在西方社会生活、学习所必须面对的处境与遭遇。由此激发出的强烈民族情感与自尊,促使留学生群体发自内心地力图极尽所能改善此种状况,消除西方社会对中国的偏见,纠正域外对于中国文化的曲解和误判,增进西方社会对中国的了解。陈季同在其著作中表达了自己用外文撰写中国题材作品的初衷:"我打算在这本书中实事求是地描述中国——按照自己的亲身经历和了解来记述中国人的风俗习惯,但却以欧洲人的精神和风格来写。我希望用我先天的经验来补助后天的所得,总之,像一位了解我所知道的关于中国一切的欧洲人那样去思考,并愿意就研究所及,指出西方文明与远东文明之间异同所在。"②

正是在这种背景下,海外留学生群体努力探寻推动中国改革、进步的新道路,也寻求异域社会与民众对中国及中国文化的新认知。与传教士等来华西人群体相比,中国的海外留学生群体深受中国传统文化及近代西方文化的双重滋养。他们一方面自幼受到中国传统文化耳濡目染的熏陶,大多拥有较为深厚的中学素养,深谙中国传统文化的内涵。无论是早期的民间自费留学

---

① 陈季同:《中国人自画像》,黄兴涛译,第3页。

② 陈季同:《中国人自画像》,黄兴涛译,第5页。

生,还是清政府官派留学生,他们在出国前就已接受不同层次的传统儒家教育,长期经受中国社会文化氛围的熏陶,有着深厚的中国文化底蕴。因此,他们能够在"中学西传"活动中准确地传递中国文化的本质和核心内涵。另一方面,该时期的中国留学生出国前或受教于洋务学堂、教会学校,或受教于留学预备学校,已或多或少地接触到西方语言及文化知识,对西方社会有一定认知。到国外后,他们进入各级各类学校学习,进一步接受系统的西方学术训练和浓厚的西方文化熏陶,使得他们在中国文化的对外传播中能跳出"华夏文化中心论"的桎梏,从中西文化平等的角度,按照西方人熟悉的风格、感兴趣与认同的方式来进行。

近代以来,西方国家以坚船利炮打开中国大门,西方舶来品随之充斥于中国沿海乃至内地的各个角落,中国遭到西方文明的严重挑战,中西文化交流的整体态势也发生了扭转,"西风"从整体上压倒了"东风"。中西文化关系的这种不平衡态势深刻影响了中国社会的历史进程及人们思想观念的变迁。就近代中国的留学生而言,在很长一段时间里,他们在中外交往中扮演的角色也是吸收者大于传播者。但文化交流具有的双向性的一般规律及中国文化自身具有的优势、特色,也决定了中国文化逆向传播的必然性和影响力。

总体而言,在近代"西学东渐"的浪潮日渐高涨之时,"中学西传"的舢板也在风浪中艰难前行。面对西方世界于中国社会的认知不深且偏见颇多,面对西方"听众"的傲慢与不屑,晚清时期的中国留学生群体从未停止宣讲中国文化的声音。尽管与引进和吸收西方文化相比,他们域外传播中国文化的作为,既不系统、规模也小,削弱了"中学西传"的力度,但上述大量史实足以表明,晚清留学生群体以其丰富而具体的杰出工作,在近代"中学西传"的历史上留下了重要印记。无论其与域外精英知识阶层的学术文化交往,还是面向更广泛受众的有关中国社会与文化主题的演讲、著述及社团、办刊活动，留学生群体既以自身的良好形象赢得了西方社会的认同，其所传扬的中国文化精神和优秀文化成果，也为包括知识界和普通民众在内的域外人士展现了一幅幅迥异于西方文明的中国文明画卷，一定程度上纠正或改善了域外对中国及中国文化的错误认识，沟通了两个世界、两种文化，促进了多种文化的碰撞，为人类文化的多元化概念作了很好的注脚。

留学生群体在晚清时期"中学西传"中的事功在近代中西跨文化交流中写下重要一页。

第二章
晚清外交官群体的"中学西传"活动

　　19 世纪 60 年代以降，随着中国学习西方和建立近代外交体制的需要，遣使驻外制度开始实施，中国外交官开始走出国门，并在中外文化交流活动中扮演着重要角色。他们在驻在国频繁参加公共活动，演讲、展示和介绍中国；发表、出版大量著述，系统宣扬中国学术与文化；尽力结交当地官方与民间人士，传播中国古典文艺与经典。这些文化传播活动使域外民众拓宽、加深了了解中国文化的途径、内容，直接感受到中国传统文化的魅力，引起当地对中国文化的关注和赞誉，在一定程度上破除域外对中国文化的误解、增强中国文化的影响力产生了相当积极的作用。这些外交官是中国近代最早走向世界及与外部世界联系接触最多的群体之一，他们在做好外交工作的同时，在中西跨文化交流中努力作为，既成为"西学东渐"的桥梁，亦成为"中学西传"的先锋，是清季中国文化域外传播的官方力量。

一、外交官群体的形成及其知识谱系

　　晚清外交官群体走出国门进行"中学西传"活动,与清政府向海外派遣驻外公使直接相关。在对外关系上,近代以前中国有着属于自己的准则和规定,然而这种格局在鸦片战争之后开始发生重大变化,清朝传统的对外关系模式受到冲击,华夷秩序开始崩坍,"四夷观"与"天下观"逐步瓦解,中外交往模式开始加入近代因素。[①]中英《天津条约》签订后,进入"国际大家庭"的清王朝,进一步摒弃天朝对外体制,逐步建立了近代意义的对外关系。[②]《天津条约》有"大英钦差各等大员及各眷属可在京师,或长行居住,或随时往来,总候奉本国谕旨遵行"[③]等内容,表明清政府在对外交往上由理藩院和礼部共同管理的传统模式被打破。

　　需要指出的是,19 世纪 60 年代以降中国部分当权官僚士大夫传统对外认识的重大改变成为促成外交官顺利出使西方各国的重要推力。历经两次鸦片战争的沉重打击,传统的"攘夷"之见已与时势发展相悖,部分官僚士大夫不再把外国都看成"心怀叵测"的"夷狄",而视为可遣使通好的"与国",因

---

　　① 关于近代中国对外通商与政治交往的具体模式的讨论,费正清(J. K. Fairbank)、曼考尔(Mark Mancall)基于西方中心史观和政治史为出发点提出的朝贡体系论,以及柯文(Paul A. Cohen)中国中心史观或滨下武志以经济史为中心提出的"朝贡贸易"通商形式,均难以概括明清以来东亚范围内传统国际交往模式,以及其模式本身存在的时段性变化。此外,日本学者岩井茂树主张在学理化层面,以"互市体制"取代"朝贡体系",赖慧敏则主张从中国史的立场梳理东亚范围内互市的起源与历史沿革,并全面整理清朝一代互市制度的沿革与变动,从而点明清朝乃至中国历朝固有的通商制度是互市,进一步指出"外政"与"通商"应分而举之。参见王建朗、黄克武主编:《两岸新编中国近代史·晚清卷》第一章《清代通商与外政制度》,社会科学文献出版社,2016 年。

　　② See Immanuel C. Y. Hsü, *China's Entrance into the Family of Nations:The Diplomatic Phase, 1858—1880*, Cambridge, Mass:Harvard University Press, 1960.

　　③ 王铁崖编:《中外旧约章汇编》(第 1 册),生活·读书·新知三联书店,1957 年,第 96 页。

此主张加强与外国的联系。是否向海外派遣常驻使节在此背景下逐渐成为重要的外交议题,清政府为此曾展开四次大讨论。李鸿章、曾国藩、左宗棠、王凯泰、丁宝桢、英桂等满汉官僚实力派在讨论中对遣使问题纷纷表示支持,他们从学习洋务、保护华侨、了解情报等方面阐述了支持遣使的理由。如李鸿章认为遣使后"可直接向该国君主、执政争辩疑难之事",同时可直接学习"各国兵制、船政、军火、器械,为我所用"①。曾国藩从人情伦理角度给予阐述,提到"中外既已通好,彼此往来,亦属常事"②。丁宝桢则认为遣使可以对各国情事"详加体察,权衡其中"③。满洲贵族英桂亦持有赞同态度,理由是"中国于外国情形,茫无闻见",理应派遣使者,达到"就时论事"的目的。④在这些地主阶级实力派之中,以曾国藩、李鸿章二人尤为重要,他们是晚清重臣,也是晚清外交事务的重要参与者,由于洋务需求,二人均力主清政府向海外驻派外交官。支持遣使驻外是曾国藩外交思想中自强观的重要体现,他在日记中曾写到,欲达到自强的目的,要"以修政事,求贤才为急务,以学作炸炮,学造轮舟等具为下手功夫"⑤。他认为,使臣出使他国的重要目的之一就是了解西方,学习西方的物质文明。李鸿章的外交思想深受曾国藩的影响和指导,除此之外,他凭借多年与西方国家打交道的经验,清楚地认识到中西方间的差距,在派遣使者的问题上持积极肯定的态度。

清政府于1861年成立总理衙门,1866—1874年间三次派遣斌椿、志刚、孙家毂等人分别进行了短期出国考察,并在1868年派出中国近代第一个外交使团——蒲安臣使团。在上述基础上,1875年清政府最终派出近代中国首

① 宝鋆等编:《筹办夷务始末·同治朝》(第6册),中华书局,2008年,第2260页。

② 宝鋆等编:《筹办夷务始末·同治朝》(第6册),第2227页。

③ 宝鋆等编:《筹办夷务始末·同治朝》(第6册),第2187页。

④ 宝鋆等编:《筹办夷务始末·同治朝》(第6册),第2230~2231页。

⑤ 《曾国藩全集·日记》(二),岳麓书社,1995年,第748页。

任驻外公使——驻英公使郭嵩焘,开创了近代中国的遣使驻外制度。外交官群体自此开始在对外事务上发挥作用,如保护侨民、学习洋务、搜集情报等。至 1911 年清朝灭亡,清政府先后在欧美日等 16 个国家设置使节,派出近 60 人的使节队伍,同时在新加坡、横滨、汉城、旧金山等海外 40 多个城市和地区派驻了一百多名领事,加之各使领馆中数量不等的参赞、翻译等人员,构成晚清对外交往中一个引人注目、颇为壮观的外交官群体。[①]中西文化交流遂在外交官群体于海内外进行的相关外交活动中潜移默化地开展起来,"中学西传"因此有了可以生长的土壤。

晚清外交官群体的构成及其良好的教育背景和知识谱系为其开展一系列"中学西传"活动并取得良好成效奠定了坚实基础。

首先,从晚清外交官群体的籍贯来源来看,据前人相关研究及统计[②]可知,总理衙门时期 28 位驻外公使中以广东籍为多(6 人),江苏籍次之(5 人),安徽籍 4 人,浙江籍 3 人,湖南籍 2 人,福建、贵州、山东、直隶籍均 1 人,其余为旗籍人士。外务部时期驻外公使中浙江籍 7 人,广东籍 5 人,江苏籍 6 人,安徽籍 3 人,江西籍 2 人,湖南、福建籍均 1 人,其余为旗籍人士。参赞作为地位仅次于公使的外交人员,人数众多。总理衙门时期参赞以江苏与广东籍为多,分别为 11 人和 10 人;浙江籍 9 人,安徽籍 5 人,湖南、福建籍各 4 人,江西籍 3 人,贵州籍 2 人,直隶、四川籍各 1 人,其余为旗籍 14 人,籍贯不详

---

①　关于晚清外交官群体的情况,李文杰在《中国近代外交官群体的形成(1861—1911)》一书中有详细论述,详见李文杰:《中国近代外交官群体的形成(1861—1911)》,生活·读书·新知三联书店,2017 年。

②　关于驻外使臣籍贯的相关数据来源参见江庆柏:《清代人物生卒年表》,人民文学出版社,2005 年;秦国经主编:《清代官员履历档案全编》,华东师范大学出版社,1997 年。参赞、领事官籍贯相关数据来源参见李文杰:《中国近代外交官群体的形成(1861—1911)》。由于本书篇幅限制,所有数据不再单独成表列出。

者 22 人。外务部时期浙江籍参赞人数最多,共 17 人,广东籍次之,16 人;江苏籍 14 人,福建籍 5 人,直隶 2 人,江西、湖北籍各 1 人,旗籍 8 人,籍贯不详者 5 人。①领事官及翻译官群体庞大,较驻外公使和参赞数量更多,无论是在总理衙门时期还是外务部时期,由于领事官需要直接与华侨打交道,故该职位多由闽粤籍人士担任。

可以看出,外交官群体的籍贯以广东、江浙、安徽、福建等地区所占比例较大。这些地方中,江浙、福建等地自古以来就是教育发达地区,图书出版、学校建设、儒学传播从古代到晚清时期均保持着持续发展的态势。以江浙地区出版业的发展情形为例,古代该地出版业就已有良好的发展,史载"今天下印书,以杭州为上,蜀本次之"②,发达的出版业是该地文化教育资源先进的重要表现形式。福建教育自两宋时期开始得到空前发展后,持续发展,有诗句形容福建"最忆市桥灯火静,巷南巷北读书声"③。浓厚的学习氛围是当地教育发达的佐证。在官员入仕仍以考试选拔为主的晚清,来自这些教育发达地区跻身仕途、遴选为外交官的一批人,其教育背景具有得天独厚的优势。广东籍外交官人数较多则是出于保护华工、联络华侨等事宜的需要,华工多出自闽粤,无论出自语言沟通需要还是情感需求,粤籍外交官均为首选。安徽、湖南等地外交官占一定比例,则与晚清政坛湘淮系官员势力发展有关。

其次,作为清政府在国外的官方代言人,外交官群体的教育背景和知识谱系中,既拥有深厚的中国传统文化素养,又对时务和西学有较深程度的了解,无疑是其"中学西传"活动的良好助益。检索清季外交官群体的履历,不难

---

① 上述数据中,重复被派遣出使的外交官,只统计一次籍贯。
② 叶梦得:《石林燕语》(卷八),中华书局,1984 年。
③ 王应山:《闽都记》卷二"城池总叙",方志出版社,2002 年,第 7 页。

发现其大都接受过良好的中国传统文化教育。相关研究①显示，甲午战前驻外公使的任职者多数具有科举正途出身，如郭嵩焘、陈兰彬、崔国因、汪凤藻、何如璋、刘锡鸿、许景澄、洪钧、李经方、杨儒等人，他们从小研习"四书""五经"等古代典籍，拥有良好的中学功底。如首任驻外公使郭嵩焘，19岁中举，29岁成进士、点翰林，是道咸时期出身湖南地方的典型读书人，精通中国传统学问；许景澄是同治朝进士；洪钧是同治朝状元；何如璋是同治朝进士，授翰林院编修；崔国因是同治朝进士，授国史馆编修。清季外交官中，相当一批人具有科举功名，传统文化功底自不待言。一些不具较高科举功名者，如曾纪泽、黎庶昌、薛福成等，其家庭和工作背景亦造就其丰厚的传统文化素养。曾纪泽是曾国藩次子，自幼受严格传统教育，通经史，工诗文，国学功底极深；黎庶昌、薛福成都长期在曾国藩幕府中做事，对传统文化经典极为熟稔，是有名的"曾门四子"成员，受到曾国藩、李鸿章二人举荐，分别被赞"博学多通，于西洋地势、条举缕分，精习无遗，而性情纯朴笃实，一无虚饰"②，"学识淹雅，志节醇粹……究心中外政治得失之原，胸有经纬，动中机宜"③；黎庶昌更成为"湘乡派"的代表人物之一。即使是新派洋务学堂出身的外交官员，如张德彝、陈季同等，其知识谱系中，中学教育占了非常重要的位置，亦具有扎实的传统文化素养。

　　晚清外交官中不少人拥有在新式学堂学习的经历，这种趋势在甲午特别是庚子之后更加普遍。甲午战后担任驻外公使的40人中，受近代新式教育的知识分子有21人，人数超过未接受新式教育者。综观整个晚清时期，有着

---

　　① 参见任云仙：《试析晚清驻外公使群体构成与知识结构》，《历史档案》，2007年第4期。

　　② 《钦差大臣、署礼部侍郎郭嵩焘片》（光绪二年十月二十七日），《军机处录副》03-9378-003。

　　③ 《直隶总督李鸿章片（光绪五年十二月初十日）》，顾廷龙、戴逸主编：《李鸿章全集》（第8册），安徽教育出版社，2007年，第555~556页。

新式教育背景的驻外公使多出自京师同文馆、上海广方言馆及广州同文馆。京师同文馆系为顺应外交需要而设,从 1876 年中国开始遣使驻外,使馆译员多从同文馆中挑选。①上海广方言馆、广州同文馆则执行着向京师同文馆保送学生的任务,这些学生来自较早的通商口岸,在良好的西学环境中成长,自身素质较高,他们除了是京师同文馆学生中最好的一部分,也是为中国外交作出重要贡献的人。②从具体情况来看,江苏籍公使多在上海广方言馆接受系统教育,如陆征祥、许珏等人;广州同文馆则是部分粤籍公使接受教育的场所,如杨枢等人;旗籍公使则多曾在京师同文馆进行学习。也有一部分留学欧美、后被任命官职,出使各国的,如伍廷芳、罗丰禄等人;还有一部分随使臣出使他国进行考察等活动,后被任命官职,再次出国任职,如陈兰彬、陈季同等人。人数庞大且具代表性的参赞和翻译官也多数具有较高的知识素养,选拔依据除了个人能力、官员推荐与个人任职经历外,本身具有较强的语言能力也是考核的重要指标。综合这些职位需考虑的要素,曾就读于京师同文馆、上海广方言馆及广州同文馆的学生成为这些职务的首选人士。是否在新式学堂学习并非外交官选派的决定性指标,但拥有西学背景的外交官,在开展"中学西传"活动时确实更容易掌控和应对相关问题。

晚清外交官群体能在"中学西传"活动中有所作为,成为中国文化域外传播的官方力量,反映了中国文化的旺盛生命力和恒久影响力,外交官群体深厚的中国传统文化素养、中西兼具的良好教育背景,也为他们有效开展"中学西传"活动奠定了坚实基础。

---

① 参见熊月之:《西学东渐与晚清社会》,中国人民大学出版社,2011 年,第 247 页。
② 参见熊月之:《西学东渐与晚清社会》,第 245~246 页。

二、外交官群体的"中学西传"活动

晚清外交官群体因其身份的特殊性,在开展外交活动时主要包括官方交往和私人交往两种渠道。具体到其开展的"中学西传"活动,则可大致分为以下四个重要方面:一是受邀出席各种公共活动,发表演讲或提出观点;二是通过与驻在国的多方面接触,交往当地官方和民间各界人士;三是通过撰述宣扬中国学术与文化;四是通过日常生活,潜移默化让驻在国人士了解中国服饰、建筑、装饰等文化内容。晚清外交官群体通过上述方式,达到了展示和宣传中国传统物质文明与精神文化的目的。

1. 广泛出席各种公共活动

作为清政府派遣至域外各国的官方代言人,参加公共活动是驻外使臣重要的外交活动之一。身处国外的中国外交官利用演讲、辩论、参加宴会等活动方式达到直接或间接传播中国文化的目的,这方面的事例不胜枚举。早在总理衙门时期,晚清外交官的公共活动已频繁开展。1876年,郭嵩焘出使英国之时,参加伦敦的大型茶会,因待人有礼、言行得宜,获得了在场千余人的好评。史料记载,面对众多宾客,"侍郎一一接晤,睹者惟觉词和气蔼,如坐春风,伦敦人士无不仰其仪容,佩其言论,深望侍郎久驻京都,得以长亲教益"①。郭嵩焘的得体言行有助于在场众人了解中国文化和礼仪,某种程度上促成其了解和学习中国文化的意愿。

出使英国的曾纪泽曾参加伦敦大学的"舆地"会,并在会上发言,对教士马嘉谛宣讲游历四川、贵州、云南之事表示欢迎和欣赏。他在日记中写道:

---

① 《纪郭侍郎出使英国事》,《申报》,1879年4月10日。

"地球各国渐联为昆弟之欢,欧洲有人游历中土,以考察利益之事,亦中华之所甚愿。吾尤喜马教士所云,长途六千里,未尝一遇轻慢之事、横逆之人。由此观之,是后两国百姓,更可相信相安矣。"①发言中,曾纪泽表达了自己对中英两国和平交往的祝愿,得到了在场众人的拍手称赞,中国"以和为贵"的文化精神因此被参会的英国知识界人士所感知。

1886年,曾纪泽受到利物浦市长宴请。通过在宴会上与利物浦市长的交谈,曾纪泽不仅了解和学习了利物浦先进的海事事业及经济贸易方面的相关事宜,更在交谈过程中始终秉持友好的交流态度,对相关事宜的探讨和回复又保持应有的谨慎,展示出了中国传统文化中恪守敦睦邦交、谨言慎行的原则,令英方人士赞赏。②同年,曾纪泽访问爱丁堡,也受到当地官员的设宴邀请。宴会中,爱丁堡市市长提到中国悠久的文明和近年来取得的巨大进步,也提到了曾纪泽过去几年在外交上的重要作用,认为曾纪泽不仅在伦敦,在巴黎和圣彼得堡外交工作的开展中也起到了重要作用。对于爱丁堡市市长的评价,曾纪泽给出了谦虚且礼貌的回应,当时报纸报道:"曾侯爵说,他的英语水平有限,不能使他找出最贴切的话语来回应市长大人对其国家文明的赞扬和他本人能力的高度评价。关于中国文明,他的同胞已经做了大量的工作来努力向其他国家传播中国的知识。"③从爱丁堡市市长和曾纪泽的对话当中,不仅可以感受到中国礼仪文化的谦虚平和,也让人了解到曾纪泽及其他在西方的中国人士为努力传播中国文明作出巨大贡献的事实。外交官在外交活动中的表现不仅仅代表个人,更肩负传播中国形象的重任,曾纪泽用其

---

① [清]曾纪泽:《出使英法俄国日记》,钟叔河编:《走向世界丛书》(Ⅴ),岳麓书社,2008年,第201页。

② See MR. CHAMBERLAIN. —Mr. Chamberlain, writing, *The Times*, Issue 31670, Saturday June 30, 1886, p.14.

③ "The Marquis Tsêng", *The Times*, Issue 31772, Saturday, 29 May, 1886, p.8.

谨慎谦虚的态度、独特的个人魅力及出色的外交能力展示了国家形象,为爱丁堡市民了解中国及中国文化作出了一定的贡献。

1896 年,李鸿章率领代表团赴欧美等国之时,罗丰禄曾以翻译官的身份随行,凭借自身扎实的外语功底出色地完成了翻译任务。在英国,罗丰禄随李鸿章在伦敦白金汉宫谒见英国女王维多利亚,即席把李鸿章送给女王的杜甫诗"西望瑶池降王母,东来紫气满函关",准确、得体、敏捷地译成极为吻合英文句法的优美诗句,博得了女王的赞赏。①李鸿章此次出使欧美,肩负着改善中国形象,谋求"战败者不亡"的外交使命。作为该使团中的一名翻译官,罗丰禄不仅较为出色地完成了外交本职工作,更是凭借其深厚的学养和扎实的外语功底,将中国古诗用精准的异国语言传播到西方国家并得到认可。战败的局面不能掩盖中国文化的顽强生命力和独特魅力,罗丰禄出色的翻译正是有力的证明。

1898 年,罗丰禄受苏格兰某俱乐部约请参加活动。因其出色的外语水平,他在晚饭后被邀请发表演讲。演讲中,罗丰禄比较了北京和英格兰的俱乐部生活,并且对主持当晚俱乐部活动的主任表示称赞和感谢,还用自己的母语向在场人士表达了"爱的感激"②。整场活动中,罗丰禄所表现出来的优雅、庄重深深感染了在场参加活动的人,其优异的外语水平体现出中国人敏而好学的精神风貌,得体的礼仪、优雅的举止及和气的待人方式则诠释了中国文化中以礼待人的优良美德,这一切都有利于加深西方人对中国礼仪文化的认知。

驻法使馆参赞陈季同曾在 1887 年于巴黎昆虫展上进行了一场演讲,演

---

① 参见仝冰雪:《一站一坐一生:一个中国人 62 年的影像志》,上海社会科学院出版社,2010 年,第 30 页。

② "Metropolitan Gossip", *Grantham journal*(*Grantham*,*England*),Saturday,08 May,1897,p.7.

讲中他首先追溯了蚕的历史,提到公元前 2700 年黄帝的妻子第一次养殖了蚕,为此后桑蚕贸易的发展及繁荣奠定了最初的可能性。蚕吐出的丝,除众所周知的用途之外,还可用于乐器制造,中国弦类乐器当中的琴弦都是用蚕丝做的。随后,陈季同讲到了中国花地的蜜蜂文化,介绍了蜜蜂及其用途(如充饥、治病)。谈及昆虫与医学的关系,陈季同用蜘蛛治疗疾病为例,阐明用蜘蛛制药的方法和主治的疾病。演讲的结尾,陈季同对中国昆虫之间的斗争进行了有趣的描述,他用诙谐幽默的语言阐释道:"它们的斗争不像欧洲国家之间那样危险,具有破坏性。"①这次演讲围绕昆虫,从纺织、乐器、医学等多方面介绍了中国文化。陈季同幽默风趣的口才、细致入微的解说,让这场演讲生动有趣。

1897 年,代表中国皇帝出席英国女王钻石庆的特使张荫桓,由于独特的问候方式而被英国民众注意到,如作揖礼、握手礼都曾被英国人注意。英国媒体报道称,张荫桓和他的同胞之间并没有相互握手,而是各自抓住自己的一只手,把两只手交叉握住表达问候。②此外,这次钻石庆上,张荫桓等人为英国女王带去了众多中国的宝物,英国刊物如是记载:"除了在女王陛下的钻石庆典上其呈送中国皇帝衷心的祝贺之外,他(张荫桓)还带来了皇帝和太后送给王后的许多礼物。其中太后的礼物包括稀有的瓷器、工艺精湛的玉石杯和年代久远的花瓶;一些著名的藏香(用于在长寿祭坛上燃烧),以及由五颜六色的蜡烛制成的松树(象征长寿),所有的礼物都是同一个理念——长寿。上述的物品装在六个方盒子里,这些方盒子是由一种叫做紫檀的木材

---

① "A Chinese General On Insects", *The Friendly Companion*(*London, England*), Tuesday, 01 November, 1887; p.291.

② See "Chang in London", *The Yorkshire Evening Post*(*Leeds, England*), Issue 2105, Thursday, 27 May, 1897, p.4.

制成的,这种木材非常珍贵,打磨得非常漂亮,形似桃花心木。除此之外,还有两个同样材质的长方形盒子,据说里面装着金银刺绣、丝绸和绸缎,是专门为女王陛下从丝织业之乡苏州和杭州准备的。六个放礼品的盒子上均刻有'寿'字,皇帝准备的礼物与太后的礼物有着相似之处,八个盒子也是采用同样的材料制成,并附有一份礼物清单:高六英尺的瓷器架;八幅折叠的绣花屏风,其框是用宝贵的木料做成的;一对玉石权杖以及一对非常大的古代瓷花瓶。"①可以看出,无论是瓷器丝绸,还是刺绣香料,都极具中国特色,承载着中国悠久的历史文化、精彩的古典艺术;礼品盒上均刻以"寿"字,显示了中国传统文化中对贺寿的重视及尊重。

19、20世纪之交,驻美公使伍廷芳受邀多次在美国公共活动中进行演讲。1899年4月,伍廷芳出席了美国政治与社会科学院年会并发表关于"中国与西方关系"主题的演讲。演讲中,伍廷芳首先恳请西方各国以公平公正的眼光看待中国及中国文明,伍廷芳指出:"东西方交往中的误解,是由于忽视了东方国家所具有的优点,忽略了他们所做出的贡献。在本世纪,西方的不同国家在科学、知识和财富方面都取得了重大的进步,因此将它们视为地球上最文明的国家并以它们为标准去衡量别的国家是否文明先进已成为一种潮流。东方文明在这种衡量标准下远远落后于西方文明,被人认为是野蛮甚至半文明的。然而事实上,东方也有着属于自己的文明,中国就是其中的典型代表。"随后,伍廷芳举出实例,阐述了中国文明的博大精深和源远流长,他指出:"中国文明的成就,可以提到航海指南针、火药和印刷术的发明。它不是迅速长成的文明,今天没有一个民族追溯其历史能够比中国更加久远,她(指中

---

① "GIFTS FOR THE QUEEN", *The Belfast News-Letter* (*Belfast, Ireland*), Issue 25549, Monday, 7 June, 1897.

国)见证了古埃及王朝的兴衰,波斯帝国的扩张,亚历山大的征服,罗马军团的不可抗拒的前进,日耳曼人的迁徙,查理曼帝国的解体和欧洲的所有现代国家的诞生。"中国之所以没有在后来如西方文明一般发展迅速,是因为在早年由于地理因素和历史因素的特殊性,使她几乎不受外部影响,也不受外国的干涉,自己决定自己的命运。伍廷芳谈到中国近年来取得的进步显而易见,并使用物理学中"除非受到外力的作用,否则物体处于静止状态或继续沿直线运动"这一定理来详细反驳中国停滞不前这一观点。他认为把中国排除在外,让它在一瞬间摆脱长期以来的风俗习惯的支配是不合理的,必须首先克服几个世纪的内忧外患。"中西文明的交汇是两种社会力量的交汇。我们必须寻求的结果不是完全中和或一种力量被另一种力量所取代,而是两种力量的结合。从碰撞的冲击中恢复过来需要时间。在两种力量的结合受到影响后,在合成方向上的运动才可能会很快恢复。"

随后,他对西人在华的传教问题和商业问题也作出相关阐述。陈述商业问题时他说道:"商业主义的精神最近上升到了一个危险的高度。作为世界商品市场,中国毫无疑问占据首位,因为3.5亿至4亿人的需求必须以某种方式得到满足。有人说,中国一个省的市场价值超过整个非洲大陆。对待所有的西方国家一律平等,这是中国一直秉持的原则,保持'门户开放'正是她的政策。但不幸的是,人类的本性总是得不到满足,总是希望得到更多。两千五百年前,我们的圣人孔子,中国有史以来最伟大的哲学家说过'货悖而入者,亦悖而出',这就相当于你们的谚语'Goods ill-gotten go ill-spent'。国家和个人都不应忘记这一点,如果任何国家或个人不公正地获得任何财产,孔子的言语总会成真……在和平的状态下,商业和贸易将是永久性的并将更加稳定和繁荣,商人们将更加相互信任,各国之间的联系将更加密切,友好关系才能将更加真诚。"①大体来看,这次演讲内容环环相扣,引经据典,有理有据。伍廷芳博采众长,运用各种知识,尤其以使用中国典故和叙述中国历史的形式使演讲大放异彩,成为这次大会上具有特色的发言内容之一。

1900 年 1 月 26 日,伍廷芳应邀参加美亚商会新年宴会并在宴会上发表了关于中美商业贸易的演讲,演讲中,伍廷芳首先表明了参加这次宴会的目的,即"要将两国人民的友谊拉得更近一些,将连接两国人民的纽带粘连得更牢靠",表达了希望中美两国能在商业贸易中实现互惠互利。紧接着伍廷芳提出若要开辟中国市场,需要了解大清国的基本需求,如若不顾及我们的需求,则会"后悔自己的投机行为",并建议在中国举办美国商品展销会,以此方式来了解中国内部市场的需求。最后提出希望美国以平等诚信的态度来对待中美贸易及中国民众。在整个演讲中,伍廷芳将要求中美关系发展中实现平等的心愿贯穿于整个演讲之中,展现出中国民众不屈不挠、不卑不亢的精神风貌。②

1900 年 6 月,伍廷芳在茶艺专家晚宴上发表了风趣的演讲,他向《纽约时报》读者讲述了中国饮茶的基本规则,内容如下:③

要想了解中国饮茶的基本原则,你必须意识到,在国内,我们不像在这里那般,需在规定的场合中饮茶,或者只在吃饭时饮茶。对我们来说,茶是国家的饮料。我也可以这样说,茶与中国人的关系正如冷饮同

---

① "Chinese Minister's Elo=quent Plea for Justice", *Salt Lake Semi-Weekly Tribune*(*Salt Lake City, Utah*),Issue 16,Tuesday,02 May,1899,p.13.

② 参见郑曦原:《帝国的回忆:〈纽约时报〉晚清观察记 1854—1911》,当代中国出版社,2007年,第 300 页。

③ "How They Drink Tea in China", *The Weekly Standard and Express*(*Blackburn, England*),Issue 3357,Saturday,23 June,1900,p.9.

美国人的关系一样。你会发现茶壶在中国的任何地方都可以找到,但每当我们口渴想要喝水之时,我们就会求助于茶壶。

让我们说说茶壶。一般而言它是用瓷器做的,而且根据每个家庭不同的品味、财富和规模,茶壶在风格、成本和尺寸上都有所不同。就像你说的,茶壶在不断地"工作中"。早上将足够量的干茶叶放在里面,然后在上面浇上热水。让这种浸泡保持几分钟——比如说四五分钟——就可以得到可以饮用的茶水。

一切都准备好了。每当壶里的水需要补充的时候,我们所要做的就是再加一点茶叶和水。

至于茶和水的比例,或者茶本身的性质,没有硬性规定。这完全是个人品位的问题。我们选用红茶或绿茶,或淡或浓,都是根据我们的口味来定。

我们从来不像美国和英国那样把它喝得滚烫,以适中温度为佳。为了保持这种理想的温度,我们通常用一种棉包和丝绸衬里的袋子盖住茶壶。英国也常用此法。

这是中国家庭通常的泡茶和喝茶方式,但是当客人来的时候,礼节上要求我们应该更隆重一点。我们把茶泡在单独的杯子里,盖上精致的盖子,以保持热量和香气。客人一进家门,就立即为客人奉茶。

每天早晨,家里的茶壶只是简单地倒空,重新倒上一遍,而不是在里面擦,因为这样做会使这个容器失去其微妙的香味,这种香味与烟斗因长期使用留下的香味不相上下。

对于除了热水和茶之外还应该在茶壶里添加别的东西的建议,对此我感到恐惧,想象一下把朗姆酒放入茶中,就像我被告知这里有时也会采取这样的做法,而且据说在俄罗斯这是一种常见的做法,然而这种做法与高雅的品位背道而驰。将牛奶和糖放入茶的想法也是一样糟糕。

"再给大家一个关于茶的提示,我就说完了。"伍廷芳说,"请记住,茶叶虽有昂贵和廉价之分,但并没有真正糟糕的茶,除了那些掺入了虚假成分的茶,这种掺假能够实行是因为此举可以迎合消费者口味,或消费者本身缺乏品茶能力。(掺假的出现)是由于消费者坚持通过添加朗姆酒、牛奶和糖等的行为来破坏茶叶的本质使得这种情形有机可乘。只要消费者能按照正常的步骤,把茶叶煮开,就能立刻发现茶叶是否掺假,这样就能杜绝不纯茶的进口"。

在这场讲座中,伍廷芳从茶具的选择及规格、泡茶的方法、品茗的礼仪、茶叶的鉴别等几个方面进行了讲述和演示,对中国的茶文化进行了简洁实用的介绍,为西方人士了解中国茶文化提供了直观生动的范例。

1901 年 1 月,伍廷芳还发表了关于"外国人在中国不受欢迎的原因"这一主题演讲,演讲的起因是义和团运动后西方世界对中国人与中国文化仍怀有深刻的偏见。在演讲中,伍廷芳义正言辞地指出了西方列强用武力打开中国国门、强迫中国签订不平等条约的事实,指责西方列强在中国的活动和行为有主客颠倒的意味,"外国人因拥有特殊的权利和利益,又不受当地的控制,因而认为自己是优等人——他们更像是这个国家的贵族,而不是在异国的外国人"。他请在场观众换位思考,"如果你处在中国人民的地位,在这种经历之后,你会不会产生仇恨?还对如此对待你的人怀有好的感情吗?"指出上述原因正是外国人在中国不得人心的原因之一。此外,中国人的习俗和生活方式与西方人不同,但并不因此都是坏的,外国人的习俗也不一定都是好的,应当试着与中国人相融合,而非歧视和远离。伍廷芳谈道:"在华西人不应以自己的标准判断我们。他们应当考虑我们的优点和缺点,赞扬优点,谅解缺点。首要的是,他们在与当地人交往时,应采取调和的态度,以克服他们的不信任和敌意。"①可以看出,这场演讲内容尖锐直接,伍廷芳在"对待中西关系的维持和走向"这一问题上提出了自己的看法和解决方式,在这场演讲中,儒家文化理念中"己所不欲,勿施于人"的观念贯穿其中,给西方人提供了解决中西方差异、中西方人如何和谐相处等问题的方式。

大体来讲,伍廷芳在美国公共活动中的演讲,常常历数经典,又能观照现实,在竭力维护国家利益的同时,凭借其出色的才学和雄辩的口才,幽默且不失庄重地介绍中国文化,为中国文化的海外传播作出了重要贡献。

中国驻马尼拉总领事钟文耀在美国驻马尼拉外交官康格夫妇回国前夕,在马尼拉某俱乐部举行招待会,欢送康格夫妇回国。钟文耀精心安排欢送会,场内的布置采用了"令人愉快的东方风格",招待客人的餐饮亦充满中国特色。活动自始至终处处体现出中国主人热情好客、无微不至、使人宾至如归的特点。当地媒体报道:"总领事钟文耀是一位令人愉快的东道主,马尼拉的精英们将永远记得作为他的客人度过的愉快的夜晚。"②

综上所述,在公共外交活动中,中国外交官们所呈现的积极乐观的精神风貌,不卑不亢的外交态度,以及对传统文化矢志不渝的坚守,为中国和中国文化的推介、传播作出了突出贡献。

2. 结交当地官方及民间人士

结交当地官方和民间人士,是晚清外交官群体向驻在国传播中国文化的又一直接方式。在与当地友人交往过程中,中国的书画艺术、音乐、诗词歌赋、传统经典等文化内容被域外人士更多地了解和喜爱。

---

① 郭世佑:《历史的误读》,生活·读书·新知三联书店,2014年,第188页。

② "Taotai Chung Mun-yew," *The North-China Daily News*(*1864—1951*),07 March,005.

曾纪泽任驻英外交官时,通过结交友人进行"中学西传"活动,成果颇丰。其深厚的学养、高尚的品德,得到诸多外国友人的青睐。书法出色的他时常为外国友人题字,使西人一睹中国书法的风采。他曾写"折扇一柄,赫德求书,以赠印度总按察使葛尔斐之夫人"①,又为登门拜访求译华音姓名的西人"写篆、楷两式而诠释之"②。此外,他亲笔书写"庆积先源,玉山珠水论名贵;谊联友国,华月琼云曜太和"一联赠予日本炽仁亲王,表达了愿与日本结邦交之好的感情。

除书法外,曾纪泽在音乐传播与交流方面也颇有贡献。他擅长民族乐器的演奏,在海外期间仍坚持吹弹抚弄,除了自娱怡情以外,还为外国友人演奏,同时也与当地音乐家探讨律吕之学,以此机会向外国友人介绍和教授中国乐曲。曾纪泽在日记中多次记载其与外国友人探讨音乐的内容。如光绪五年四月廿七日"太常乐卿久列司本聂狄克③来,谈乐律良久"④。此人后又多次拜访曾纪泽,谈论音乐方面的话题。除此之外,曾纪泽善于创作乐曲,曾"创作国调(国歌)作乐章一首,兼排宫商,以为国调"⑤,后"录所作国调,名曰'华祝歌'"⑥。据相关学者研究,曾纪泽所谱之曲在1911年清政府正式颁布国歌《巩金瓯》以前,在欧洲一些国家的加冕仪式、迎宾仪式等活动上经常被当作

---

① [清]曾纪泽:《出使英法俄国日记》,钟叔河编:《走向世界丛书》(Ⅴ),岳麓书社,2008年,第173页。

② [清]薛福成:《出使英法意比四国日记》,钟叔河编:《走向世界丛书》(Ⅷ),岳麓书社,2008年,第167页。

③ 久列司本聂狄克,即 Sir Julius Benedict(1804—1885),原籍德国,1835年来到英国,作为成绩卓著的作曲家和指挥在英国生活了50年之久,相关内容参见廖辅叙:《与音乐有缘的清朝外交官——曾纪泽》,东方出版社,2001年,第178页。

④ [清]曾纪泽:《出使英法俄国日记》,钟叔河编:《走向世界丛书》(Ⅴ),第220页。

⑤ [清]曾纪泽:《出使英法俄国日记》,钟叔河编:《走向世界丛书》(Ⅴ),第669页。

⑥ [清]曾纪泽:《出使英法俄国日记》,钟叔河编:《走向世界丛书》(Ⅴ),第678页。

国歌使用。①

曾纪泽在国内时就已自学英文。至 1884 年,其英文已经达到可以独立翻看英文小说、与友人进行英译汉的翻译及学术探讨的水准。他曾"为亨乃西翻译明代钞票为英文,自缮中、西字各为一幅"②;博士罗尼学习中国训诂学之时,因不懂中文,曾纪泽用英语与其交谈相关问题,传道解惑。③

此外,曾纪泽出使期间,多次与外国友人在家中会谈,会谈的内容多围绕中国传统经典展开,对于外国友人提出的问题,引经据典,细致解答。如理雅各来访时,曾纪泽曾对其阐述《周易》在中国文化史上的价值:"余告以《周易》系伏羲、文王、周公、孔子四大圣人精神所著,篇简无多,而赅备宇宙万物之理,古今万世之事,是以精奥难通。中国历代先儒诠释,亦是仁者亦仁,智者谓智,不能穷微测妙,豁然贯通,无论西人也。"并针对理雅各批评《周易》的观点举出三例进行驳斥,有理有据,使其喟叹弗如,请求常常来拜谒求教。④曾纪泽在阐释《周易》价值时,虽也大而化之地认为西学不能出易学范围,反映其保守的中国文化本位思想,但对一位英国汉学家如此细致阐述中国传统经典,其"中学西传"的意义显而易见。

驻德公使李凤苞在德国任上,也屡屡与德国汉学家探讨中国历史文化。其《使德日记》就曾记载其初至德国参观柏林书库时,与书库监督里白休士及其夫人的交谈,不仅"论及春秋以前有无信史","亦询中国叶韵始于何时"。李凤苞对此进行了解答,谈及诗三百篇后叶韵才渐多的问题。⑤其后,李凤苞还

① 参见陶亚兵:《明清间的中西音乐交流》,东方出版社,2001 年,第 178 页。
② [清]曾纪泽:《出使英法俄国日记》,钟叔河编:《走向世界丛书》(Ⅴ),第 585 页。
③ 参见[清]曾纪泽:《出使英法俄国日记》,钟叔河编:《走向世界丛书》(Ⅴ),第 307 页。
④ 参见[清]曾纪泽:《出使英法俄国日记》,钟叔河编:《走向世界丛书》(Ⅴ),第 229 页。
⑤ 李凤苞:《使德日记》,沈云龙编:《近代中国史料丛刊》(第一辑)(第 155 册),台湾文海出版社,1966 年,第 78 页。

曾会见年逾古稀的德国学士芍克,对其精于东方学问颇表称颂,并赠其一部《瀛寰志略》。此后,两人书信往来,芍克曾就《使西纪程》发表观感。李凤苞还曾接受德国新报主笔道克德尔爱孛尔宴请,向其讲述了中国古文字的渊源问题。①

公使吕海寰在驻德期间,曾觐见德皇,见德皇宫中挂有中国的"二十四孝"图,便向德皇介绍该图的大致内容,说道:"中国皇帝以孝治天下,这些故事都是勉励天子庶人行孝的榜样。"②之后,吕海寰又命令翻译官将"二十四孝"图译成德文,呈送德皇,此书在德国受到欢迎,流传颇盛。

此外,清末外交官群体中,驻日外交官的交友活动值得特别关注。晚清驻日外交官的选拔出于两国间文化交流的考虑,往往有着不同于驻他国外交官的考量标准,即是否风雅好文。这与日本国内对中国文化的喜爱和崇拜密不可分。被派往日本的外交官多因文才不凡,成为晚清时期中国文化域外传播的重要人物。

首届驻日公使何如璋,在日本任期四年,坚持睦邻友好,常与日本朝野名士、普通民众一起进行文化交流活动。何如璋经常同他们一起研墨和诗,并为他人新作作序。一次,何如璋、张斯桂、廖锡恩、沈文荧、石川鸿斋等人乘船游墨江观千秋楼瀑布,因景生情,何如璋遂作诗一首:"一雨涤烦热,清风到小舟。墨江波潋滟,况复是新秋。"③构想了雨后墨江之清爽秀丽。此诗被石川鸿斋收录进其所编作品《芝山一笑》,在日本文人雅士中具有一定的流传度。另一次,何如璋、张斯桂等人同日本友人同去赏樱,观此美景,何如璋

① 参见李凤苞:《使德日记》,沈云龙编:《近代中国史料丛刊》,第155册,第154页。
② 李石孙:《吕海寰的一生》,《天津文史资料选辑》(第三十五辑),天津人民出版社,1986年,第124页。
③ 刘雨珍编校:《清代首届驻日公使馆员笔谈资料汇编》(下),天津人民出版社,2010年,第619页。

吟作一诗:"十里春风烂漫开,墨川东岸雪成堆。当筵莫惜诗兼酒,如此花时我正来。"①赠予日本友人,表达了对美景的喜爱以及对日本友人盛邀的感谢之情。除了吟诗,何如璋还为日本文人的新著作序。1878 年 6 月的一天,宫岛诚一郎访何如璋于月界院,笔谈时提到何如璋为其新著《养浩堂集》作序一事,表现出十分的欣喜和尊重。宫岛曾谈道:"仆少时好诗,及渐壮,遭遇国事,抛却笔砚,带将十年。今幸得见大方诸君,推敲文字,何幸过之。拙稿若得经大削及赐大序,则自重不啻九鼎大吕。"②一定程度上反映了日本友人对中国文化的欣赏和重视。

除吟诗作序外,何如璋也向日本友人馈赠字画。1878 年 4 月的一天,日本友人桂阁得何如璋赠联幅,特地登门拜谢,何表示"拙笔不堪",不足言谢,但对方认为自己"得尊墨而粗绢生光彩",感到十分荣幸并向何如璋表达了感谢。③又一日,何如璋赠团扇、《唐人万首绝句》二册于桂阁,并在桂阁请求下为团扇题字,桂阁因此感到十分荣幸。④这些字画除了表达何如璋对日本友人的友好之情外,也向他们展示了中国书法和诗词艺术。

何如璋还为日本文人讲解史书,教授中国文化的学习方法。1878 年 11月,何如璋曾教桂阁辨认其手中所拥有古本《三国志》一书的价值。何如璋告知桂阁:"此《三国演义》之通俗者,为明代所刻,迄今已五百余年。若汉学不甚深,阅此较易识,藏之为异日小儿辈看看亦可。渐开其智识,固佳本也。"⑤除

---

① 刘雨珍编校:《清代首届驻日公使馆员笔谈资料汇编》(上),天津人民出版社,2010 年,第74 页。

② 刘雨珍编校:《清代首届驻日公使馆员笔谈资料汇编》(下),第 445 页。

③ 刘雨珍编校:《清代首届驻日公使馆员笔谈资料汇编》(下),第 61 页。

④ 参见刘雨珍编校:《清代首届驻日公使馆员笔谈资料汇编》(上),第 92 页。

⑤ 刘雨珍编校:《清代首届驻日公使馆员笔谈资料汇编》(上),第 253~254 页。

此之外,何如璋还教授桂阁关于《明史稿》中的相关句读知识。①何如璋为桂阁讲解史书、答疑解惑的过程中,丰富了桂阁的版本学及文学知识。在学习方法上,何如璋向日本友人讲授了北京官话的学习之道。《戊寅笔话》《庚辰笔话》中记载了如何学习北京话、北京话种类等相关内容。何如璋认为若要了解北京官话以读《红楼梦》一书为佳,其次为《品花宝鉴》,他指出:"小说用北京话,雅俗事都写得出者,以《红楼梦》为最佳。其次则《品花宝鉴》,说北京名伶,笔墨殊不及《红楼梦》。且此二书中土禁其印。购之亦殊不易,大抵皆旧日所藏旧本,非近日书肆所售。"②何如璋还向日本友人介绍了学习中国文学的方法,"请先读四书五经,并精选大家文诗,勿多看小说,次第为之,又得先生指教,自日新而月异。石川鸿斋问甚好,君时与之游,亦自有益",建议他们先从儒家经典学起,其次诗歌,最后小说,并且需要与好的老师、有学识的同伴进行切磋和探讨。他陈述了这样做的原因,"所谓文章之事,当有根柢,非先读经史及大家文诗,则所作无本原,不俗则野,即当筵即景之作,亦无足观。……学问文章原一贯之事,诚视古来作者传入其本领如何,便知之矣。若以为取快一时,不计工拙,则稍习吟咏,性情雅洁之人,便足子之师"。后又指出日本文人进行中国文学学习的相关弊端,如"读书人多党同伐异之习""对神道之说的鼓吹言过其实"等。③总之,何如璋与日本友人的交谈,对帮助他们了解和掌握中国文化的学习方法大有裨益。

与中国相关的制度等问题,日本文士向何如璋请教,他也是细致作答。1878年12月的一天,桂阁曾向何如璋请教中国的选官任官制度,桂阁首先问道:"问贵邦进士有正途、异途之二件,敢问其详。又闻君践正途,而其正途、

① 参见刘雨珍编校:《清代首届驻日公使馆员笔谈资料汇编》(上),第270~271页。

② 刘雨珍编校:《清代首届驻日公使馆员笔谈资料汇编》(上),第222页。

③ 刘雨珍编校:《清代首届驻日公使馆员笔谈资料汇编》(下),第342~343页。

异途之规则概事实如何？"何如璋对"正异途"的说法予以解答，"进士只有一途，并无正异之分。惟举进士后，则同意榜中，分用为翰林、主事、中书、外而知县，共四班，以翰林为优耳"。桂阁未完全明白，并对翰林与正异途的关系十分模糊，何如璋继而又耐心解答："所谓正异途非进士之谓。吾国服官者，如读书得贡举为官者，即算正途；其他保举捐纳为官者，算异途。若进士由举人而得，是正途之优者，不再别正异矣。何曰保举？何曰纳捐？其方法，保举者或办军务，或办国家，各事出力，赏之以官者为保举；若捐纳则平民自揣有才力可以为官，并有家赀可以报效者，视其纳赀于国家多少，赏之以官，为捐纳出身"，进一步告知桂阁何为其所说的正异途，以及清廷选官的相关方式。何如璋精准且耐心的阐释最终使得桂阁"百疑尽释"。①何如璋也曾向日本友人介绍清政府的"爵赏"制度。1882 年 11 月，宫岛诚一郎向何如璋请教清政府是否仍使用传统的"勋爵之制"与"五等之制"问题，何如璋作了肯定答复，并对此制度给予了完整阐述，谈到"爵赏之例，大纲有三。一为宗室即皇家子孙，一为姻戚，史、汉谓之恩降封。上两款外，则文武内外官员，历职至二品，亦得分爵。以上皆为功勋论赏，寻常不得烂得"②。之后，宫岛又询问一系列有关封爵的问题，何如璋均一一答复。何如璋对日本友人相关问题的解答，不仅体现了中国礼仪文化中真诚待人、知无不言言无不尽的态度，也使日本友人更加了解中国与中国文化。

曾任驻日使馆参赞一职四年多的黄遵宪，同样通过与日本友人的文字之交，为中国文化在日传播作出重要贡献。除协助公使何如璋处理外交公文事务之外，黄遵宪出于对日本相关文化历史的极大兴趣，广泛结交众多日本好友，其中包括诗人、学者、政治家、民间艺人、医生等。通过与这些人的交流，

① 刘雨珍编校：《清代首届驻日公使馆员笔谈资料汇编》(上)，第 288 页。
② 刘雨珍编校：《清代首届驻日公使馆员笔谈资料汇编》(下)，第 583 页。

不仅了解和学习到日本的历史与文化,也将中国文化传播到日本民众中间。黄遵宪与日本友人的相关文化交往,首推其所做诗文赠予友人的相关活动,由于其诗文造诣颇高,日本友人均以得到其诗文和被其指导写作诗文为荣,1878 年 5 月 1 日,桂阁向黄遵宪请教写诗填词问题,黄遵宪不建议其使用明朝人的诗词进行填词,认为"明人于词律全不解",其所说的平仄全都缺乏依据。①为友人学习汉诗规避了一些误区。同月 13 日,黄遵宪赠桂阁诗一首,写于伞盖之上:"亦方亦圆,随意萧然。朝朝暮暮,可以游仙。替笠行露,伴蓑钓烟。举头见此,何知有天?"桂阁不懂该诗次韵,向黄遵宪请教,黄遵宪则认真为其解释。诸如此类的吟诗作对活动不胜枚举,贯穿于黄遵宪的四年驻日参赞生涯之中。1882 年,黄遵宪结束四年多的驻日公使馆的工作,离日之际,写了一首《奉命为美国三富兰西士果总领事留别日本诸君子》的离别诗,诗中写道:"海外偏留文字缘,新诗脱口每争传。草完明治维新史,吟到中华以外天。"②黄氏之诗颇受日本民众喜爱,从侧面说明中国诗词文化对近代日本依旧产生影响,依旧是他们喜闻乐见的文化形式。

除诗词外,黄遵宪也向日本友人介绍中国史书及向友人赠字赠画。1879 年 12 月 17 日,黄遵宪向日本友人询问其所读《史记》《汉书》是何版本,并对清朝通行的该书版本作以介绍:"今吾国通行之《史记》,有明南雍本、明北雍本、明汲古阁本、本朝武英殿刻本、南海陈氏刻本、本朝毕沅刻本。《汉书》亦各有异本。此中以武英殿版本为最,南北雍、毛氏皆多误。"③1880 年 9 月 28 日,黄遵宪又向宫岛诚一郎推荐纪晓岚的《境烟堂集》一书,认为纪晓岚于论诗不偏不倚,语之入微,值得细读。此外,为回赠友人之礼,黄遵宪自画自写

---

① 参见刘雨珍编校:《清代首届驻日公使馆员笔谈资料汇编》(上),第 103 页。
② 浙江大学日本文化研究所编:《中日关系史论考》,中华书局,2001 年,第 224 页。
③ 刘雨珍编校:《清代首届驻日公使馆员笔谈资料汇编》(下),第 527 页。

团扇一把赠予友人。无论是介绍中国史书还是赠字赠画,除了传达黄遵宪热情好客的态度外,也将中国的版本学、书法文化传播到日本。

　　黄遵宪还向日本友人介绍汉语及中国文化的学习之法。日本友人问及北京官话的学习之法及《红楼梦》在学习北京官话当中的作用,黄遵宪给出自己的看法,认为要学习正规的北京官话,还是从官话书学起,这样更容易掌握方法,《红楼梦》一书有益于了解北京官话,却并非适宜的入门学习之书。黄遵宪解释道:"其(《红楼梦》)为北音一也。编《红楼梦》者乃北京旗人,又生长富贵人家,于一切描头画角零碎之语,无不通晓,则其音韵腔口,较官话书尤妙。然欲学中国音,从官话书学起,乃有门径。譬如学日本语,不能从《源氏物语》诸说入门也。"①日本文士宫岛诚一郎也曾向黄遵宪讨教作诗的方法,并且询问是否还应有必要读历代史书等问题,黄遵宪也悉心解答:"喜某学家,则多读某家,至于历代书籍,多读则气味自古,才力自富,与诗若相关。足下此刻学古诗,且多读李杜苏三家。"②

　　此外,黄遵宪还向日本友人介绍相关中国地理、物产、经济、食物、服饰、养殖等方面的知识。1878年9月11日,黄遵宪提及中国糕点以浙江之嘉兴、湖州为佳,故日本友人向他询问中国嘉兴、湖州糕点的制法,黄遵宪答道:"大抵皆用米麦和以糖而已,其制法变化无穷,玉带糕其一种耳,其清脆甜美,真有嚼雪和梅光景。广东点心亦有佳者。此为月饼,中秋时作之,馀□□。"③同年11月,因日本友人提及中国食物味道极美,久久不能忘怀,故黄遵宪再次介绍中国食物的相关做法及其美味之因,他解释道:"吾国之馔,不能咄嗟为之,豕鸡鹅鸭及一切海错,接皆以水火调齐,使其真味远出,或烹或饪,或炙或

---

①　刘雨珍编校:《清代首届驻日公使馆员笔谈资料汇编》(上),第235页。

②　刘雨珍编校:《清代首届驻日公使馆员笔谈资料汇编》(下),第463页。

③　刘雨珍编校:《清代首届驻日公使馆员笔谈资料汇编》(上),第219页。

燔,大抵皆由酝酿而出,故味厚而醲。若求急救,而负近功,是为不知味者。先宜求鸡鸭美材,以立其根本,次则问烹饪之法,以别其体裁,次则调水火之功,以善其制造,三者失一不可,尤在根本,根本不立,则绝无体裁。虽有善庖,亦不能制造也。"①即强调中国食物之所以味美,关键在于食材的新鲜、食物烹煮的方法和烹煮食物的时间,这三者缺一不可,尤以新鲜的食材为重中之重。1879年6月30日,黄遵宪对中国的果物糖制之法亦有相关描述。总之,黄遵宪对中国饮食的介绍,使日本友人更深刻地了解中国的饮食文化。

日本名臣大久保利通在世时,曾与黄遵宪探讨土鸡的养殖方法,看到中国土鸡养殖量颇高,"以为是日本当学者"。黄遵宪向友人介绍了中国养鸡的饲料以"食草虫为最,次则食米"的方法。之后,又向日本人介绍了中国沿海的养鱼之法,"春二、三月间,鱼初生子。取其鱼苗长一寸者,分种池塘,喂以草花,覆以浮萍,其息百倍。运载鱼苗,虽陆路千里,但摇荡其水,使动便不可死。若载之船,亦摇簸之,比陆路尤易也"②。

关于中国的服饰,黄遵宪也为日本友人介绍过相关情况。1879年3月15日,何如璋、黄遵宪等人前往东京府开汤岛圣庙拜孔子圣像之时,日本使臣询问黄遵宪所着相关服装是否为中国礼服,黄遵宪对其所着服装的历史、规格等问题进行了阐释,材料如是载:"《会典》曰补服,始于明,成于我朝。所戴珠曰朝珠,因位阶有差等。日本旧史所称冠位,意与我同。大礼小礼,以名为别。大织小织,以制为别。今我所戴水晶珊瑚,亦随官阶而别。大礼用珊瑚,小礼用水晶。别有绣蟒服,今日仅行拜礼,故未穿是服,朝会祭祀用之。"③

同年5月7日,宫岛诚一郎与黄遵宪笔谈诸多问题,皆与中国地理、物

---

① 刘雨珍编校:《清代首届驻日公使馆员笔谈资料汇编》(下),第470页。
② 刘雨珍编校:《清代首届驻日公使馆员笔谈资料汇编》(下),第528页。
③ 刘雨珍编校:《清代首届驻日公使馆员笔谈资料汇编》(下),第477页。

产、经济、风俗有关。宫岛询问中国何地最出人才,黄公度答:文章出自江苏、浙江,经济为湖南、安徽,并解释原因。宫岛又询问所谓"中原"是指何地?公度回答:"故所谓中原,河南、山东也,陕西也。今并江南称。"①舆地之学是我国古老的学科,经济地理、政区地理的相关问题与此有一定的关联,黄遵宪对相关的地理知识进行解答,从某种程度上是中国地理学向域外传播的一个例证。

何如璋之后,继任公使黎庶昌,两度使日,更是广泛结交日本人士,说文论道,诗酒联欢。在任日本公使之时,"黎庶昌与日本的朝野文士建立了深厚的友情,日本研治汉学的朝野文士对黎庶昌的学问、道德和文章都十分景仰,以能与黎庶昌结识为荣,纷纷将诗文集请黎庶昌审正,赐序"②。黎庶昌本人亦愿广交东瀛文士,与他们谈诗唱赋,为其指点文字。他曾每年于上巳节、重阳节在使署或芝山红叶馆招请日本文士为修禊、登高之会。会上,由黎庶昌率先赋诗,然后与会人员相继依韵和答。诗文传播出去,又有不少外地文士依韵而作,寄来使馆。此外,还有一些不定期的宴会,会上觥筹交错,诗文唱和,一派古风。诗文酬答的内容十分广泛,或咏历史上中日文化交流之佳话,或表达中日友谊长存的愿望,或表述对中国文化的钦慕,等等。由于黎庶昌的文化交流活动,在其任满之前半载,"祖饯之会无虚日,惜别颂祷之词以数百计。去之日。攀送者塞巷盈途,或追饯至数百里外。欧美各国使臣啧啧称羡,谓为从来使臣返国所绝无也。盖昌之再使日本也,脱去崖岸,兼容并包。凡彼都之学士文人无不交,其交也无不善,故其国学士文人无不识昌,亦无不敬爱昌者。所以文字之播于日本者亦独多"③。两度使日期间,黎庶昌与日本文士所唱和的诗文被时人编为《黎星使宴集合编》,进一步扩大了诗文笔会的影响,

---

① 刘雨珍编校:《清代首届驻日公使馆员笔谈资料汇编》(下),第484页。
② 李文杰:《中国近代外交官群体的形成(1861—1911)》,第234页。
③ 蒋雪芹:《肖山漫笔》,中国博学出版社,2016年,第257页。

增进了中日两国的文化交往。

驻日外交官的文化传播活动在日本产生积极影响。晚清外交官使日时正值日本明治维新之后，日本全社会充斥着脱亚入欧的强烈氛围，传统汉学的影响不断式微。何如璋、黎庶昌、黄遵宪等一批中国外交官的到来及丰富多彩的文化交流活动，极大地改变了日本的汉学面貌。大量的笔谈资料、序跋、书信，佐证着驻日外交官与日本友人之间密切的文化交流与深厚的感情，以及驻日外交官传播中国文化的自觉与努力。

3. 撰写出版丰富著述

通过撰写著作和文章、翻译中国经典的方式宣扬中国学术和文化，是晚清外交官群体"中学西传"活动的又一重要形式。

驻法参赞陈季同的学术著作在法国乃至欧洲均有一定的影响，可以说陈季同在传播中国文化上的贡献不亚于处理外交事务上的贡献，"陈季同更重要的工作是反方向的，也就是将中国文化传播到西方，让西方公众了解中国人的观点，在一定程度上改变了他们对中国的误解和偏见"[1]。他通晓四种文字，驻法期间翻译、创作了多部优秀著作。

1884 年，陈季同撰著出版《中国人自画像》[2]（*Les Chinois Peints par Eux-Memes*）一书，共收录曾连载于巴黎的《两个世界》（*Revue des deux mondes*）杂志上的 18 篇文章，另又新撰 3 篇，共同构成此书。书中，陈季同运用比较分析的方法对中国的习俗文化进行了介绍，如中国人的婚姻习俗，在中国，结婚通常由谨慎而热情的朋友来操办，甚至由可敬的职业中间人（媒人）来做。结婚的第一步是举行一个庄严的订婚仪式，两个家庭选择一个日子来缔结婚

---

[1]　李华川：《晚清一个外交官的文化历程》，北京大学出版社，2004 年，第 45 页。

[2]　据李华川考证，该书为陈季同与蒙弟共同创作，详见李华川：《晚清一个外交官的文化历程》，第 27~35 页。

约,当双方家庭找好地点完成婚约的签署仪式后,新郎家会给新娘一对手镯作为订婚的象征,但这个过程新郎和新娘都并不在场。随后,新娘把在法国被称为 corbeille 的东西送给新郎。在中国,它们是由丝绸和棉花制成的,或者更确切地说,是由几十种非常漂亮的丝绸和棉花制成的,这是新娘的职责。作为回报,新娘将在婚礼当天穿一件漂亮的礼服,如果她未来的丈夫已经是一个有地位的男人,那礼服将会更华丽;新郎的地位可以通过他的服装来区分,结婚后妻子穿的衣服与他的头衔相称。此外,新郎会给这位女士的家人送上精选的礼物,是一种特别美味的点心,在宣布订婚时会分发给熟人。结婚必须在交换礼物后的一年内完成。①陈季同对中国习俗文化的介绍洋溢着热情,甚至为中国文化中的一些陋习进行辩护。如他在谈到中国妇女地位时说,尽管妇女被中国习俗排斥在社会之外,不能行使大家所熟知的西方妇女能够行使的权力,"但她们在家庭中所拥有的权威是欧洲或美洲所不熟知的"。中国妇女在法律面前与丈夫平等,可以代替丈夫购买、出售、签订合同、转让或进行任何商业谈判。她完全掌握着对孩子的管理权和对他们的教育权。除了家庭成就之外,妇女在诗歌和高雅文学中也占有一席之地。"如果上天赐给她孩子",再有一个好丈夫,"她的一生肯定十分幸福"。可以看出,陈季同为在西方介绍、传播中国文化,改变西人的中国认知时不遗余力。作为用西文书写中国社会的最早著作,且处于中法战争的大背景下,陈季同的这部著作获得了巨大反响。

1884 年,陈季同将《聊斋志异》中的《香玉》《王桂庵》《青梅》《辛十四娘》等 26 篇故事翻译为法文,编成《中国故事集》(*Les Contes Chinois*)一书出版。后该书又被译成英文在伦敦等地出版发行。书中故事均是《聊斋志异》中具

---

① See "Women in China", *The Leeds Times*(Leeds,England),Issue 2842,Saturday,01 October,1887,p.6.

有代表性的佳作,陈季同在原文基础上对故事进行多处修改和加工,使这些故事更加偏向西方人的阅读喜好,同时也用这些故事表达中国人的理想与精神状态,在西方读者中获得大量好评。著名作家法朗士(Anatole France)在书评中即称此书"比以前的所有同类翻译都要忠实得多"①。该书的多次重印也说明了它的影响力。

1886 年,陈季同在法出版《中国人的戏剧》(Le Theatre des Chinois)一书,运用比较研究的方式介绍了中国的戏剧文化和创作。书中在同西方戏剧的比较中,将中国的剧场、剧本、作家等内容以中肯、恰当的方式呈现出来。书中对中国戏剧有较高评价,提到"如果任何国家的读者都能读到中国的戏剧,他们就能了解中国在艺术方面取得的进步"②;他也认为中西戏剧的不同之处"在表现方式上,中国戏剧是'虚化'(dématérialiser)的,能给观众极大的幻想空间,西方戏剧则较为写实;在布景上,中国戏剧非常简单,甚至没有固定的剧场,西方戏剧布景则力求真实,舞台相当豪华,剧院规模很大"③。

1890 年,陈季同的《中国的娱乐》(Les Plaisirs en Chine)出版,向西方介绍了中国的民俗风情,主要有中国的传统节日、公共娱乐和各阶层的游戏方式等内容。西方评价该书是"一个完美的素材仓库,可以用来研究社会学中不那么严肃的方面,也可以生动地描述中国社会的轻松氛围"④。笔调轻快、有趣,富有思乡之情是本书的重要特点。此外,陈季同驻法期间还出版了《黄衫

---

① "Anatole France La vie litté raire, vol.3", Calamn L é vy, 1925, p.80.

② "TCH ê NG KI-TONG AS AN AUTHOR," The North-China Herald and Supreme Court & Consular Gazette(1870-1941), January 22, 1892, 010.

③ 转引自李华川:《晚清一个外交官的文化历程》,前言。

④ "A new book by General TCHENG-KI-TONG on a ... subject may always be safely predicted to be full of interest for all who care to study the Flowery Land and its inhabitants", The Morning Post(London, England), Issue 36721, Monday, February24, 1890, p.5.

客传奇》(Le Roman de I Homme Jaune)与《中国人笔下的巴黎》(Les Parisienne Peints par Chinois)等书籍。

除书籍以外,陈季同还撰写过多篇文章介绍中国文化。1892年,陈季同撰文《我的祖国》(又译《吾国》,Mon Pays),介绍了中国的社会组织、中国人的情爱观、中国的知识分子、水利、商业传统等内容。同年,陈季同在《大众科学》一书上刊登文章,专门介绍中国西周的历史对西周的农业、纺织业进行了简介,原文如下:

公元前1100年,周武王的宰相周公建造了水利工程,其设计和工作原理都很简单,可以把水提升到原来无法达到的高度,还修建了水库和运河用于灌溉。使得(耕地)在干旱时期供水得到保证。结果,农业因此而繁荣起来。

周公的其他政策包括颁布有关财产边界和防止他人非法侵入的法律(井田制)。根据土地的形状,把土地分隔成方块,形状像"井"字,因此称作"井田"。一井分为9个方块,周围的8块田由8户耕种,叫做私田,私田收成全部归耕户所有;中间是公田,由8户共耕,收入全归封邑贵族所有。

该政策获得了惊人的成功。因此,他(指西周统治者)总是有充足的粮食,有猪肉和家禽做食物,有丝绸做衣服。"当时没有一个人比另一个人更富有或更贫穷,社会上存在着完全的平等",他们说,(这种情形)让每个人都很满意。①

---

① "GRATITUDE AND ADMIRATION IN RELATION TO IDOLATRY", *The Illustrated Catholic Missions: An Illustrated Monthly Record, in Connection with the Society of the Propagation of the Faith* (London, England), Issue 20, Thursday, 01 December, 1887, p.120.

除了详细描述西周相关制度,文章中亦洋溢着陈季同对西周井田制度的欣赏与赞许,体现了作者对中国古老文明的自豪感和认同感。

从上可知,陈季同善于描绘中国的日常生活文化,为西方国家了解中国提供了一个新视野,在近代中西文化交流史上,陈季同有不可磨灭之功。正如相关评价所述:一方面,他是"西学东渐"的使者;另一方面,他又是"中学西传"的使者,他是"历史上第一个用西文获得巨大成功的中国人"。①

除陈季同外,曾纪泽驻英期间发表的相关英文文章亦引起了一定的关注。他曾用英文撰写有关王莽货币的文章,对王莽新币的产生及发展原委给予阐述。②他还曾在《亚细亚季刊》上刊载《中国先睡后醒论》③一文,引起西方人关注。文章从外交事宜出发立论,揭露与批判西方殖民者的诸多行径,对西方认为"中国业已销铄殆尽"的观点予以批判,指出"中国不过似人酣睡",现在已经开始觉醒,"它不是一个垂死的国家,能够如此平静地接受它的屈辱",它将"在屈辱中获得勇气,努力振兴"。中国正全力整顿海防,创建水陆军。文中还阐述了强兵先于富国的观点。中国传统文化所蕴含的自强不息、不畏强暴的精神风貌在此文中得到充分体现。

罗丰禄在翻译上颇有造诣,他凭借其出色的外语才能,成功完成多次口头和书面的翻译任务。有报刊记载:"1896 年 8 月,李鸿章访问了欧洲大陆的许多国家首都后,抵达英国。在伦敦期间,……李鸿章向维多利亚女王表达了敬意,在被邀请觐见女王之际用中文赋诗一首。应女王要求,当时的中国驻伦敦公使罗丰禄阁下,一位颇有成就的英语学者,将这首诗翻译成英文,并附上

---

①　李华川:《晚清一个外交官的文化历程》,第 154 页。

②　参见[清]曾纪泽:《出使英法俄国日记》,钟叔河编:《走向世界丛书》(Ⅴ),第 883 页。

③　See "The Marquis Tseng on China", *Manchester Courier and Lancashire General Advertiser*(Manchester, *England*),Issue 9401,Thursday,December 30,1886,p.8.

原文。"①此外,罗丰禄翻译的其他诗词也得到西方媒体的关注,同样在报刊中附上原文供读者阅读了解。②可以看出,罗丰禄不仅是出色的外交官员,同时也为中西之间的文学交流作出了重要贡献。

　　1880 年,黄遵宪受何如璋之命,撰写《朝鲜策略》一书,赠予当时访问日本的朝鲜王朝信使金宏集,并嘱咐金宏集将此书递交朝鲜国王。黄遵宪笔法犀利,循循善诱,陈述利弊一针见血,在国外引起了一定的反响。该书首先从外交和内政两方面进行了阐述,指出:"朝鲜一土,实居亚细亚要冲,为形胜之所必争,朝鲜危则中东之势日亟","朝鲜今日之急务,莫急于防俄,防俄之策,如之何,曰亲中国、结日本、联美国,以图自强而已"。③其中,"亲中国"是《策略》中认为防范俄国的根本之计,黄遵宪从地理、文化、政教的角度阐释了中朝之间的亲密关系。内政方面,黄遵宪强调朝鲜自强的重要性,强调"自强之道,在实力,不在虚饰"。为了达到自强的目的,朝鲜应当积极向西方学习军事、科技等,允许中国商人与朝鲜进行贸易,以防止日本独大;同意朝鲜海陆军沿用中国龙旗作为全国徽帜;建议朝鲜向中国派遣留学生学习西方语言、军事、机械造船等科目,达到训练新军、充实国防的目的;最后则是建议朝鲜采西学,向日本派遣留学生学习西方先进军事科技以及天文、化学等科目,且在本国开办新式学堂。从文化交流视阈来看,书中黄遵宪笔歌墨舞,借古喻今、环环相扣,动之以情,晓之以理,使此书不仅有着重要的外交政治意义,亦承载了重要的文化意义,成为当时中朝文化交流中的代表作品之一。

---

① "Special Memoir", *The Sheffield Daily Telegraph* (*Sheffield, England*), Issue 14455, Friday, 08 November, 1901, p.5.

② See "Special Memoir", *The Sheffield Daily Telegraph* (*Sheffield, England*), Issue 14455, Friday, 08 November, 1901, p.5.

③ 大韩民国文教部国史委员会:《修信使记录(韩国史料丛书·第九)》,汉城探求堂,1985 年,第 161 页。

伍廷芳也曾撰写文章宣扬中华文明,他1902年发表的《中国文明与西方文明》一文,以尖锐的文笔和深刻的洞见指出:"输送文明的方式不应靠战争和征服别人,文明同政治优势也是两回事。我承认,西方文明国家在帮助提高人类文明程度方面,做了很多好事。但不可否认,它们为达到目的通常采取的方法应该受到谴责。使一个国家从低级文明进入高级文明的方法,并不是与之作战并征服她,也不是消灭该国的居民,文明是和平的产物,而不是战争,有一种倾向把文明与政治优势相混淆,这是不对的,文明并不意味着仅仅拥有最强大的战舰或最先进的枪炮"。伍廷芳还指出:"奇怪的是,对文明贡献最多的国家却成为其不开化的敌人的牺牲品。埃及不正是屈服于波斯至高无上的权力吗? 希腊不是向罗马称臣了吗? 罗马自己也不得不向来自北方的野蛮的日耳曼民族投降。"因此,他强调:"文明是人类努力进取,从低级向高级发展的成果总和。每个民族在其历史进程中都有需要解决的问题,而且在计算人类成就时,每个人的贡献都应考虑在内。"①在西方文明占据当时世界主要地位的大背景下,伍廷芳敢于向西方文明进行挑战,要求正视中国文明的作用和贡献。

此外,1909年,颜惠庆在《美国国际法杂志》上发表了《中国如何管理其外交》的专文,向世界介绍晚清的外交系统及相关制度。该文将清政府外交系统一分为二,即外务部与驻外使馆两大部分,将两馆的官吏统称为外交人员。②晚清外交机构处于不断演进的状态中,作为晚清外务部的重要官员,颜惠庆的文章向世界介绍了逐步发展的中国外交体系,对西方国家了解中国制度及文化现状起到了一定作用。

---

① 郭世佑:《历史的误读》,第189页。

② See "How China Administrates Her Foreign Affairs," *The American Journal of International Law*, Vol.3,No.3(July,1909),pp.537–546.

如果说晚清外交官在公共活动及日常交往中对中国文化的介绍还具有零星、片段的特征,而这些西文著述对中国与中国文化的宣介则更系统深入,旨在通过这些内容丰富、具有明确指向性的著述,努力破除域外人士对中国与中国文化的误解和偏见,其用心不可谓不深。

4. 日常生活中的"中学西传"

外交官走出国门后,自身就是一种文化传播的重要载体。其个人言行、住所装饰、服装配饰等本身也是向域外展示中国文化的一种重要途径,这种日常生活中的潜移默化,往往也成为西方对中国文化产生兴趣和加深了解的重要方式。

传统中国服饰制作精良、用料考究,外交官所到之处常因中国服饰引起西方民众关注。伍廷芳在美国照相时,其服饰成为西方人关注的焦点,当时报道写道:"中国新任部长伍廷芳拍摄了他的照片,对于一个中国人来说,这不是一个普通的仪式,需要一个男仆或几个仆人伺候完成。一个装有部长礼服的行李箱和箱子被带到照相地点。伍先生首先穿着他的街头服装,一件赤红色锦缎外套和蓝色裤子。之后,他换上宫廷礼服再次拍照。"[1]颜惠庆也在自传中对此进行了描述:"伍公使所穿的礼服也是经过改制的,而非清廷严格规定的冠服。他穿着豪华的刺绣蟒袍,没有穿黑色外褂,也没戴朝珠;但披戴着绣有双龙的大绶带。整套衣服雍容大度,使人敬畏。"[2]中国纺织业有数千年的历史,高超的纺织业技术和历史悠久的丝绸文化均是中华文明重要的组成部分。驻外期间,外交官身着种类不同、制作精美的中国服饰,向西方民众呈现

---

[1] "Look Pleasant —Wu Ting Fang," *The Milwaukee Journal(Milwaukee, Wisconsin)*, Monday, 31 May, 1897.

[2] 颜惠庆:《颜惠庆自传——一位民国元老的历史记忆》,吴建雍等译,商务印书馆,2003年,第64页。

了中国悠久的丝绸文化和传承数千年的纺织业工艺,让西方人亲眼见证了中国服饰文化的历史与内涵。

　　外交官在国外所住的房屋,因其含有中国元素的装饰陈列,亦引起外国人士的关注。郑藻如驻美期间,美国报纸专门就郑藻如的住所进行过报道。报道提到"孔子诞辰和盛大的中国新年,是中国公使馆默认的盛大节日。……这位中国大使在客厅的简单陈设上又添了几件他自己的宝物",房间里有一种檀香木和其他东西混合的特殊气味,这种气味总是粘在中国的扇子、丝绸和其他东西上。①除此之外,另有报道也关注到郑藻如所住房屋,"他们的公使馆,也就是他们的家,布置得很雅致,客厅里摆满了各种各样的物品,证明了这个华丽王国的原住民的技艺"②。

　　伍廷芳的住所同样受到关注。从伍廷芳住所的外部望去,"公使馆的石头外观当然是雄伟的,对于喜欢观赏风格的人来说也是如此,它是华盛顿最漂亮的住宅之一。橡木走廊上的石材镶边,是这座房子吸引人的地方。公使在房间里增添了一些美丽的东西,如水彩画和一些瓷器,使了解这些东西的人为之倾倒"。公使馆的内部装饰同样引人注目,"他对自己的收藏品或象牙制品特别自豪……这所房子里有一间明显是东方特色的房间,就是玛瑙屋。房屋的墙壁是缟玛瑙材质,黑檀木制品、烛台、橱柜和其他装饰品在美国人的眼中都是很奇特的,房间里还有他们称之为'炕'或'座椅'的东西。晚宴结束后,客人被邀请到一张桌子旁边的沙发椅上,部长坐在另一张桌子旁"③。

---

　　① "Washington Gossip", *Ruhamah*, *Special Correspondence of the Globe-Democrat*, *St. Louis Globe-Democrat*(*St. Louis, Missouri*), Issue 255, Thursday, 31 January, 1884, p.6.

　　② "As Seen at Home", *The Milwaukee Sentinel*(*Milwaukee, Wisconsin*), Issue 32, Sunday, June 07, 1885, p.10.

　　③ "An Enlightened Chinaman", *Washington Correspondence of New York Press*, *The Milwaukee Journal*(*Milwaukee, Wisconsin*), Friday, 01 October, 1897, p.5.

身处异国的晚清外交官,用蕴含中国元素的装饰品来装饰房屋,使得这些装饰成为西方国家了解中国文化的又一扇窗口。

三、外交官群体"中学西传"活动的影响、优势与局限

作为晚清"中学西传"活动的"官方渠道",外交官群体开展的一系列活动展现了中国文化的独特魅力和顽强生命力,为中国文化的域外传播作出了重要贡献。同时也应注意到,晚清外交官群体所独有的优势与局限,也从正反两方面影响到其域外"中学西传"活动的深度与广度。

1. 外交官"中学西传"活动的影响

晚清外交官群体在国外履职期间开展的中国文化传播活动对驻在国产生了非常积极的影响。

第一,他们所展示的中国服饰、住所装饰、古玩字画等实物,使外国民众以最直接的方式感受到中国的物质文化及古典艺术。面对外交官们带去的具有中国特色的文化产品及日常生活用品,域外人士均表示出喜闻乐见的态度,艳羡称许之意时有流露。如郑藻如驻美期间,一次与随行人员在车站稍作停留,因其服饰特殊,吸引了大家的关注,"他们在城里的时间只剩几个小时,不得不在九点钟离开,他们穿着他们本国的丝绸服装出现,引起了我们相当大的好奇心"①。此外,郑藻如与其夫人共同参加活动,服饰亦成为关注点,"郑藻如穿着一件深色的、李子色丝绸衣服……他的夫人穿着一件漂亮的深红色天鹅绒衣服,在这个寒冷的日子里,这对夫妇在一起是一个令人安慰的

---

① "The Almond-Eyed Ambassador," *The Daily Inter Ocean* (*Chicago, Illinois*), Issue 233, Thursday, 22 December, 1881, p.8.

景象,从他们服装的丰富色调中散发出温暖"①。中国服饰精湛的做工,加之西方人士对丝绸的喜爱,成为外交官服饰被关注的主要原因。外国民众通过外交官的穿着,真实直接地感受到了中国服饰的精美和华贵。

外交官住所房间内部中国风格的装饰也受到了外国民众的欢迎和注意,如伍廷芳驻美期间,"在房间里增添了一些美丽的装饰,如水墨画和一些瓷器,使了解这些东西的人为之倾倒"②。从某种角度上,国外人士为之倾倒的不仅仅是装饰品,更多是中国文化带给西方的震撼和钦羡之情。此外,外交官所呈递的清朝皇帝的书信也受到特别关注。如李凤苞在奥地利访问时递交的国书,"是一份奇特的文件。它被刻在羊皮纸上,用中文和满语写成。它的边缘是中国的龙,用银色所画,书信用美丽的黄色丝绸包裹着,覆盖了三角形图案,整体有点像中国国旗"③。国书呈现的不仅仅局限于其所蕴含的政治意义,精美的丝绸,代表信仰的龙图腾,以及国书上的文字,无一不蕴含着博大精深的中国文化。

第二,他们所展示的中国礼仪也给外国民众带去了愉快的体验,加深了西方国家对中国作为礼仪之邦的认识和对中国的尊重。郑藻如在美宴请宾客,以奉茶之礼接待外国友人,受到客人喜爱。"大使和他的翻译在会客室门口迎接客人,客人们随意地进进出出、就座。喝上几杯最稀有的淡稻草色的茶,茶的香气很好,味道好得难以形容。"④出色的外交事务能力和独特的社交

---

① "The Capital Court. Ruhamah,"*Rocky Mountain News（Denver，Colorado）*,Monday,09 January,1882,p.4.

② "An Enlightened Chinaman,"*Washington Correspondence of New York Press，The Milwaukee Journal（Milwaukee，Wisconsin）*,Friday,01 October,1897,p.5.

③ "CHINA AND AUSTRIA,"*The Standard（London，England）*,Issue 17819,Monday,29 August,1881,p.5.

④ "Washington Gossip,"*Ruhamah，Special Correspondence of the Globe-Democrat，St. Louis Globe-Democrat（St. Louis，Missouri）*,Issue 255,Thursday,31 January,1884,p.6.

礼仪,使郑藻如在离任之前受到美国总统的赞誉:"你(指郑藻如)高尚的个人品质和始终如一的礼貌及善意的精神,使你深深融入了你的使命。……我感谢你为在贵我两国之间建立良好关系所作的真诚努力,我相信这将继续为两国人民带来良好的成果。"①

罗丰禄也因得体的礼仪及聪慧的反应得到了英国女王及英国民众的称赞,报道写道:"罗丰禄称女王为长寿女王,他这样说,陛下已经统治英国长达62年,这么长的时间只有中国康熙皇帝才能与之相比。她树立的榜样是世界上最好的榜样之一,她是一个崇高的道德家,她是如同孔子所能描述的所有美德的化身。"②在赞美英国女王的同时,罗丰禄引经据典、措辞得当,将中国历史、中国名人的相关知识通过翻译方式介绍给西方国家,赞美之词中完美融合了中国文化的内容,将中国礼仪和中国文化同时向西方展现出来。

第三,通过著述、演讲、笔谈等方式对中国文化的介绍和传播,拓宽了外国了解中国文化的途径和内容,贯穿其中的中国历史文化、古典文学、民风民俗、时政社会等内容,均引起当地对中国及中国文化的注意,一定程度上对域外改变对中国文化的偏见乃至增强中国文化的吸引力产生了相当积极的影响。如曾纪泽的《中国先睡后醒》一文一经发表,就引起西方国家极大关注。这种关注不仅由于曾纪泽重要的政治影响力,也因为"他是一位伟大的学者,一位伟大的作家和诗人"③。媒体大量的介绍和转载,是文章引起广泛关注最有力的证据之一。尽管有个别媒体指出其部分观点值得商榷,甚至有人批评

① "Makes Big Cities", *The Milwaukee Sentinel*(*Milwaukee, Wisconsin*), Wednesday, 28 April, 1886, p.5.

② "Royal Choral Society. –At the concert of last", *The Times*(*London, England*), Issue 36007, Friday, 08 Dec, 1899, p.6.

③ "Births, Deaths, Marriages and Obituaries", *The Pall Mall Gazette*(*London, England*), Issue 7821, Monday, 14 April, 1890.

其"荒谬""无知"[1]，但相当多的媒体对文章持肯定态度，认为"《中国先睡后醒论》是一篇出色的文章，他的许多预言没有得到证实，这对中国和我们都是不幸的"[2]。

再如作品颇丰的陈季同，其译作、著作、演讲、文章均在西方国家有着一定的影响力。每有新作刊登，都会引来西方媒体的介绍和关注，并且给予细致介绍和评价。他们对陈季同利用比较的形式介绍中国文化表示乐于接受，并且对其改编且适宜于西方读者阅读的中国故事表示喜爱。陈季同的文章是给人以启迪的，伦敦某报刊载评论陈季同关于戏剧的文章时说道："我们有机会看到，作者（陈季同）的风格不仅在观点上比本土戏剧更巴黎化，而且在戏剧美学的一些最棘手的问题上，也给我们带来了不少启发。"[3]陈季同的作品也被西方人当作介绍中国文化的先声。在评价《中国人自画像》一书之时，西方报刊认为陈季同是中国在被欧洲人了解500多年后，首位为中国发声的人物。[4]他的演讲被认为是诙谐幽默且引人入胜的，其所作关于蚕的演讲，西方人用"有趣"二字概括了演讲的反响。[5]他的书极具可读性，西方在介绍《中国人的戏剧》一书时，认为"每一个沉迷于这部作品的人都会感到满足，因为作者读过很多书，想过很多，有很多聪明的想法，表达也很流畅"[6]。

---

[1]　"The Article in the Asiatic Quarterly Review attributed to the Marquis Tsêng Continues to Attract", *The North-China Herald and Supreme Court & Consular Gazette(1870–1941)*, 02 March, 1887, 001.

[2]　"Death of The Marquis Tseng", *The Times*, Issue 32985, 14 April, 1890, p.8.

[3]　"THE THEATRE IN JAPAN", *The Era(London, England)*, Issue 2492, Saturday, 26 June, 1886.

[4]　See "Women in China", *The Leeds Times(Leeds, England)*, Issue 2842, Saturday, 01 October, 1887, p.6.

[5]　See "Gratitude and Admiration in Relation to Idolatry", *The Illustrated Catholic Missions: An Illustrated Monthly Record, in Connection with the Society of the Propagation of the Faith(London, England)*, Issue 20, Thursday, 01 December, 1887, p.120.

[6]　"TCHêNG KI-TONG AS AN AUTHOR," *The North-China Herald and Supreme Court & Consular Gazette(1870–1941)*, 22 January, 1892, 010.

此外,驻日外交官的文化传播活动在日本产生了更积极的影响。清季外交官使日时正值日本明治维新之后,日本全社会充斥着脱亚入欧的强烈氛围,传统汉学的影响不断式微。何如璋、黎庶昌、黄遵宪等一批中国外交官的到来及丰富多彩的文化交流活动,极大地改变了日本的汉学面貌。对其使日期间致力于中日文化交流的实践影响,黎庶昌曾记述,初使日后,"有与国同文之乐,暇辄与绍坤儒流叙交会饮,诸君子或为诗文以张之",再度使日后,日本"国好益密,骎骎乎有唐世遗风","诗与文日益多"。①黄遵宪也记述:"自余随使者东来,求其乡先生之诗,卓然成家者,寥落无几辈,而近时作者,乃彬彬乎质,有其文。"②与日本文士开展的多种形式的交流互动,促进了日本汉学的兴盛。学术界公认,明治时代成为日本汉诗史上的辉煌时期,与黄遵宪对日本诗风的影响是分不开的。

第四,作为中国文化的承载者,晚清外交官无论是独特的个人魅力或知识学养,还是活动中所展现的民族精神和中国礼仪,都是其驻在国对外交官进行整体评价时难以回避的内容。如驻英公使曾纪泽是西方国家最重视的晚清外交官员,从外交工作,到各项活动,再到待人接物,西方国家均给予其高度尊重和肯定。他去世后,美国《时代》周刊等媒体曾发表文章,评价他是西方国家极为重视的外交官,也是当时中国为数不多的最优秀的作家之一,他能熟练地吹奏管乐器,会弹弦乐器,还是一名优秀的骑手和弓箭手。③他遇到困难毫不气馁,坚持学习,用英语在扇子上写下赞美的题词,送给他的外

---

① 黎庶昌:《宴集三遍统序》,见《拙尊园丛稿》,载沈云龙编:《近代中国史料丛刊》(第一辑)(第76册),台北文海出版社,1966年,第394~395页。

② 黄遵宪:《〈明治名家诗选〉序》,黄遵宪著、陈铮编:《黄遵宪全集》(上),中华书局,2005年,第249页。

③ "The death of the MARQUIS TSENG," *The Times*(*London, England*), Issue 32986, 15 April, 1890, p.9.

国朋友们。他被任命为驻英公使,在英几年,谈判了一些重要条约,为他的国家做了大量工作。^①又如罗丰禄,无论是随李鸿章出使各国期间,还是担任驻英公使之时,都得到西方国家的一致赞誉,称他是一位有造诣的语言学家,英语说得准确流利,在英国逗留期间对所有与他接触的人都彬彬有礼,机智老练,给人留下了极好的印象。^②再如驻美公使伍廷芳,其在美相关活动亦得到高度评价和称赞:"他受到美国公民的欢迎。他彬彬有礼、举止高贵、聪敏机智、文笔优美,最重要的是,他雄辩的声音使他在这片土地上闻名遐迩。作为国家招待会和宴会上的朝臣,他被一群崇拜者包围着;作为一名演说家,他的演讲吸引了大批听众。"^③《纽约航海记录报》也曾评价伍廷芳:作为一名知识渊博的学者,一位能干的政治家,一个坚定的美国人民的朋友,和一个开明人道的绅士,他赢得了美国国家的赞誉。^④

对晚清外交官群体的赞美不绝如缕。这些赞美不仅是给晚清杰出外交官个人的,也是给外交官浸染其中并努力向域外宣扬博大精深且具有恒久魅力的中国文化的。

2. 外交官群体开展"中学西传"活动的优势与局限

晚清外交官群体之所以能在中西跨文化交流显著不平衡、"西学东渐"渐成大潮的大背景下,于驻在国努力开展"中学西传"活动并取得积极成效,从根本上说是由中国文化旺盛的生命力和恒久的影响力所致。由于自然与社会的复杂原因,世界各国各民族的文化发展处于不平衡状态,这种不平衡既体

---

① See "SIR JOHN JORDAN LOOKS BACK, TSENG THE PERSEVERING," *The North-China Herald and Supreme Court & Consular Gazette(1870–1941)*, 25 December, 1920, 040.

② See "LI HUNG CHANG," *Northern Echo(Darlington, England)*, Issue 8257, Thursday, 20 August, 1896.

③ "H. E. WU TING-FANG," *The North-China Daily News(1864–1951)*, 6 January, 1908, 008.

④ See "The 'N. Y. Maritime Register' has the following pleasant editorial note on H. E. Wu Ting-fang," *The North-China Daily News(1864–1951)*, 22 August, 1900, 003.

现为文化发展程度的高低不一,即时代性特征;也体现为文化的风格气质各异,也即民族性特征。文化的民族性与时代性同样是决定跨文化交流的重要动力。虽然近代中国文化具有相对于西方文化的时代落差,但其博大精深的丰富内涵与迥异于西方文化的风格气质,同样可以与异域文化交流,取长补短,其内在生命力与辐射力,同样可以对异域产生重要影响。这是晚清外交官群体域外文化传播活动之所本。

需要指出的是,外交官群体在"中学西传"活动中的独有优势与局限,从正反两个方向深深影响了活动的开展。

除上文提到的中西兼具的良好教育背景和知识谱系外,晚清外交官群体中的一些人在正式出使之前就已博得了西方国家的关注,这使得他们在文化交流活动中更易施展拳脚。如郑藻如,出国之前就已在西方人士中有着一定的影响力,增加了其与外国人士交流接触的机会。材料记载:"在国内,他很受外国居民的欢迎,经常为他们举行宴会。他的秘书毫不怀疑他在新的工作岗位上也同样受欢迎。"①再如,1896 年,罗丰禄出任驻英公使之前,西方国家就已经对其了解并认同,在被任命为驻英公使前夕,西方报刊上写道:"由于他(指罗丰禄)在英国出访期间对所有与他接触的人都彬彬有礼,机智老练,给人留下了极好的印象。毫无疑问,他将以驻英公使的身份在伦敦受到欢迎,并在各方面受到他人尊重和喜爱。"②外交官的身份背景更便于在文化传播活动中施展拳脚,他们拥有官方和私人两种传播渠道,保证了其文化传播活动的广度。外交官身份特殊,更容易结交外国上层人士,曾纪泽、伍廷芳、颜惠庆、

---

① "The Almond-Eyed Ambassador", *The Daily Inter Ocean*(*Chicago, Illinois*), Issue 233, Thursday, December 22, 1881, p.8.

② "LI HUNG CHANG", *Northern Echo*(*Darlington, England*), Issue 8257, Thursday, August 20, 1896.

黄遵宪、黎庶昌等人在西方国家广泛交友,与西方上层社会人士关系密切,赠诗赠画、切磋学问、参加活动等情形时有发生。通过与外国友人的交往和接触,让具有较高影响力的西方上层人士了解和接触中国文化,这种影响力对中国文化的传播与扩散都极为有利。

此外,特殊的身份和关注度给予了外交官传播中国文化时,在力度和深度上的优势,"中学西传"因此有了强有力的支撑。驻新加坡总领事左秉隆曾请求加大新加坡等南洋地区中文学堂的管办力度,采用适宜方式,更好地在该地传播中国文化。左秉隆提到,西学在南洋地区传播广泛,是由于"华侨以商业为志,在谋生时彼见英语为用甚广,又蒙地方洋官之鼓舞奖励,得有种种利益"。为鼓励中国文化在南洋地区的传播,南洋地区的中式学堂,应当"置产生息,俾得源源接济,方能持久,至于管理教授各员,似宜由闽粤两省学务处慎选派充庶,免品流太难,致滋流弊,谨案大部定章"①。虽然中式学堂所面向的主要受教群体为该地华侨,但在他国建立起中式学堂、教授中国文化本身也是一种文化交流的表现形式。受到中式学堂教育的人与当地人士交流与接触,也成为中国在南洋地区进行文化交流的一种手段。左秉隆通过因地制宜之法,为中国文化在南洋地区的传播献言献策,通过官方手段实现传播中国文化的目的,是外交官群体有别于其他群体的特殊之处,也是外交官群体拥有的优势。

考察晚清外交官群体域外传播中国文化的事功,在肯定其成效和业绩的同时,也应看到其局限与不足。作为近代中国最早走向世界的一批人,他们尽管在出洋前后特别是出洋后受到西方文化的有力冲击,时代意识、世界眼光、新学知识都走在时代前列,但作为长期在中国传统政治、文化环境中浸染成

---

① 《文牍:咨粤江闽督新嘉坡领事左秉隆所请办理学务事宜请查核转饬遵照文》,《学部官报》,1908年第63期。

长起来的一个官僚群体,清政府派驻海外的官方代表,其政治、文化观念总体上仍不能突破封建的藩篱,表现在对待中西文化关系上,就是固守中国文化的本位立场,坚持"西学中源"的观点。黎庶昌的言论就非常典型,他认为:"西人立法施度,往往与儒暗合"①,"君民一体,颇与三代大同"②。西方国家奉行的基督教,他亦认为是墨子思想的余绪。即便如张德彝这种在洋务学堂成长起来的青年翻译,随使国外之时同样对西方许多新事物的评价充满矛盾。长时间接受西学教育的颜惠庆,在美国期间看完西方舞台剧《痣》后也片面评价:"美国的舞台剧,道德败坏,每况愈下。"③这些观点没有摆脱从中国文化看世界的思维模式。看不到西学之长,就不知中学之短;不知西学之短,也难以正确认识中学之长。固守中国本位的文化价值观伦理观,无疑严重影响了外交官群体"中学西传"活动的广度与深度。

同时也应看到,由于外交官身份的局限,晚清外交官群体"中学西传"活动的内容主要集中在中国传统精神文化层面上,对知识、技术、产品等具有分散性流传特点的文化内容,传播涉及很少,中国文化域外传播的相关活动无法突破晚清时期政治和外交关系主宰局面的桎梏。

但无论如何,在晚清"西学东渐"压倒"中学西传"的浪潮中,外交官群体以自己的不懈努力向域外传播了中国文化的大量内容,展现了中国文化不朽的风貌和影响力,对于后人完整描述近代以来的中西文化关系格局,完整描述中国文化走向世界的历史轨迹,都有着鲜明的价值意义。

---

① 黎庶昌:《儒学本论序》,《拙尊园丛稿》,载沈云龙编:《近代中国史料丛刊》(第76册),第390页。
② 黎庶昌:《儒学本论序》,《拙尊园丛稿》,载沈云龙编:《近代中国史料丛刊》(第76册),第406页。
③ 颜惠庆:《上海档案史料丛编:颜惠庆日记(1908—1919)》(第一卷),上海档案馆译,中国档案出版社,1996年,第20页。

第三章
晚清旅外士人群体的"中学西传"活动

在晚清历史舞台上演出"中学西传"这幕精彩戏剧的过程中,除外来的西方传教士及走向世界的中国外交官群体、留学生群体外,旅外士人群体亦为这幕戏剧的演出付出了大量心血,是这幕戏剧中十分重要的角色。

一、旅外士人群体的构成及知识背景

1. 旅外士人群体的构成

在阐述晚清旅外士人群体的构成之前,我们有必要先对"士"的概念作一简单梳理。"士"是中国文化中一个非常重要的概念,其内涵与外延因时间的变化而时有差别。商、周、春秋时期,士属于贵族阶层,多为卿大夫的家臣。春秋晚期之后,则成为知识阶层的代称,所谓"以才智用者谓之士"①。1729年,

---

① [南朝宋]范晔:《后汉书·仲长统传》,中华书局,1999年,第1116页。

雍正帝颁布上谕:"为士者乃四民之首,一方之望,凡属编氓,皆尊之奉之,以为读圣贤之书,列胶庠之选,其所言所行俱可以为乡人法则也。"①但无论概念外延如何变迁,其核心是不变的,都是指称以读书为业的这一群体。

明清时期,士又通常与绅并称。张仲礼在《中国的绅士——关于其在19世纪中国社会中作用的研究》一书中,将拥有功名、学品、学衔、官职之人都归在绅士集团中。②本书中所涉及的士人,与张仲礼著作中的绅士有重合之处,但也不完全相同。在笔者看来,只要受过一定程度的传统教育,并有海外游历之经历者,即使并未取得功名,也可归入"旅外士人"的范畴。

此外,还有两点需要说明:一是需要将旅外士人与定居海外之华侨华人相区别。所谓"侨",乃寄居、客居之义。华侨长期定居域外,甚至在域外世代繁衍,而旅外士人则不然,不能将海外华侨华人与旅外士人混为一谈,故本书不将华侨华人纳入讨论范围之内。二是旅外士人与驻外公使随员有部分重合。随员(attache)在英国外交体系中是正式的外交官官衔,地位在三等秘书之下,由政府任命,两年期满后可酌情升任为三等秘书。③而晚清政府的外交随员则不同,属于差遣性质,系临时设立。④也正因为此,随员并非由政府任命,而是由公使自行采择上报朝廷,获得政府之认可后随其出洋。当然,自辟僚属,也是受中国传统经验的影响。⑤此外,随员并无明确之职责,大体以文案

---

① 赵之恒、牛耕、巴图主编:《大清十朝圣训》,燕山出版社,1998年,第873页。

② 参见张仲礼:《中国绅士——关于其在19世纪中国社会中作用的研究》,上海社会科学院出版社,1991年,第3页。

③ 参见张世安编著:《各国外交行政》,大东书局,1931年,第136~137页。

④ 1876年,清政府决定向外派遣驻外使团,成员包括出使大臣、参赞、出使大臣随员等人。详见《总理衙门条陈外洋事宜疏》,《申报》,1879年1月2日。

⑤ "伏查出使绝域,事体与内地不同,所带随员,自须该使臣所素习,乃可收臂使指之效,是以历届皆准出使大臣自行奏调,略仿汉制,得自辟僚属之意,以专责成。"参见《总理衙门议覆御史赵增荣奏请慎选使臣》,刘锡鸿等:《驻德使馆档案钞》(下),台北学生书局,1966年,第730页。

工作为主。①因此,其属性更类似于传统官员之幕僚,将其视为"外交官"似有不当,我们将之归入"旅外士人"之范畴。

旅外士人作为一个整体,之所以能登上历史舞台,根本原因在于鸦片战争之后中国几乎封闭状态的终结。此前,虽然出现过种种机缘巧合下得以出洋之人,但其数量极为有限,且并未产生很大的影响。而晚清时期的旅外士人则不同。虽然在国门初启之际,由于民智未开,敢于前往海外者寥寥无几,留下文字记录者更不过林鍼、罗森等数人而已。但是随着时间的推移,中外交流进一步加深,这一群体的数量迅速增长。虽然由于旅外士人群体内部的受教育情况不同,并非所有旅外士人都留下文字资料,因此很难确定这一群体的具体人数,但可以通过现有史料对其规模有一个大致估计。据笔者统计,仅在晚清王锡祺主编的《小方壶斋舆地丛钞》中,就收录有吴钟史、薛培榕、许午、姚文栋、邹代钧、袁祖志、王咏霓、李圭、王之春、王韬、李圭、黄庆澄、潘飞声、张祖翼等十余位旅外士人的著作。由此不难推想,旅外士人之数量,当远多于此。另外一些史料也证明了这一群体规模的可观。以旅日士人为例,在罗森随佩里舰队驶入江户,德川幕府被迫开国约20年后,中国首任驻日公使何如璋来到日本,在他看来,此时的长崎海市"东头吕宋来番舶,西面波斯闹市场,中有南京生善贾,左堆棉雪右糖霜"②,一派热闹繁忙的景象。从诗中可以看出,此时已有嗅觉敏锐的南京商人抵达长崎并开展贸易活动了。三年后李莜圃至时,"今华商贸易于此,约有千数"。并且论商贸的繁盛程度,此时传统商港长崎已经远不如横滨与神户,更多华商选择在横滨、神户两地开展生意,总计约

---

① 参见李文杰:《中国近代外交官群体的形成(1861—1911)》,生活·读书·新知三联书店,2017年,第360–361页。

② [清]何如璋:《使东杂咏》,钟叔河主编:《走向世界丛书》(第3册),岳麓书社,1985年,第111页。

五六千人。①这一增长速度是十分惊人的。而这些商人也并非全是仅知货殖之辈,饱读诗书者亦不乏其人。如德澄号号友胡震,"工书擅医,诗亦清逸"②。经营文具、书籍生意的王惕斋,也长于舞文弄墨,于诗词之道颇有心得。除这些"儒商"外,不少以鬻书售画为业者也蜂拥而来,其数量亦颇为可观。甲午战后,为寻找匡弊救时之法而前往日本考察者更是多如过江之鲫。总之,作为晚清时期"中学西传"重要推动者之一的旅外士人群体,其整体规模是相当庞大的。

与身份明确、职责明晰的留学生、外交官不同,同是作为"中学西传"者的晚清旅外士人群体,其构成情况相对较复杂。按照出洋原因,大致可以分为以下几类:

第一类,受他国聘请,赴域外教授汉语的教师,以戈鲲化、潘飞声为代表。戈鲲化,字砚畇,号人寿主人,1879 年在美国人杜维德(Edward Bans Drew)的推荐与商人鼐德(Francis p. Knight)及哈佛大学校长艾略特(Charles W. Eliot)的协商下,赴哈佛大学教授汉语。③潘飞声,字兰史,广东番禺人,为十三行潘家之后,幼时即负才名,因家道中落,赴德国柏林东语学堂教授汉语。④

第二类,驻外公使的随行人员,以陈矩、孙点、杨守敬为代表。陈矩,字衡山,贵州贵筑人。1884 年随公使黎庶昌出使日本,1891 年回国。在日七年间,陈矩搜集中国金石、遗文辑成《灵峰草堂丛书》,弥补了黎庶昌、杨守敬《古逸丛书》中的遗漏。还曾与日本才女藤野真子互有诗文往来,一时传为美谈。孙

---

① 参见[清]李莜圃:《日本纪游》,钟叔河主编:《走向世界丛书》(第 3 册),第 163 页。

② [清]李莜圃:《日本纪游》,钟叔河主编:《走向世界丛书》(第 3 册),第 165 页。

③ 参见张宏生编著:《中美文化交流的先驱:戈鲲化的时代、生活与创作》,凤凰出版社,2016年,第 2 页。

④ 参见[日]石田肇撰:《藤野真子与陈矩——关于〈秋柳〉四律》,王建译,《贵州文史丛刊》,2001 年第 3 期。

点,字顽石,号圣与、三梦词人,安徽来安人。1887 年 3 月东渡日本,与日本汉诗家有所酬唱。同年 6 月归国。后为驻日公使黎庶昌随员,重至日本。孙点在日时除了编纂中日文人互相唱酬的诗集外,还刊行了《嘤鸣馆春风叠唱集》《嘤鸣馆叠唱余声集》《嘤鸣馆百叠集》等个人作品集。

第三类,自费出洋谋生者,以罗雪谷、王治本、陈曼寿、胡璋为代表。罗雪谷,广东番禺人,擅长以指作画,颇为新奇。王治本,字维能,号曼斋,又号茶园,亦作漆园,别号梦蝶道人,浙江慈溪人,1877 年赴日。

第四类,为避祸而被迫出洋者,以王韬为代表,他们因卷入国内政争遭清政府通缉不得不出逃海外。

第五类,因公务考察而出洋者,以李圭、袁祖志、吴钟史为代表。袁祖志,诗人袁枚之孙,曾任县令,1883 年随轮船招商局总办唐廷枢赴西欧各国游历考察,著《瀛海采问纪实》,收入《小方壶斋舆地丛钞》中。吴钟史,浙江归安人,1882 年应上海招商总局徐雨之、郑陶斋邀请,赴朝鲜考察商务。

还有一些旅外士人,其出洋缘由与上述皆不相同。如单士厘是为投奔其丈夫钱恂而远渡东瀛。单士厘,字受兹,浙江萧山人,嫁与钱恂为妻。1898年,钱恂受清政府委派,赴日本出任湖北留日学生监督,次年单士厘携两子赴日与夫团聚,并开始其四年的旅日生活。1903 年,钱恂被委以赴俄考察之任,单士厘与之同往,归国后写成《癸卯旅行记》一书,记载其在日俄时见闻感受。1907 年起,钱恂又被派任驻荷兰、意大利等国公使之职,单也一直随行。1909 年,二人自苏伊士运河走水路回国。单回忆其西欧旅行之经历,作《归潜记》一书。此外,单还有诗集《受兹室诗稿》传世。罗森则是作为美国佩里舰队的中文翻译前往日本。罗森字向乔,广东南海人。与香港英美传教士多有来往,受美国传教士卫三畏邀请,担任美国舰队翻译到访日本,有《日本游记》传世。

由此可见,晚清旅外士人群体内部构成十分复杂,其身世、背景、受教育程度均有差别。与其他域外传播中国文化的国人群体相比,旅外士人既有其独特的优势,也有其不足,但在域外通过多种途径为传播中国文化做出重要贡献,则是确凿无疑的。

2. 旅外士人群体中西兼备的知识背景

晚清旅外士人群体中西兼备的知识背景为其有效开展"中学西传"活动奠定了坚实文化基础。

晚清旅外士人这一群体的构成虽较为复杂,但整体而言,他们都有较为深厚的中学功底。王韬"少承庭训,自九岁迄成童,毕读群经,旁涉诸史"[①],自幼便接受了良好的中国传统教育。潘飞声少年时即求教诗词大家何蓼青,"先生为讲杜诗造意、造句、造境各法……循诵师言,奉为衣钵"[②],后又在诗词名家叶衍兰、陈良玉处学习诗词,于诗词之道造诣颇深。故先以《越王台赋》获置县试高等[③],又应广州学海堂课卷,被学长李光廷、陈澧、陈璞誉为"桐圃凤雏"[④],在岭表词坛声名鹊起。杨守敬曾"三就院试皆不售",熟思良久后开始刻苦研习书法,先是随江陵朱槐卿学书,后在北京时与潘存"相往还,凡学问交流别及作文、写字,得其指授为多"。[⑤]任景山官学教习期间,还常去琉璃厂法帖店物色碑版文字。因此积累了丰富的古籍与书法知识。陈矩少时即受家风熏陶,"孜孜从事于学,大而经史百家之书,细而金石图画之属,莫不广菟

---

① 《弢园老民自传》,[清]王韬著、陈正清点校:《弢园文录外编》,上海书店出版社,2002 年,第272 页。

② [清]潘飞声著,谢永芳、林传滨校笺:《在山泉诗话校笺》,人民文学出版社,2016 年,第 106 页。

③ 参见[清]潘飞声著,谢永芳、林传滨校笺:《在山泉诗话校笺》,第 39 页。

④ [清]潘飞声著,谢永芳、林传滨校笺:《在山泉诗话校笺》,第 46 页。

⑤ [清]杨守敬:《邻苏老人年谱》,谢承仁主编:《杨守敬集》(第 1 册),湖北人民出版社、湖北教育出版社,1988 年,第 13 页。

而剧讨之,学日以积"①。这也为他后来的日本访书活动奠定了理论基础。除这些饱读诗书之士外,就连并非专以读书为业的王惕斋,亦有较深的中学功底。他自幼受到良好的家族教育,素习诗画,在日时与日本文人学者也多有往来。又如舌耕海外的林鍼,虽没有接受系统传统教育的经历,但是从其所撰《西海纪游草》来看,却也文采斐然:

> 百丈之楼台重叠,铁石参差;万家之亭榭嵯峨,榄樯错杂。舻舳出洋入口,引水掀轮;街衢运货行装,拖车驭马。浑浑则老少安怀,嬉嬉而男女混杂。田园为重,农夫乐岁兴歌;山海之珍,商贾应墟载市。博古院明灯幻影,彩焕云霄;巧驿传密事急邮,支联脉络……②

本段记载作者初至美国之观感,以极精炼之笔法,将建筑高大巍峨,城市喧闹繁华及异邦人的风俗、生活描绘得活灵活现。连受中国传统教育程度极为有限的林鍼尚且如此,遑论其他旅外士人了。因此,虽然不同旅外士人的中学功底确有高低之别,但是整体而言,其中学素养是较为深厚的。这也是他们能在域外传播中国文化的底蕴所在。

同时,虽然这一群体并未接受过系统的西学教育,对外部世界的了解也较为有限,但是其中的大多数,尤其是上文中重点谈及的几位旅外士人,因个人际遇的特殊,在出洋之前就对域外世界有了一定认识。如作为近代最早走向世界的旅外士人之一的林鍼,在华洋杂处的厦门学会了英语,并因此"为各国推重,并奉委通商事务"③。王韬1848年前往上海省亲,特地拜访了墨海书

---

① 〔清〕赵藩:《灵峰草堂集序》,清光绪贵阳陈氏刻本,第1页。

② 〔清〕林鍼:《西海纪游草》,钟叔河主编:《走向世界丛书》(第1册),第36页。

③ 〔清〕英桂:《西海纪游草序》,〔清〕林鍼:《西海纪游草》,钟叔河主编:《走向世界丛书》(第1册),第29页。

馆。据其回忆:"入其室中,缥缃满插架,满目琳琅……后导印观书,车床以牛曳之,车轴旋转如飞,云一日可印数千番,诚巧而捷矣。书楼俱以玻璃作窗牖,光明无纤翳,洵属琉璃世界。"①墨海书馆的整洁、印刷技术的先进,给他留下了深刻的印象。1849 年,其父病逝,为谋生计,王韬接受了英国传教士麦都思的邀请来到墨海书馆工作。在此期间他与艾约瑟、伟烈亚力等传教士合作,翻译了《格致新学提纲》《光学图说》《重学浅说》《西国天学源流》等自然科学类著作及《华英通商事略》这样的历史类著作。以此为契机,他对西方的物理学、天文学以及西方的历史都有了一定的了解。戈鲲化曾作为美国驻上海领事馆翻译官的中文秘书,工作了两年之久,后又迁至宁波,在英国驻宁波领事馆做了几年类似的工作。他还曾经教过一位英国学生与一位法国学生汉语。②因此他对西学也有了一定程度的认识。他曾在《申报》上发表《牛痘引证说》(上下)二文,倡导世人采用西法种牛痘之术,而勿为陈见所惑,以贻误招悔。③足以证明出国前的戈鲲化具备一定的现代科学素养。潘飞声为广州同孚行行商潘振承之后,而潘氏家族在对外贸易的过程中,也积累了自己深厚的人脉关系,故潘飞声对于西方世界并不陌生。李圭世居江宁,遭逢太平天国之变,被迫为太平军效力,后出逃至上海。1865 年又辗转至宁波海关税务司好博逊(Hobson)处处理文案,"与西人之愿谨者往来款密,习其情性及彼国约例,徐扣以抵隙间执之说,尽得要领,储以有待"④。可见李圭对外国之法律条规有一定的了解。

① [清]王韬:《漫游随录》,钟叔河主编:《走向世界丛书》(第6册),第59页。

② See *Boston Daily Advertiser*, February 15, 1882.

③ 参见《牛痘引证说》(上),《申报》光绪元年二月初一日《牛痘引证说》(下)。

④ [清]李祥:《运同衔升用同知浙江海宁州知州李君事状》,[清]缪荃孙:《续碑传集》(第45卷),清宣统江楚编译书局刻本,第19页。

这些人来到域外之后，更是如饥似渴地了解、学习西学知识。据美国友人回忆，戈鲲化"总是对他所看见的、听闻的一切感兴趣，他总是很乐于学习"①。桂林时常参观柏林的街道和商店，并且"总是手持着笔记本，不知疲倦地用毛笔在上面作记录"②。潘飞声来到德国后，留心时务，不仅参加兴亚会，而且写出了《欧洲各国论》《德意志学校说略》《德意志兵制兵法译略》等研究著作。对西方世界的认识与了解，使得他们更能够知晓外国民众的兴趣所在，从而有的放矢地开展文化传播活动，这是旅外士人得以成功传播中国文化的又一关键性因素。

二、旅外士人群体的"中学西传"活动

旅外士人群体在海外活动时，采用了灵活多样的方式来传播中国文化。既有出于文化自觉的主动为之，也有与域外友人交往中的被动无心之举。其开展的丰富多彩的"中学西传"活动，在晚清中国文化域外传播史上写下重要一页。

1. 教学与演讲活动

晚清旅外士人中不乏有在海外从事汉语教学经历者，潘飞声、桂林、戈鲲化等人较有代表性。他们在海外开展汉语教学的同时，也通过与学生的对谈、编写教材等方式，向外国学生宣讲中国的传统思想、历史典故及风俗习惯等内容。

德国东语学堂在开办之初，就明确规定，"在语言教学的同时，实践教学

---

① *Boston Daily Advertiser*，February 17，1882.

② Otto Julius Bierbaum，"To-lu-to-lo oder Wie Emil Türke wurde，"*Studenten-Beichten*，Schuster & Loeffler，1897，S.39.

必须关注到与所教授语言相关的国家状况,包括宗教、礼仪、风俗、地理、统计数据和现代历史。教学任务是:(1)在日常书信往来中使用的语法知识和词汇;(2)口头和书面用语的使用练习;(3)关于公共或私人文件形式的知识;(4)关于国家和人民的实用信息"①。据当时媒体的报道,"阿恩德(Adrent)教授宣布了每天两小时的中文介绍的课程,其中一部分将专门讲授中国北方方言,而另一部分则专门讲授中国南方方言。他同时还要讲授汉语知识概论。桂林和潘飞声会协助他的工作——他们将对他们学识渊博的同事制定的语法规则在对话中的应用进行说明和解释"②。可见,中国旅德士人潘飞声和桂林在东语学堂内,主要是以阿恩德的助手的身份展开工作的。为保证教学质量,学堂采用小班制授课的形式,每班不超过 12 人,1887—1888 年东语学堂成立之初,学生总人数共 98 人。③

根据对柏林大学相关档案的整理,潘、桂二人具体授课内容及日程安排如下:

表1　潘飞声课程安排情况表

学期	课程名称	上课时间
1887/1888年冬季	Praktische übungen im Chinesischen mit besonderer Berücksichtigung des Südchinesischen	周一、三、四晚6—8点 周二、五晚7—8点
1888年夏季	Praktische übungen im Chinesischen mit besonderer Berücksichtigung des Südchinesischen	周一、三、四晚6—8点 周二、五晚7—8点

① L. C. Casartelli, "An Educational Lesson from Berlin", *The Dublin Review*, V. Ⅲ, Art. Ⅳ, April, 1888, p.296.

② "THE NEW ORIENTAL COLLEGE AT BERLIN," *Trübner's American, European, & Oriental Literary Record*, Vol. Ⅷ, No.6, 1887.

③ 参见李雪涛:《日耳曼学术谱系中的汉学——德国汉学研究》,外语教学与研究出版社,2008 年,第 165 页。

续表

学期	课程名称	上课时间
1888/1889年冬季	Praktische übungen im Chinesischen mit besonderer Berücksichtigung des Südchinesischen（Anfänger Cursus）	周一至周五晚6—7点半
1888/1889年冬季	Praktische übungen im Chinesischen mit besonderer Berücksichtigung des Südchinesischen（für den zweiten Cursus）	周一至周五晚7点半—9点
1889年夏季	Praktische übungen im Chinesischen mit besonderer Berücksichtigung des Südchinesischen（Anfänger Cursus）	周一、三、四晚6—7点 周二、五晚5—6点
1889年夏季	Praktische übungen im Chinesischen mit besonderer Berücksichtigung des Südchinesischen（für den zweiten Cursus）	周二至周四晚7—8点 周一、五晚5—6点
1889/1890年冬季	Praktische übungen im Chinesischen mit besonderer Berücksichtigung des Südchinesischen（Anfänger Cursus）	周一、三、四晚6—7点 周二、五晚5—6点
1889/1890年冬季	Praktische übungen im Chinesischen mit besonderer Berücksichtigung des Südchinesischen（für den zweiten Cursus）	除周六外晚7—8点
1890年夏季	Praktische übungen im Nordchinesischen（Anfänger Cursus）	除周六外晚5—6点
1890年夏季	Praktische übungen im Nordchinesischen（für den zweiten Cursus）	除周六外晚6—7点
1890年夏季	Chinesische Schreibübungen	周一、四晚4—5点

表2 桂林课程安排情况表

学期	课程名称	上课时间
1888年夏季	Praktische übungen im Chinesischen mit sonderer Berücksichtigung des Nordchinesischen	周一、三、四晚6—8点 周二、五晚7—8点
1888/1889年冬季	Praktische übungen im Chinesischen mit besonderer Berücksichtigung des Nordchinesischen（Anfänger Cursus）	周一至周五晚6—7点半

续表

学期	课程名称	上课时间
1888/1889年冬季	Praktische übungen im Chinesischen mit besonderer Berücksichtigung des Nordchinesischen(für den zweiten Cursus)	周一至周五晚7点半—9点
1889年夏季	Praktische übungen im Chinesischen mit besonderer Berücksichtigung des Nordchinesischen(Anfänger Cursus)	周一、三、四晚6—7点 周二、五晚5—6点
1889年夏季	Praktische übungen im Chinesischen mit besonderer Berücksichtigung des Nordchinesischen(für den zweiten Cursus)	周一、三、四晚6—8点 周二、五晚7—8点
1889/1890年冬季	Praktische übungen im Chinesischen mit besonderer Berücksichtigung des Nordchinesischen(Anfänger Cursus)	除周六外每日5—6点
1889/1890年冬季	Praktische übungen im Chinesischen mit besonderer Berücksichtigung des Nordchinesischen(für den zweiten Cursus)	周一、三、四5—8点 周二、五7—8点
1890年夏季	Praktische übungen im Nordchinesischen (Anfänger Cursus)	除周六外晚5—6点
1890年夏季	Praktische übungen im Nordchinesischen (für den zweiten Cursus)	除周六外晚6—7点
1890年夏季	Chinesische Schreibübungen	周五7—8点点

　　而阿恩德所教授的课程有:Chinesisch täglich(中国人的日常)、Chinesische Landeskunde(中国文化研究)。①由此可以看出,潘飞声、桂林二人的授课内容以语言练习为主,旁及传统风俗、礼仪,具有很强的实践性。而对中国传统学术、历史的介绍,则主要由德国汉学家阿恩德负责。

---

① See "Verzeichnis der Vorlesungen usw. für Winter 1887/88," Prof. Dr. Ed. Sachau, *Denkschrift über das Seminar für Orientalische Sprachen an der Kniglichen Friedrich-Wilhelms-Universitat zu Berlin von 1887 bis 1912*, Reichsdruckerei, 1912, S.55.

讲课之余,因潘、桂二人和学生建立了良好关系,故学生极愿向其讨教。在此过程中,学生们接受了潘、桂二人传授的大量中国知识。据曾在东语学堂学习的比尔鲍姆①回忆,为了快速的提高汉语水平,他经常拜访老师桂林。而桂林也很耐心地对他予以指导。②"来自北京的正直的桂林给我带来了大量的关于中国北方的知识","我甚至可以和他(用汉语)讨论孔夫子"。③双方的话题还包括"俾斯麦、叔本华、基督教、儒教、爱情、同情、德国和中国的司法审判,柏林和北京"④。在课余谈话交流中,桂林将中国的儒家思想、中国人的价值观念以及法律制度等更深层次的中国文化知识介绍给德国学生。

戈鲲化在美国时也有类似经历。哈佛大学聘请戈鲲化的初衷是希望他能为有志于前往中国工作的学生提供必要的语言教育,侧重于汉语的日常应用层面。

但是戈氏志不止此。作为一位饱学之士,他不仅希望在日常生活中传播中华诗词,更希望在课堂上也能向有志于汉语的学生们展示中华辞章之美。因此,虽然萧德为戈鲲化准备了《语言自迩集》作为教材,但戈氏并不满足,他以自作之诗为素材,去芜存菁,选择了《人寿堂诗钞》旧作四首及赴美后所作诗词十一首,编为《华质英文》(*Chinese Verse and Prose*)一书。⑤他对此书非常重视,在例言中不厌其烦地介绍了诗词、韵文的平仄、格律的相关知识,希

---

① Otto Julius Bierbaum,奥托·尤里乌斯·比尔鲍姆(1865—1910),德国自然主义作家,曾在东语学堂学习中文。

② Otto Julius Bierbaum, "To-lu-to-lo oder Wie Emil Türke wurde," *Otto Julius Bierbaum Gesammelte Werke*, Dritter Band, Georg Müller, 1921, S.75.

③ Otto Julius Bierbaum, *Liliencron*, Leipzig: Georg Müller, 1910, S.291.

④ 吴晓樵:《关于南社诗人潘飞声掌教柏林——兼谈一段中德文学因缘》,《中国比较文学》,2014年第1期。

⑤ 参见《华质英文序》,张宏生编著:《中美文化交流的先驱:戈鲲化的时代、生活与创作》,凤凰出版社,2016年,第257页。

望以此来加强美国人对诗词作品的音乐性的认识。在正文部分的每一首诗之后，他也标注出平仄，以便外国读者(很有可能就是他的学生)能朗诵自如。同时他还作了很多注解，对诗中涉及的典故进行了详细的解释。可以看出戈鲲化欲广泛介绍中国诗词文化的雄心。可惜天不假年，此书尚未完成，戈鲲化就因病去世了，不得不说这是中美文化交流史上的一件憾事。

相比于教学之余的私人谈话，公开发表演说因具有主题明确、受众广泛的优点，更是一种良好的文化传播方式。王韬在英国时，就曾多次发表演说，而演讲的内容也大多与中国文化相关。据《漫游随录》记载，英国的哈斯福书院①每年必对学生成绩高下做出考评，"列优等者，例有赏赉。而颁物之先，必先集于会堂听讲"，恰逢此时王韬正旅居伦敦，书院监院遂特邀他前往，以中文演讲。于是王韬发表了一篇关于中外交往历史的演说。他首先谈到中英交往的开端——英国女王伊丽莎白遣人至粤，开启东方贸易的大门。而后由斯当东开始，"接踵来华者，始能通中国语言文字"。接着，王韬话题一转，谈到中英两国地理位置距离的遥远，"夫中国在亚境之东方，英国处欧洲之西鄙。地之相去也七万余里"。因此"三百年前，英人无至中国者，三十年前，中国人无至英土者。"但是到了如今，却趋重瀛若江河，视中原若堂奥。原因就在于两国相和，彼此关系敦睦。所以"惟愿嗣后益敦辑睦，共乐邕熙"。1869 年春，王韬与理雅各来到其故乡亨得利。距亨得利不远的金亚尔乡此时正在集资筹办学校。闻二人至，校长特邀请王韬赴学校讲学。王韬以中文发言，由理雅各翻译为英文。前来听讲者千余人，场面颇盛。可惜演讲的内容今已无从得知。王韬还写下《金亚尔乡藏书记》一文作为纪念。据王韬回忆，他后来还曾到亨得利会堂发表演说，并由理雅各翻译为英文。②王韬在牛津大学演说时，有学生

---

① 即 Oxford university，牛津大学。

② 参见[清]王韬：《漫游随录》，钟叔河主编：《走向世界丛书》(第 6 册)，第 135 页。

询问关于中国儒教与泰西基督教的区别，王韬作了如下一番回答：

> 孔子之道，人道也。有人斯有道。人类一日不灭，则其道一日不变。泰西人士论道必溯源于天，然传之者，必归本于人。非先尽乎人事，亦不能求天降福，是则仍系乎人而已。夫天道无私，终归乎一。由今日而观其分，则同而异；由他日而观其合，则异而同。前圣不云乎：东方有圣人焉，此心同，此理同也。西方有圣人焉，此心同，此理同也。请一言以决之曰：其道大同。①

王韬认为，虽然从表面上看，孔子之道注重人，而泰西之学者则注重"天"，二者截然相反。但实际上，缥缈玄远的天道最终还是由"人"来传递的。并且求天福，必要先尽人事。可见，泰西之道仍有很深的"人"的烙印。因此两派学说其实并不是根本对立的。假以时日，两派学说必能化解对立，实现大同。王韬的回答也得到了在场人员的首肯，众人无不鼓掌蹈足，同声赞叹，以致"墙壁为震"，场面颇为热烈。

戈鲲化在哈佛任教时，曾在友人柯蒂斯（Benjamin R. Curtis）的邀请之下，参加当地著名文学社团"纸莎草俱乐部"②的活动。柯蒂斯曾游历过中国，并且到访过戈鲲化的家乡附近。当他将这一情况告知戈鲲化后，双方交往日益密切。一日柯蒂斯致函戈鲲化，邀请他与自己一道参加纸莎草俱乐部的聚会，戈氏郑重地以中式风格的信笺作了答复。到约定之日，二人自柯蒂斯家中出发，步行前往会场。虽为异邦人，但戈鲲化与俱乐部同仁寒暄时落落大

---

① ［清］王韬：《漫游随录》，钟叔河主编：《走向世界丛书》（第 6 册），第 97~98 页。
② 纸莎草俱乐部（Papyrus Club），1872 年创办于波士顿，是一个文学俱乐部，在当地享有盛名。罗伯特·本奇力、马克吐温、沃尔特·惠特曼都曾是它的会员。

方,毫无尴尬之意,令其甚为叹服。落座后,戈鲲化应主持人之请,用英文作了剪短的介绍,又朗诵了一首中文诗歌。此举获得了众人的赞赏,他们一致要求戈氏再来一次。戈氏遂再起身,高声背诵自作之诗。诵读完毕后,他向听众鞠躬行礼致意。整个过程从容优雅,令与会众人十分赞赏。多年之后,柯蒂斯对此仍然记忆犹新。①

2. 中国典籍翻译与搜访刊刻活动

中国典籍西译是旅外士人"中学西传"活动的重要内容。其中,王韬的事迹最为突出。

王韬在上海供职于墨海书馆时,就曾与伟烈亚力、艾约瑟等传教士合作,翻译了《格致新学提纲》《重学浅说》《光学图说》等自然科学类图书,又帮助麦都思润色《圣经》的中文翻译,因此与外国传教士结下了深厚的友谊。传教士对于王韬的翻译工作评价很高,认为其"文采优雅而论断允当",整部《圣经》流畅通达的译笔,都应该归功于他。② 1862 年,王韬因上书太平天国事件为清政府所通缉,被迫流亡香港。在时任英华书院院长理雅各的安排下,王韬下榻于香港伦敦教会宿舍内,协助理雅各从事中国经典的翻译工作。在二人共同努力下,五经中的《尚书》于 1865 年 7 月翻译完毕,作为《中国经典》(The Chinese Classics)第三卷刊刻印行。③ 1867 年,在理雅各邀请下,王韬与其一道赴欧洲游历,同时继续中国典籍的翻译工作,直至 1870 年与理雅各一并返回香港。1871 年,《中国经典》第四卷《诗经》译毕刊行,1872 年,《春秋》《左传》译本翻译刊行。

作为理雅各的协助者,王韬在中国经典外译方面所作的贡献堪称卓著。

---

① See Benjamin R. Curtis, "Ko Kun-hua", *Boston Daily Advertiser*, Vol.139, No.43, February 20. 1882.

② 参见苏精:《王韬的基督教洗礼》,林启彦、黄文江主编:《王韬与近代世界》,香港教育图书公司,2000 年,第 439 页。

③ 参见《中国经典》第一卷《论语》、第二卷《孟子》已于 1860 年翻译完成。

首先，王韬搜集了大量书籍资料，为翻译工作奠定了基础。王韬出逃时，由于行动仓促，并未携带书籍至港。而要准确翻译中国典籍，需广泛搜罗前代古籍以博采前贤之长。这些书籍又非理雅各所能提供。因此，王韬只得联系妻兄杨引传，拜托他将自己的藏书运送来港。他同时委托杨氏，每次寄送书籍时，编一书目，以便查阅。根据有关学者考证，王韬日记中记载了三批自家乡寄送来港之书目名单：《海上寄来书籍》213 种、《甲子季冬从海上寄来书目》121种、《乙丑年海上携来书籍》230 种，合计 564 种。其中不少都是与经学相关的著作。如《海上寄来书籍》中，就有《东莱古文关键》《四书释地》《通志堂经解》《书经传说汇纂》《四书题镜》《四书体注》《左传杜林合注》《四书合讲》等经学书目。①理雅各也称王韬"将一座经过精挑细选的大型图书馆内的珍宝供他使用"②。

其次，在正式翻译之前，王韬将搜集的资料加以整理考订，在博采前贤诸家注疏之长的基础上，形成自己的见解，并将之写成笔记，以备理雅各采择。在整个翻译过程中，王韬编撰了《毛诗集释》《春秋左氏传》《礼记集释》等研究性著作。这些著作给了理雅各很大启发——理雅各在翻译《诗经》之时，曾大量参考王韬的意见。如在翻译诗经《大雅·板》中"靡圣管管"一句时，理雅各就依照王韬《毛诗集释》中所言"'管管'疑当作'悥悥'……与毛《传》'无所依'之说正相成也"，将之翻译为"you think you have no guidance"。③

最后，王韬不仅经常解答理雅各的疑问，有时还会和他展开辩论。故理雅各在注释中经常征引王韬的意见与看法。④为了译经工作，他"凌晨辨色以兴，

---

① 参见罗军凤：《王韬与理雅各学术交往的切实证据》，《兰州学刊》，2016 年第 9 期。

② James Legge, "Preface"in *The Chinese Classics*, Vol.Ⅲ, Hong Kong: London missionary society's printing office, 1865, p.Ⅷ.

③ 丁大刚、宋莉华：《王韬辅助理雅各翻译中国典籍过程考》，《国际汉学》，2020 年第 1 期。

④ See James Legge, "Preface"in *The Chinese Classics*, VoⅤ, Hong Kong: London missionary society's printing office, 1872, p.4.

入夜尽漏而息"①,非常辛苦。

《中国经典》问世后,在海外大获好评。理雅各本人也对王韬充满敬意,他认为"从未遇到过能与王韬相比的本地学者",并且表示王韬在翻译经典方面有着不可或缺的作用。②

中国典籍的搜访、刊刻活动主要发生在旅日士人身上。中日两国一衣带水,图书交流的历史源远流长。加之日本历史上未发生过大规模毁书禁书事件③,因此在日本藏有很多我国已经散佚的珍贵古籍。明治时期,为求变革,日本转向效法西方列强,"脱亚入欧"的呼声甚嚣尘上,西学东渐之风呈沛乎莫御之势。被德川幕府尊奉为官学的"儒学"渐为"洋学"取代,原本备受珍视的汉文书籍,身价也一落千丈,"故家旧藏"纷纷散出,渐归于书肆冷摊。据杨守敬回忆:"日本维新之际,颇欲废汉学,故家旧藏几于论斤估值。"④杨氏于目录之学本无渊源,但念及欧阳修"徐福行时书未焚,逸书百篇今尚存"之语,遂萌生了搜访考求古逸书的想法。杨氏东渡时携带了大量金石碑篆拓印,这些物品对日本人而言极为罕见,颇受追捧,杨守敬便直接以之与日方交换古籍。如宋版《广韵》,"此即张氏泽存堂刊本所从出也,原为日本寺田望南所藏,后归町田久成,余多方购之未得。会黎公使欲重刻之,坚不肯出。而町田久成喜镌刻,见余所藏《汉印谱》数种,亦垂涎不已,因议交易之"⑤。抑或以出售碑版、古泉、古印之资金购买藏书。⑥杨守敬作为清使馆随员,薪俸不如公使那

① [清]王韬:《与英国理雅各学士》,王韬:《弢园尺牍》(第6卷),中华书局,1959年,第76页。

② Helen. Edith. Legge, *James legge:missionary and scholar*, London:The Religious Tract Society, 1905, p.43.

③ 德川幕府禁书主要是禁止宣传天主教类的书籍,中国汉文书籍则不在此列。

④ [清]杨守敬:《日本访书志》,谢承仁主编:《杨守敬集》(第8册),湖北人民出版社、湖北教育出版社,1997年,第28页。

⑤ [清]杨守敬:《日本访书志》,谢承仁主编:《杨守敬集》(第8册),第88页。

⑥ 见陈捷:《杨守敬与宫岛诚一郎笔谈录》,日本《中国哲学研究》第12号,日本东京大学中国哲学研究会,1998年11月,第131页。

般优厚,但亦颇为可观,这也是杨守敬能够大肆购买古逸书的又一重要原因。

在搜访古书的过程中,杨守敬与日本藏书家向山黄村、岛田重礼、柏木政矩、木村正辞、寺田弘、町田久成等结缘,又有书法家岩谷修、日下部东作、冈千仞等人为之介绍,因人以求,颇有所得。其中对于杨氏访书工作贡献最大者,非森立之莫属。森立之,字立夫,号积园,日本著名汉学家,汉方医家。他依据狩谷望之所著古籍叙录初稿,加以增订续补,著成《经籍访古志》六卷。此书对于"茫然无津涯""不知秩而存者为何本"的杨守敬来说,不啻为指路明灯。杨氏遂以此书为参考,按图索骥以访求古书。此外,他还走访了很多名寺古迹,如高山寺、法隆寺等古刹,据其自述所得"与此志所遗正复不少",可见搜罗之细密。

1881 年,黎庶昌接替何如璋公使之职,杨守敬的访书工作引起他极大的兴趣。据杨回忆:"先是余初到日本,游于市上,睹书店中书多所未见者,虽不能购,而心识之。幸所携汉魏六朝碑版,亦多日人未见,又古钱古印为日本人所羡,以有易无,遂盈筐箧。及黎公有刻书之议,则日日物色。又得日人森立之《经籍访古志》抄本,其时立之尚存,乃按目索之,其能购者不惜重值,遂已十得八九,且有为立之所不载者数百种,大抵医书类为多,小学类次之。于是由黎公择取付梓人,嘱守敬一人任之。"①

在此过程中,黎庶昌及其亲属出力不少②,但是整体工作基本由杨负责。首先,杨守敬搜罗之书目,"厥后黎公使多以刻入《古逸丛书》"③。杨守敬的《日本访书志》,奠定了刊刻《古逸丛书》的基础。其次,《古逸丛书》的校勘督

---

① ［清］杨守敬:《邻苏老人年谱》,谢承仁主编:《杨守敬集》(第 1 册),第 18 页。

② 如《古逸丛书》中收有《尚书释音》一卷,底本为黎庶昌女婿张沇所藏,虽非得自日本,但在张之坚持下,仍将此录入其中。并且,刊刻《古逸丛书》的经费是黎庶昌调达的。

③ ［清］杨守敬:《日本访书志》,谢承仁主编:《杨守敬集》(第 8 册),第 29 页。

印,亦由杨负责完成。这是一项非常浩繁的工作。以校勘正平刊本《论语集解》
为例:"以余搜访所及,得目睹者亦二十余通,较之相台之著沿革,数犹过之,
不可谓非千载一遇也。乃汇集诸本校其异同,使天下学者读此一本,并得兼乎
日本古钞之长,又使知彼此错互之中,有源流变迁之渐,而此本之可凭,邢本
之妄删,昭若日月,或亦通经学古者所不嗤乎?"①要从二十余种版本中勘校出
一定本,其难度可想而知。而《古逸丛书》共收书26种,杨氏在其中所耗费的
心血,更是不可估量。最后,他还要负责联系和督促检查刻板的质量。杨"日与
刻工磋磨善恶,又应接日本文学士,夜则校书,刻无宁晷"②。直至晚年,他仍对
这段经历记忆犹新。总之,杨氏在《古逸丛书》的刊刻出版工作方面,做出了非
常突出的贡献。

博极群书、雅好金石的陈矩在日期间除了文案工作,同杨守敬一样,亦四
处寻访各种古书。在此过程中结识了中村敬宇、向山黄树、重野成斋等日本名
士。至归国前,陈矩共搜集金石遗文四千余种,遗书百余卷,宋元椠本百余卷,
未刊行名人著述五百余卷。归国后,他以此资料辑成《灵峰草堂丛书》,填补了
黎庶昌《古逸丛书》的缺漏。并且他在傅云龙编撰《日本图经》的过程中,也提
供了许多帮助。

中国典籍西译无疑是"中学西传"的重要内容,而散佚海外中国珍贵古代
典籍的搜集、整理、刊刻、出版的过程,同样是中国典籍文化域外再传播的过
程。晚清旅外士人在此领域的工作居功至伟。

3. 与西人的广泛社会交往

旅外士人群体海外生活有年,与西方民众特别是知识界人士有极其频
繁、密切的交往,自觉不自觉地展示、传扬了中国的服饰、礼仪、历史典故与诗

---

① [清]杨守敬:《日本访书志》,谢承仁主编:《杨守敬集》(第8册),第66页。
② [清]杨守敬:《邻苏老人年谱》,谢承仁主编:《杨守敬集》(第1册),第18页。

词文艺,向域外传播了丰富、生动的中国元素与中国文化。

由于与西方各国相隔甚远,交通不便,故欧美各国民众对中国文化几乎一无所知,即便有所了解,也大多是道听途说的一鳞半爪而已。中国旅外士人的到来,给他们提供了一个直观接触中国文化的契机。对于西人而言,这些中国人衣着服饰、行为举止,都带有东方古国的神秘色彩,能目睹来自东方的人物是颇为难得的,因此极大地激发了他们的好奇心。1867 年,王韬在理雅各的邀请下离港赴欧。甫至马赛,身着长衣长衫的王韬就吸引了当地民众的目光。王韬回忆道:"见余自中华至,咸来问讯。因余衣服丽都,啧啧称羡,几欲解而观之。"①在伦敦时,曾有摄影师为王韬拍摄相片,并将之挂在照相馆中以为宣传,为表谢意,照相馆主人赠与王韬照片 12 张。②王韬的服饰及风度展示了翩翩的东方文士形象。

戈鲲化在美国参加朋友宴会时,会特意着传统中国服饰以示郑重。这给美国友人留下了很深刻的印象。其好友柯蒂斯回忆:在一次宴会时,戈鲲化"穿着那套耀眼的东方服饰来到我家, 同一些曾到中国旅行的绅士共进晚餐"③。而在汉语授课时,戈鲲化必身着清朝官服以显示中国传统师道之尊严。一位美国人这样描述他的打扮:

> 他有一副绅士和学者的面孔,优雅而思虑周全。他举止高贵,就像西班牙大公。他衣着优雅,他头上戴着一顶单色的绸帽,帽子上有一个红丝扣,标志着他的官衔,这扣子垂至前额……他脚上穿的是"中国长靴",似乎是用柔软的白色皮革制成的,像土耳其长筒靴一样,到膝盖的

---

① [清]王韬:《漫游随录》,钟叔河主编:《走向世界丛书》(第 6 册),第 82 页。

② 参见[清]王韬:《漫游随录》,钟叔河主编:《走向世界丛书》(第 6 册),第 98 页。

③ Benjamin R. Curtis, "Ko Kun-hua", *Boston Daily Advertiser*, February 20. 1882.

一半处有皱纹。他的下身是一件厚实的蓝色丝袍,上身是一件非常漂亮和华丽的深蓝色丝袍,外面套着一件颜色较浅的衣服,他一举手,小袖子就从宽大的衣褶下面露出来。①

这位作者不禁感叹:"当你看到他穿着长袍站在那里时,除了说他是一位举止仪态高贵的人之外,还能说什么呢?"②

1887年,潘飞声与桂林来到柏林东语学堂教授汉语。他们身着中国传统服饰出席了学堂的开学典礼,颇为引人瞩目。据《都柏林评论》(The Dublin Review)记者所述,《泰晤士报》曾对此进行报道,并刊登了两人照片。记者评论:"桂林和潘飞声的中国服装为当地增添了色彩。"③二人在东语学堂任职期间,一直坚持以中式衣冠示人。即使是在外国教师云集的东语学堂内,二人也属于少数派。④

总之,旅外士人们通过极具东方神韵的服饰,以最直观的方式向西方人展现了自身的风采,宣传了中国服饰文化的独特魅力。

此外,旅外士人的住所陈设亦受到西方人的关注。戈鲲化一家初至波士顿时,被安置在哈佛大学郊外的一幢小房子里。当记者前往拜会时,这座小屋已染上了浓厚的中国色彩:

---

① "Mr. Ko Kun Hua And Family——AN ACCOUNT OF THE CHINESE PROFESSOR AT HARVARD UNIVERSITY," *THE CENTER REPORTER*, Vol.XII, No.50, December. 18, 1879.

② "Mr. Ko Kun Hua And Family——AN ACCOUNT OF THE CHINESE PROFESSOR AT HARVARD UNIVERSITY," *THE CENTER REPORTER*, Vol.XII, No.50, December. 18, 1879.

③ L. C. Casartelli, "An Educational Lesson from Berlin", *The Dublin Review*, V.III, Art.IV, April, 1888.

④ See Erich Gütinger, *Die Geschichte der Chinesen in Deutschland: ein überblick über die ersten 100 Jahre ab 1822*, Waxmann Verlag, 2004, S.209.

接待客人的房间是一个类似办公室的地方,只有一张中桌和几把扶手椅。然而,我们在盖着套罩的中国碗和其他瓷器上看到了一些新主人的标志:大黄铜盆,房间角落里的方形旅行箱,是用漂亮的磨光的木头做的,上面刻着汉字。在箱子之上,堆放着一些我们不知其材料和用途的盒子。我们进去的时候,在一个前厅里看见了另一个宽敞的容器,是一个竹篮,形状像一个面粉桶,但高得多。墙边挂着一套供户外穿的蓝衣服,对面的房间里摆着一排精致的团扇,没有两把是一样的,桌子上立着一群彩色的人偶,要么是玩具,要么是装饰品。①

虽然由于条件所限,屋内陈设十分简约,能体现中国文化风味的物件较少,但戈鲲化寓所的中式装修风格与陈列,仍给记者留下了极为深刻的印象。

客居海外时,旅外士人们与异国民众结下了深厚的友谊,而双方的社交活动,也加速了中国礼俗、历史、诗词等中国文化的传播。

戈鲲化在美国时与周围外国人士相处十分融洽。据时任哈佛大学神学院院长的埃弗雷特(C. C. Everett)回忆:"他来访问我们时,表现出一种绅士般的老练与机智,遵循我们社会的风俗习惯;而当我们拜会他时,他又以中国的待客之道来欢迎来访者。当他在外面时,他身处美国。而当回到家后,他的客人们又仿佛身处中国。"②戈鲲化很好地适应了美国的风俗习惯,同时又没有完全"西化",而是保持了自身的中国习俗。在招待来访的外国友人时,润

---

　　①　"The Chinese Professor at Harvard University,"POPULAR AMERICAN AUTHORS, *Belle Langley: And Other Stories*, Boston: D. Lothrop and Company, 1877, pp.27–28.

　　②　"Professor Kun–Hua Ko", *Boston Daily Advertiser*, February 17, 1882.

物无声地让他们感受到东方的风土人情。据当地媒体报道,一次,戈鲲化在邀请外国友人前往其家中作客,就以中国的茶饮招待客人。据客人回忆:

> (中国的)礼仪是客人们要起立,这时屋子里的主人立刻模仿,然后大家一起默不作声地分享。但是,尽管我们知道这是习俗,也看到戈鲲化夫妇等着我们的行动,但我们没有一个人敢这样做,即使是在官老爷说"喝茶"的时候——我们该怎么办呢?这就是问题所在。每只杯子都放在一个又长又窄的金属盘子上,盘子上有一个凹形的圆圈。每个杯子上都有一个盖子,就像一个底部向上翻转的小茶碟。我们一直等着,好像征得同意似的。直到戈鲲化太太看见我们为难,便用右手举起她的杯子,高高地举到唇边,盖着盖子喝了一口。我们都试过了,结果都可耻地失败了。至于我自己,我不用双手就很难把我的杯子安全地送到嘴里,因为我非常担心盖子会掉下来。我们又试了一次。然后我们大笑起来,我们所有的人都大笑起来;接着,男主人和女主人带着中国人对客人相当友好和礼貌的特点,把自己杯子上的盖取下来放在桌子上,我们立刻也照他们的示范去做。然后我们都喝了茶,仪态端庄。没有勺子,没有糖,没有牛奶:他们从不使用它们。在每个杯子的底部放几片茶叶,把沸水倒进去,盖好盖子,就这样,保留了所有的味道,就上桌了。[1]

戈鲲化用中国传统的饮茶方式招待来客,同时也充分照顾了客人的习惯——眼见客人并不懂得品"盖碗茶"之妙,即便夫人亲自示范也无济于事,他遂灵活变通,将杯盖取下,直接啜饮,不仅巧妙化解了客人的尴尬,更令他

---

① "Taking tea with Ko—Kun Hua", Francis Ellingwood Abbot, *The Index: A Weekly Paper*, Volume 11, Boston: The Index Association, 1880, p.137.

们对中国的饮茶方式留下深刻印象。

在日常交往中,旅外士人不仅保持与展示中国习俗,也有意向西方友人介绍中国思想与历史。潘飞声与桂林在德国东语学堂教授汉语之余,就向学生们谈及孔子思想和中国制炮的历史。据时在学堂学习的比尔鲍姆回忆,桂林在课余与学生交谈时,曾向其宣介孔子之道。[1]潘飞声在归国时,学生包尔(Carl Georg Friedrich Baur)[2]与其同行。一日,包尔拿出克虏伯炮图示于潘飞声,并向其请教中国制炮之历史。潘氏答曰:

> 于晋时有之。潘安仁闲居赋"炮石雷骇中国"是也。宋史称太祖置弓弩院,所造有炮。成平四年刘永锡制手炮以献,殆即今之手枪。绍兴三十一年金兵欲济江虞允文伏舟七宝山,发一霹需炮,眯其人马之目,金兵大败。又金人守汴,有铁炮曰"震天雷"。元世祖得回回所贡新炮,重一百五十斤,机发声震天地,遂破襄阳。明永乐间平交阯,得神机炮法。至我大清天聪五年,造红衣大炮,名曰"天佑大将军"。崇德八年,造神威大将军炮。康熙十五年,造神威无敌大将军炮。康熙二十八年,造武成永固大将军炮。乾隆三十九年,克平金川,亦用巨炮。圣朝天威所播,群丑乞降。疆土之拓,为从来未有之广。兵器之利,亦超越于黄帝之制弓矢,周家之作戈矛者。考西人纪载云,火炮创于中国元末,日耳曼人(苏尔的斯)始仿为之。及元附马帖木耳王撒马儿军威行西域,征服五印度,欧罗巴人有投

---

① See Otto Julius Bierbaum, *Liliencron*, Leipzig: Georg Müller, 1910, S.163.

② 包尔(Carl Georg Friedrich Baur, 1859—1935),出生于德国斯图加特市,父亲是斯图加特技术学院的教授。包尔从斯图加特理工学院毕业后,在德国政府部门担任工程师。1889年,他加入克虏伯公司,并在东语学堂学习汉语。1890年,被派往在中国工作。他以德国克虏伯公司驻华总代表身份,负责克虏伯公司在华铁路方面业务推广,并被聘请为天津北洋武备学堂铁路科总教习。参见 Erwin Dickhoff, Essener Köpfe, Wer war was? Bracht: Essen, 1985, S.14.

入麾下者,携火器归,讲求练习,又变为鸟枪。明法兰西寇广州,指挥柯荣御之,寇适,官军追获二舟,得其鸟枪。然火炮本由中而西也……①

潘氏在作答时身处船内,并无资料可资查阅,但是依然将中国制造火炮之起源、历代之改进、火炮由东方传至欧洲的历史一一说明,令包尔甚为叹服。

中国古典诗词更是旅外士人日常交往中热衷传播的内容。他们大都经过一定的传统教育,有较好的文学修养。在与西方友人的交往中,他们遵循传统文士交游之道,或吟哦经典古诗词,或自作诗词以相赠,将中国诗词文化的魅力展现得淋漓尽致。

客居域外时,面对热情开朗的外国女子,本就风流潇洒的王韬,更是大展其吟诗作赋的名士风采。王韬在巴黎时,英国人璧满担任他的导游,而璧满的妹妹媚黎在巴黎一所女子学校内教授英文。一日,学校开办茶会,媚黎邀请王韬一道前往参观。期间,在校内师生盛邀下,王韬即席赋诗一篇,受到大家热烈欢迎,众学生为之弹琴歌唱,大家其乐融融。②在苏格兰时,王韬下榻西人士班时家中。士班时长女爱黎梨为王韬弹琴,而王韬则吟白居易《琵琶行》相和。③此外,在参加各种社交活动时,王韬也不吝展示自己的文才。他在苏格兰敦底参加富商司蔑氏的招待晚宴时,应司蔑氏之请,吟诵吴梅村的《永和宫词》;④在爱丁堡,为诸女士吟诵《琵琶行》及李华《吊古战场文》;⑤在教堂

---

① [清]潘飞声著,穆易点校:《天外归槎录》,钟叔河等主编:《走向世界丛书》续编,岳麓书社,2016年,第141~142页。

② 参见[清]王韬:《漫游随录》,钟叔河主编:《走向世界丛书》(第6册),第94页。

③ 参见[清]王韬:《漫游随录》,钟叔河主编:《走向世界丛书》(第6册),第136页。

④ 参见[清]王韬:《漫游随录》,钟叔河主编:《走向世界丛书》(第6册),第138页。

⑤ 参见[清]王韬:《漫游随录》,钟叔河主编:《走向世界丛书》(第6册),第145页。

参观时,他又为众人朗诵唐人《贫女》,理雅各为之翻译。①通过吟诵古典诗词,王韬成功传播了中国的诗词艺术。

"岭表词坛,洵堪独秀"②的潘飞声,出国之前在岭南文坛就已声名鹊起。赴德后,他依旧笔耕不辍,在与友人的交往中,创作了大量诗词作品。他与同在东语学堂任教的日本友人井上哲关系"最称莫逆",而井上哲年幼时,曾受过良好的汉学教育,故时常与之诗文互答。此外,在兴亚会的聚会活动中,潘飞声也经常赠诗于与会同人。③通过这一方式,潘氏不仅增进了与兴亚会众人的关系,而且实现了中国诗词文化的对外传播。

潘飞声来德任教时年龄不过三十,仪表堂堂④,且工诗擅词,才华横溢,吸引了一众德国女性与之交往。其好友丘逢甲称:"柏林城小诗坛大,西方美人坛下拜。"⑤据《海山词》记载,潘氏与众女或观剧,或听琴,或修禊,或宴饮,或漫步林间,或泛舟湖上。在此过程中,潘氏频频以诗词相赠德国众女性。他曾与媚雅、芬英、高璧、玲字四人往冬园(Wintergarten)赏剧。表演结束后,日本舞姬阿摩謦出扇索书,潘飞声遂作《洞仙歌》⑥一阕:

> 电灯妒月,荡琼台香雾,笑逐嫦娥听歌舞。正珠帘乍卷,宝扇初开。
> 花影乱,忘了倭鬟眉妩。

---

① 参见[清]王韬:《漫游随录》,钟叔河主编:《走向世界丛书》(第6册),第147页。

② [清]陈璞:《花语词序》,(清)潘飞声:《花语词》,《说剑堂集》(第6卷),光绪廿四年广州仙城药州刻本。

③ 参见[清]潘飞声著,穆易点校:《天外归槎录》,钟叔河等主编:《走向世界丛书》续编,第145页。

④ 在《说剑堂集·诗集》(民国二十三年(1934),上海铅印本)扉页有潘飞声照片一张,照片中潘飞声面容清癯,风度翩翩。可以想见数年前潘氏在德国时的容貌。前文中其学生也称赞潘氏之风度,可作印证。

⑤ [清]丘逢甲:《〈说剑堂集〉题词为独立山人作》,丘逢甲:《岭云海日楼诗抄》,上海古籍出版社,1982年,第84页。

⑥ [清]潘飞声:《说剑堂集·海山词》,《说剑堂集》(第6卷),光绪廿四年广州仙城药州刻本,第7页。

　　檀槽声未歇,替诉柔情,一样莺飘奈何许。如此四弦秋,莫向当筵,更唱我,客游词句。待解佩、深宵慰闲愁,怕酒醒天涯,梦痕难作。

　　潘飞声在德国任教时,与异国众女性来往甚密,其中既有如媚雅这样的"女史",也有如洋妓安那、舞姬阿摩髯这样的风尘女子。在双方交往过程中,潘氏以中国传统风流才子之风,为众女性创作了大量风格华丽旖旎的诗词作品。尽管其中不乏逢场作戏之作,但这些诗词作品在传播、推广中国诗词文化方面,客观上确也产生"无心插柳柳成荫"之效。

　　戈鲲化在同美国友人的日常交往中,也遵循中国传统文士交游之道,以中国诗词相赠。最初,戈氏在哈佛大学开授中文课程时,只有一位名为乔治·马丁·莱恩(George Martin Lane)[1]的学生。此人是哈佛大学教授,在拉丁语研究方面造诣颇深。这位久负盛名的教授对新知识的追求打动了戈鲲化,两人因此结下了很深的友谊。戈鲲化专门为他取了汉语名字"刘恩"。而在教授刘恩中文的同时,戈鲲化也在其帮助之下学习英文(他初至美国时并不通晓英文,因此需要通过译员才能与美国人沟通)。为表达对刘恩的感激之情,戈鲲化专门写诗相赠:"未习殊方语,师资第一功,德邻成德友,全始贵全终。"[2]经过一段时间的学习训练,戈鲲化的英文水平有了长足的进步。他创作了许多诗词赠与众友,为便于其理解,还将之译为英文。如1881年,他写诗给时任哈佛大学主席的艾略特,表达对他的敬仰之情。诗云:"岁岁樱桃熟,抡才大

---

　　① George Martin Lane(1823—1897),出生于马萨诸塞州的查尔斯城(Charlestown),1846年毕业于哈佛大学,1851年于德国哥廷根大学获得博士学位。后返回波士顿,任教于哈佛大学。出版有 *Latin Pronunciation*,*Latin Grammar* 等著作。

　　② 张宏生:《中美文化交流的先驱:戈鲲化的时代、生活与创作》,凤凰出版社,2016年,第296页。

典逢。短长量玉尺,四国仰文宗。"①可惜有的诗由于各种原因,只留下了英文译本。如他写给一位女士的赠诗:

You are naturally far distant from the dust and foulness of this world.

Of cymbidium form and of orchid heart.

It was the evening of flowers and of the moon when we are singing poetry together.

The sound is known by the plain zithern.②

他也曾写诗给美国医生、社会改革家莫里尔·怀曼(Morrill Wyman):

The secret of giving long life you hold, So did the fairy Tung Fang we are told.

Who dwelt in the shade of apricot trees, Given by his patience instead of fees.③

在得知一位友人之女即将结婚的消息后,戈鲲化更是奉上一首充满典故的诗歌,作为贺礼送给新娘:

Earlier won than your brother, Earlier too than your young sister;

Wisdom says the time is proper, Henceforth may you truly prosper.

Mutual love this pair has made to be one, As precious jade.

Carriages, one hundred, apeed you, And as many wait to greet you.

Praise to a sweet pear tree! Fruitful melons I forsee.

May no sorrow you befall, Hither filial love will call,

---

① 张宏生编著:《中美文化交流的先驱:戈鲲化的时代、生活与创作》,第 292 页。

② Almira Hayward, "Chinese professor", *Our continent*, Vol. II, No.15, October 18, 1882.

③ Almira Hayward, "Chinese professor", *Our continent*, Vol. II, No.15, October 18, 1882.

When, if I should chance to meet you, May I as bride then greet you. [①]

在此诗中,作者以美玉作比,表达对夫妻二人感情坚固纯洁的祝愿。又以"瓜瓞绵绵"为喻,祝其子孙昌盛。通过这些典型的中国意向,戈鲲化送上了对这对新人最真挚的祝福。

另外,戈鲲化与美国传教士、汉学家卫三畏也有交往。鼐德等人曾邀请卫三畏到哈佛,协助戈鲲化开展教学工作,但由于各种原因,卫氏未能成行。不过戈鲲化一直与卫氏保持书信往来。他曾给卫三畏寄送过自己设计的新年贺卡。1881 年 12 月,戈鲲化再次致函卫三畏,表达了对去年夏天未能与卫氏见面的遗憾,并与之商讨在圣诞节假期会面的可能性。最后,他还附赠了一首诗,作为圣诞礼物赠给卫三畏:"皇都春日丽,偏爱水云乡。绛帐遥相设,叨分凿壁光。"并附上了英文译文:

In the light of the spring sun far over the sea, The city imperial shines in my view.

But faire and dearer than this is to me, Are the clouds and the water of your land to you.

The teacher's red curtain once used by Ma Yung, At Yale and at Harvard for us has been hung.

And thanks to the hole which your learning has drilled, In the wall of your language, with light I am filled. [②]

诗中提到的绛帐,是东汉学者马融讲学时所设,后人以此代指师长或讲座。戈鲲化此处以绛帐代指在耶鲁大学教授汉学的卫三畏,暗含了对卫氏学问及道德的尊崇。尾联更是借用了匡衡凿壁借光的典故,表达了对卫氏的感

---

① Almira Hayward, "Chinese professor," *Our continent*, Vol. II , No.15 , October 18 , 1882.

② Almira Hayward, "Chinese professor," *Our continent*, Vol. II , No.15 , October 18 , 1882.

谢之情。①

　　总之，虽然戈鲲化的主职工作为汉语教学，但他在与西方人的日常交往中，利用一切机会努力宣传、介绍中国诗词文化，不仅拉近了与西方友人之间的关系，更展现了中华诗词的绝妙。

　　4. 与日本友人的诗文唱酬

　　作为中国一衣带水的邻邦，日本长期以来一直深受中国文化影响。晚清时期，虽然中国国力日渐衰颓，但中国文化在日本影响仍存。很多日本文士、贵族有较深厚的汉学功底，且出于对中国文化的热爱，对赴日的中国士人，态度都十分尊重。因此，相较于旅西士人而言，旅日士人在与日本友人的交流方面，更为普遍且深入。双方频密的诗文互动即是明证。

　　罗森是近代以来最早赴日的中国士人之一。1854年，他作为美日双方谈判的汉语翻译，随美军舰队来到江户。在日期间，他积极参与中日两国的文化交流活动。据他回忆，在美日双方订立条约后，日人官士叩笃、玉斧僧便写诗向其求教，而罗森也作诗回应。②至下田大安寺时，"有僧两名，以纸求予书"，遂写下"峰回水绕"与之。③得知罗森到来的消息后，黑川嘉兵卫、堀达之助、森山荣之助、中台信太郎等下田当地官员也来拜访罗森，并请求罗森在扇面上题字。罗森欣然应允，题诗一首。④游至箱馆时，平山谦二郎与安间纯之近特地从江户赶来，以王维名篇《送元二使安西》录于扇上，赠与罗森。罗森以诗回赠：

---

　① 戈鲲化在学习英文时，使用了卫三畏所编写的《英汉词典》。
　② 参见［清］罗森：《日本日记》，钟叔河主编：《走向世界丛书》（第3册），第35~36页。
　③ ［清］罗森：《日本日记》，钟叔河主编：《走向世界丛书》（第3册），第37页。
　④ 参见［清］罗森：《日本日记》，钟叔河主编：《走向世界丛书》（第3册），第39页。

火船飞出粤之东,此日扬帆碧海中。历览螺峰情不尽,遥瞻蛟室兴无穷。

双轮拨浪如奔马,一舵分流若耿虹。漫道骑鲸冲巨浪,休夸跨鹤振长风。

琉球乍到云方散,日本初临雪正融。暂寄一身天地外,知音聊与诉离衷。①

这样的例子在罗森游记中还有许多。从中可以看出,罗森在日本交游十分广泛,而双方在交往时通过诗文应答、扇面题字以增进友谊的行为,客观上为扩大中国文化在日本的影响力做出了一定贡献。

之后,随着中日两国封闭政策的进一步废除,两国的人员往来也变得更加密切。1871 年,吴江人金邠②在尾州藩藩主的邀请下赴日,担任尾州藩藩校明伦堂的汉学教授。一年后因日本推行学制改革,金邠遭明伦堂解聘,被迫归国。虽然在日时间很短,但金邠对传播中国文化方面的贡献却不少。明治时期的日本著名汉诗诗人森淮南、奥田抱生、永坂石埭都曾受过其教导。他还与汉方医生冈田簧、春德寺住持铁翁禅师、画家富冈铁斋等人往来密切,并与之探讨中国书画印刻之道。

金邠归国后,叶炜、薛乃良、龚恩禄、蔡伯昂、关桂林、汪松坪、张滋昉等士人先后来到日本,以教授汉语为业。在这批中文教习中,与日本方面诗文交流最多者,当属叶炜。

叶炜,字松石,浙江嘉兴人。1874 年受日本文部省之聘,赴东京外国语学

---

① [清]罗森:《日本日记》,钟叔河主编:《走向世界丛书》(第 3 册),第 41 页。
② 金邠,字嘉穗,号芷山。擅诗,工书画。

校担任汉语教师。任教期间,他与日本汉诗文界的名家森春涛、小野湖山、中村敬宇等人来往十分密切。在森春涛创办、力图利用传统汉文诗体宣传"文明开化"新思想的杂志《新文诗》中,经常可以看到叶炜的评语。叶炜在日本颇负盛名,在任满归国之际,日本友人连日为其举办宴会饯行,《新文诗》杂志甚至专门为其出版了一期送别专辑,这在当时日本汉文诗坛上传为佳话。①归国后叶炜生活潦倒,不得已于 1880 年夏再次赴日,接续与日本友人之联系。他为土屋弘《晚晴楼文钞》撰写诗评 30 余篇,为山田纯《枕上縢稿》、奥玄宾《茗壶图录》作跋。旅居西京(京都)时,与当地汉诗诗人交往频繁。在其归国后出版的《扶桑骊唱集》中,留有双方诗文互赠的大量记录。

篆刻家卫铸生,1877 年赴日,在大阪、京都、神户一带活动,以金石、书法为业。卫氏的作品极受日本文士追捧,通过售卖作品收获千金之钜。

叶炜、卫铸生等士人的旅日经历,在中国产生了不小的影响,不少文人遂跃跃欲试,希望效仿前辈,能在日本收获成功。陈鸿诰、胡璋、郭宗仪、王治本等人正是在这样的背景下前往日本的。

陈鸿诰,字味梅,号曼寿。浙江秀水人。出身于书香世家,弱冠即负文名。曾刊有《味某华馆诗初集》《味某华馆诗二集》等诗集数卷。他常年客居沪上,与胡公寿、叶炜、卫铸生等人往来甚密。在友人的影响下,他很早便萌生了赴日的想法,只是由于种种原因,一直未能成行。② 1880 年,在友人帮助下,他终于得偿所愿,乘槎东渡,定居在西京晓翠楼。陈鸿诰在日时交游十分广泛,

---

① 参见《日本教读期满将归故里留别东京诸友》,[清]叶炜:《扶桑骊唱集》,王宝平主编:《晚清东游日记汇编》(第 1 册)《中日诗文交流集》,上海古籍出版社,2004 年,第 131 页。

② "鸿诰屡拟有日本之游,至今未果。"见[清]叶炜:《扶桑骊唱集》,王宝平主编:《晚清东游日记汇编》(第 1 册)《中日诗文交流集》,第 127 页。

不仅为日本文士作品撰写序跋①,点评其诗文作品,而且频频与之互赠诗文。在其编撰《日本同人诗选》一书中,共收入双方唱和之作七十余篇。陈氏对中日诗文交流的贡献,由此可见一斑。

王治本是晚清旅日士人中非常引人注目的一位。他自 1877 年夏初至日本,1907 年病逝于东京,寓居日本近三十年②,是光绪初年旅日士人群体中在日时间最久的。王治本原名仁成,字维能,号桼园(亦作漆园),别号梦蝶道人,浙江慈溪人。在族弟王惕斋③的引荐下,王治本赴日担任日清社汉语学校的教师,兼《寰海新报》主笔。后日清社与中村敬宇所办同人社合并,王治本又转入同人社内继续任教。在此期间王治本还参与了闻香诗社的活动,与日本文人学者展开了广泛交流,也因此而与源辉声(大河内辉声)结下不解之缘。

源辉声(1848—1882),初名辉照,号桂阁,祖居大河内,故又称大河内辉声或源桂阁。世袭高崎藩藩主,1871 年,明治政府废藩置县,高崎被并入群马县,源辉声卸官归乡。"高卧幽栖,诗酒自娱"的源辉声,便整日吟诗作文,广交清国文士。1877 年 7 月,源辉声在芝山广度院与王治本相识。他为王治本的精深学问所折服,称其"达事物、亮世情,则颖慧罕有矣",遂拜其为师,向其请教为诗作文之道。1880 年,与王治本相见恨晚的源辉声邀请王在自己家中居住,以便切磋诗文。

1882 年王治本开始其日本漫游之旅。根据实藤惠秀的研究,王治本漫游线路分为四个阶段,其足迹几乎遍及日本全境。④所到之处,无不受到日本文士热情的接待,宴请中诗文唱和不断。除了诗文唱酬之外,王治本对于日本

---

① 如陈鸿诰曾为江马正人《赏心赘录》题写牌记,水越成章《薇山摘葩》题写识语。见王宝平主编:《日本典籍清人序跋集》,上海辞书出版社,2010 年,第 369 页。

② 1894 年中日甲午战争爆发,王治本曾短暂回国,战争结束后又返回日本。

③ 王仁乾,字健君,号惕斋。浙江慈溪人,在日经商,专售汉籍与文具。

④ 参见[日]实藤惠秀:《近代日中交涉史话》,东京,春秋社,1973 年。

友人的题词要求几乎也是有求必应。他先后为石川鸿斋《鸿斋文钞》《和汉合璧文章规范》、关义臣《日本名家经史论存》、中村敬宇《敬宇文集》、龟谷省轩《省轩文稿》等诗文集作评点，为加藤熙《众教论略》、松本万年《维新大家诗文钞》、石川鸿斋《芝山一笑集》等书撰写序跋，为水月成章《薇山摘葩》、广部精译《亚细亚言语集》题诗。因此王治本在明治初年的日本文坛非常受人尊崇。在周游日本各地的同时，王治本与日本文人结下了十分深厚的友谊，并且在此过程中身体力行地推广了中国文化。

除王治本外，王韬在日本也是享有盛名之士。1879年春，因《普法战纪》和《循环日报》在日本广为流传而收获文名的王韬，在日本《报知新闻》主编粟本锄云、汉学家重野安绎等人的邀请下，渡海赴日。抵达长崎后，又游览了神户、大阪、京都、横滨、东京等地。王韬在日一百二十余天，活动十分密集，除游览山川、凭吊古迹外，还广泛接触日本各阶层人士。其中既有政府官员、社会名士，也有诗人墨客和普通百姓；既有学问精深的耆儒，也有叩门求见的少年童子；既有倡导全盘西化的维新志士，也有倾慕中华文化的汉学家。王韬对这些人给予了高度评价。他称冈千仞"性豪爽高亢"，赞吉田易简"为人磊落奇伟"，颂中村正直"文章倜傥称一时"。王韬与他们建立了良好的关系。这为双方进行文化交流奠定了基础。

明治文人汉学功底普遍不错，虽然王韬并不通晓日语，但双方仍能通过诗文进行交流。在各种宴会上，王韬频繁地与日本友人进行诗文唱和，其《扶桑游记》中所录双方之诗歌，有近百首之多，足见双方往来之密切。在双方的日常交往中，除诗文唱酬外，鉴于王韬诗文水平的高超，日本文士还虚心向其求教。甚至连文献的校勘工作，东瀛文士也拜托王韬代行。如佐田白茅曾前来拜访王韬,请他为自己所编撰的《花竹堂集》校勘。[①]王韬还为宫岛诚一郎、市川漱村等人改诗作序,如为宫岛诚一郎《栗香诗钞》改诗,"竭三日之力始毕";为市川漱村之《小漱村诗抄》写下序言一篇,文中表达了自己对作诗之道的理解,认为"诗之奇者,不在格奇句奇,而在意奇,此亦专从性情中出,必先我之所独见,而后乃能言人之所未言"[②]。日本友人深以为然。

自 1877 年何如璋任首任驻日公使算起,至清末,驻日公使一职曾经历七次更迭,故随使出访之员也为数甚众。其中传播中国文化最力者,莫过于杨守敬、姚文栋、陈矩、孙点四人。杨守敬在日时以传授书道、搜访古籍为主,前文已述。姚、陈、孙三人与日本友人之诗文交往值得一提。

姚文栋,字东木,号志梁、又号子梁,江苏上海人,秀才出身。1880 年由沪入京,在担任晚清重臣王文韶家庭教师的同时,写出了关于边疆问题的专著《筹边论》,引起朝廷注意。后作为公使随员随黎庶昌出使日本。在日期间,他笔耕不辍,编写了《东槎杂著》丛书。工作之余,姚文栋广泛与日本文士交往。他和"新文诗"派森春涛、森槐南父子过从甚密。还经常出席以重野成斋为中心,每月一次于星冈茶寮所举办的丽泽社诗会。日本友人对姚文栋颇为崇敬,尊称他为"子梁词宗",甚至有请求姚文栋为自己取字者。[③]姚文栋在馆三年,因思念家母,欲告假归国。闻此消息,日本文士纷纷行动,或在芝山的红叶馆,或在上野的长酤亭,抑或在偕乐园、湖月楼等地,举办宴会为其饯行。宴会上,赋诗自然是不可少的。据统计,日本文人为送别姚文栋所作的诗共四十余首[④],

---

① 参见[清]王韬:《扶桑游记》,钟叔河主编:《走向世界丛书》(第 3 册),第 248 页。

② [清]王韬:《扶桑游记》,钟叔河主编:《走向世界丛书》(第 3 册),第 299 页。

③ 参见[日]片山潜:《上姚使君书》,[清]姚文栋:《天南同人集》,中国国家图书馆藏,清光绪刻本,第 56 页。

④ 参见[日]实藤惠秀:《明治时代中日文化的联系》,陈固亭译,中华丛书编审委员会,1971 年,第 70 页。

后经收集整理,以《归省赠言》之名刊刻出版。除了《归省赠言》外,在姚文栋《东槎杂著》丛书中,还有像《海外同文集》《墨江修禊诗》等一类记载其与日本文人诗文交往的作品集。

孙点,字顽石,一字圣与,号君异,安徽来安人。曾任拔贡直隶候补直隶州州判。1887年3月东渡日本,同年6月归国。1888年,又随同黎庶昌再赴日本。孙点为中日两国诗文交流亦作出重要贡献。黎庶昌第一次赴日(1881—1884年)时,曾于1883年重阳节举行诗会,并邀请了石川鸿斋、重野安绎、中村正直等日方人士参加。双方留下的诗文后经孙点的整理,以《癸未重九宴集》之名结集出版。另外他还编辑了《癸未重九宴集编》《戊子重九宴集编》《庚寅宴集三编》等多部黎庶昌和日方诗文往来的作品集。同时,孙点自身也与森淮南、重野安绎等日本文坛大家过从甚密。宫岛诚一郎说"日本诗人中,没有不认识他的"①,可见其声名之盛。他与日本文人的诗文交流之作,主要收录于《梦梅华馆海外唱酬录》中。此外,孙点在日本时,还刊行了《嘤鸣馆春风叠唱集》《嘤鸣馆叠唱余声集》《嘤鸣馆百叠集》等个人词集。1891年黎庶昌任满归国,孙点也随之离开日本。可惜归国途中,孙点却蹈海自尽。噩耗传回日本后,日本诗友悲哀不已。中日文人数十人聚集在红叶馆举行祭奠。诗人重野安绎亲撰祭文:"我君异氏,才思俊逸,词笔清新,一斗百篇,超然不群。"②其他日本文士也纷纷填词做诗来祭奠这位英年早逝的中国诗人。

陈矩,字衡山,出生于贵阳书香世家,1888年随黎庶昌出使日本,以黎庶昌幕僚之身份,为其整理文案。除了协办公务外,颇富才气的陈矩,还因诗文而与日本友人结缘。知名汉学家藤野伯迪之女藤野真子,受其父影响,倾心汉

---

① ［日］实藤惠秀:《明治时代中日文化的联系》,陈固亭译,第64页。

② ［日］神田喜一郎:《日本填词史话》,程郁缀、高野雪译,北京大学出版社,2000年,第495页。

学,时常于书肆中寻访汉文书籍。机缘巧合之下,她读到了陈矩所作《悟兰吟馆诗集》。真子对其中《秋柳》四韵尤其喜爱,将之誊抄后悬于墙壁上朝夕拜览。陈矩来到日本后,二人得以相见。陈矩写下《赠女弟子古香》五首,赠与藤野真子:

> 松花笺写绮云词,落落清才搜藻思。异国他年传盛事,词林弱女幼能诗。
>
> 展来一字一珠现,小楷鸥波妙笔挥。绮阁绣徐无个事,冰绢横展墨花飞。
>
> 广陵一曲系人思,天海风涛想见之。万里东游真不负,该州欣见女琴师。
>
> 安排笔砚倚云楼,眉黛远山相对愁。满架图书清似水,也宜消夏也宜秋。
>
> 特开文兼惠难忘,美酒葡萄引兴长。东海南天程万里,何缘得醉到扶桑。①

除了与藤野真子的交谊外,陈矩作为公使随员,在陪同黎庶昌出席与日本文人的宴会之时,也表现不凡。《东瀛草》中有许多关于他即席赋诗的记载。②1891 年,黎庶昌任满归国。作为随员,陈矩也随其一道离开日本。

甲午之战后,中日两国的"师生"关系发生了转换,日本朝野对中国及中国人普遍采取轻蔑态度。但依然有部分日本人士热衷中日文化交流,旅日士

---

① [清]陈矩:《东瀛草》,清光绪刻本,第 8 页。

② 如:《戊子秋遵义黎星使纯斋先生集海外诸名流作重阳会余亦与焉赋四律》(其一),《日东诸名流宴节使黎先生于枕流馆余班末座次冈君振衣韵》,[清]陈矩:《东瀛草》,清光绪刻本,第 4、5 页。

人也依然热心与其诗文唱酬。如单士厘在日时除了游览名胜古迹、参观大阪博览会外,还结识了许多志同道合的女性朋友,如实践女校校长下田歌子。她出身于美浓国平尾藩藩士家中,自幼即学《论语》《孟子》及日本的和歌,明治五年被选入皇宫作女官,因得皇后赏识,赐名为"歌子"。婚后她辞去官职,在伊藤博文的鼓励下专办教育。因二人理念相近,单士厘与之交情匪浅,单将儿媳保送至其主办的实践女校内学习,并将歌子所作《家政学》译为中文。还曾以诗《丙午秋留别日本下田歌子》赠别:

六载交情几溯洄,一家幸福荷栽培。扶持世教垂名作,传播徽音愧译才。

全国精神基女学,邻邦风气赖君开。骊歌又唱阳关曲,海上三山首重回。[①]

此外,单士厘还与东京学校的女干事时任竹子,女教师河原操子,爱住女校校长小具贞子等人往来密切。《受兹室诗稿》中还收有她写给她们的诗作。

由于时代的变迁,在单士厘赴日时,这种通过诗文交往,进而弘扬中国文化的活动已渐渐式微。在单士厘之后,就更是几乎销声匿迹了。

5. 与日本文士的笔谈活动

笔谈是东亚诸国知识分子交流时一种特有的模式。20世纪以前,虽然中国在与西方的冲突中屡屡失败,但中国文化依然对处于儒家文化圈的周边国家产生着影响。当时的日本、朝鲜、越南等国的知识分子,都能识写汉字,因

---

① [清]单士厘著、陈鸿祥校点:《受兹室诗稿》,湖南文艺出版社,1986年,第45页。

此在语言不通的情况下,笔谈便成为当时中日两国文士交流的最佳办法。正如黄遵宪所言:"舌难传语笔能通,笔舌澜翻意未穷。"①日本文士冈千仞也说:"凡舌所欲言,出以笔墨。纵横自在,不穷其说则不止。"②在与日本各界人士笔谈的过程中,旅日士人们介绍了中国与中国文化多领域的知识,极大地增进了日本友人对中国文化的了解。

罗森是近代以来最早与日本方面笔谈的旅日士人之一。作为美军舰队的中国翻译,他的特殊身份引起部分日本人的好奇。与日人明笃笔谈的过程中,对方就对此表示疑惑:"子乃中国之士,何苦归缺舌之门?孟子所谓下乔木而入幽谷者非欤?"③在明笃看来,作西人的翻译,是一件非常有损身份的事。罗森郑重以诗作答:

日本遨游话旧因,不通言语倍伤神。雕题未识云中凤,凿齿焉知世上麟。

璧号连城须遇主,珠称照乘必依人。东夷习礼终无侣,南国多才自有真。

从古英雄犹佩剑,当今豪杰亦埋轮。乘风破浪平生愿,万里遥遥若比邻。④

罗森此诗直抒胸臆,表达了自己出海远行、不甘居牖户之下的志向。这也

---

① [清]黄遵宪著、陈铮编:《黄遵宪全集(上)》,《国家清史编纂委员会文献丛刊》,中华书局,2005年,第722页。

② [日]冈千仞:《〈芝山一笑集〉跋》,刘雨珍编校:《清代首届驻日公使馆员笔谈资料汇编》(下册),天津人民出版社,2010年,第625页。

③ [清]罗森:《日本日记》,钟叔河主编:《走向世界丛书》(第3册),第42页。

④ [清]罗森:《日本日记》,钟叔河主编:《走向世界丛书》(第3册),第42页。

是对那些固守"夷夏之防"的守旧人士最好的回应。

中日两国正式建交后,不少中国士人前往日本,与日本政、学界人士往来密切,留下了大量的笔谈资料。双方的交谈话题从诗词格律、文艺作品、政治制度、天文地理到身边琐事,几乎无所不包。下面,我们以《大河内文书》《宫岛文书》《增田贡文书》以及杨守敬与森立之笔谈文书中与中国文化相关内容为例进行说明。

虽然参与笔谈的日方人士皆有较深厚的中学功底,但在对中国诗词格律、遣词要求方面,底蕴仍显不足。故其经常向中国士人求教。尤其是源辉声,前文述及,他之所以拜王治本为师,其中很重要的一个原因就是希望王治本能传授其作诗之道。二人关于作诗的对话在笔谈中曾多次出现,如 1878 年 3 月,源辉声写信给王治本,将自己所作之律诗《钦差大臣工数初谒作梅史沈君一律》[①]示于王氏,希望王氏予以修改:

> 登得龙门乃我曹,任他众口如恩褒。上书偏愿判州识,攘袂惟怜唐子豪。
>
> 不假辩官三寸舌,只挥名士一枝毫。莫言东海几蛮语,叙谈通情何可劳。

接到信后,王治本评价此诗"通体遒健,情义并至",但有失黏[②]之弊。遂将之进行了修改:

---

① ［日］大河内辉声:《戊寅笔话》卷三,王宝平主编:《日本藏晚清中日笔谈资料·大河内文书》(影印版)(第 3 册),浙江古籍出版社,2016 年,第 1362 页。

② 失黏,指诗的第三句和第二句在二、四、六位置上平仄不相同。

不怕龙门万丈高,喜今伯乐得相通。上书愿识判州贵,攘袂谁怜唐子豪。

不假辩官三寸舌,只挥名士一枝毫。深情欲结婴桥契,不羡虚文咏木桃。

随后,王治本又告诉源辉声格式方面的注意事项。当月,源辉声与王治本再次笔谈,先讨论了"闻香社"的开办事宜,后谈及自己几日前所写之诗,借机向王治本请教关于诗歌的韵脚与格律方面的问题,王治本耐心解答。①

一天,源辉声与王治本笔谈,就平仄问题再次向王请教,希望他"细说其平仄韵脚之法,及联句对偶典故相用之格式"。王治本告知:"平仄有定格,惟押韵先求其稳,再求清新,用典终要以意运动,不得呆用。"②

通过双方的笔谈交流,中国士人为日本诗词爱好者讲解了中国诗的格律、平仄、用典等相关知识,增进了他们对中国诗词文化的了解。

根据有关研究,20世纪前,大约有五十余种中国文学作品在日本出版。③这些作品跨越的时间非常久远,从两汉魏晋到唐宋再到明清,并且题材各异,充分证明了中国文学作品在日本受欢迎程度之高。因而在两国文人的笔谈中,也经常出现关于中国古典文学作品的讨论。一日,沈文荧等士人在与源辉声笔谈时就应询向其介绍了《三国演义》,告知"此书在明中叶本甚古,其注

---

① 参见[日]大河内辉声:《戊寅笔话》卷三,王宝平主编:《日本藏晚清中日笔谈资料·大河内文书》(第3册),第1366~1367页。

② [日]大河内辉声:《戊寅笔话》卷九,王宝平主编:《日本藏晚清中日笔谈资料·大河内文书》(第4册),第1625页。

③ 参见[韩]闵宽东著、李英月译:《中国古代小说在韩研究之综考》第六章《收藏在韩国的日本版中国古典小说》,武汉大学出版社,2016年,第128页。

释之名均不可考,中土流传之本,惟有金圣叹所批,知为罗贯中作而已。罗贯中为元末明初人,其他著述皆不可知,盖此种小说,民间盛行,而藏书家及《四库目》皆不著于录,故不可知。此书为明版无疑"①。

笔谈中还有大量关于中国历史与政治制度的讲解介绍。如沈文荧曾为源辉声介绍明末清初郑芝龙的史事。②郑芝龙是明末清初东亚海域举足轻重的枭雄,他少年时即在中日两国间开展贸易活动,颇有声望。后又招募私兵,经略台湾。晚年虽然被迫降清,身死族灭,但在日本仍得到很高的评价。源辉声对其身世颇为好奇,便向沈文荧发问。沈文荧告诉他,郑芝龙曾娶日本女子田川氏(中国文献资料内称翁氏),生子郑成功。

宫岛诚一郎自幼接受良好的汉学教育,对中国历史颇为熟稔。之后又结识大久保利通,在其引荐之下任职于明治政府的待诏院,并率先建言明治政府实行立宪,是明治时期风云人物。或许是出于对现实政治的考虑,在笔谈中他常向中国士人请教中国政制之沿革。他曾向沈文荧咨询井田制之利弊,问:"贵邦往昔井田之法,利害奈何?"沈文荧回答:"战国取民无芸,然限民以井田制,其事多不便民,仆曾论其弊:地有肥粗,不能百亩限。少者授田,老者除田,受除必多弊。公田必致荒芜。人力有异,或能耕百亩,或不能,限之百亩必困,大凡天下难于画一,宋儒及西人皆欲强一之不免。"③沈文荧认为,井田制弊病甚多:地力肥瘦不同,人力大小各异,因此很难做到整齐划一,极不便民。

笔谈中还有介绍中国传统音乐、戏剧的内容。宫岛诚一郎曾问:"贵邦俗

---

① 　[日]大河内辉声:《戊寅笔话》卷二十一,王宝平主编:《日本藏晚清中日笔谈资料·大河内文书》(第5册),第2178页。

② 　参见[日]大河内辉声:《戊寅笔话》卷十六,王宝平主编:《日本藏晚清中日笔谈资料·大河内文书》(第4册),第1927~1928页。

③ 　刘雨珍编校:《清代首届驻日公使随员笔谈资料汇编》(下册),第520页。

曲犹有平仄乎? 梅史(即沈文荧):有音调耳,二者皆须叶,难于作诗。一字不叶,不能入丝竹也。能作诗者多,能作曲者,文人中百人之一而已! 宫岛:兄愿作与我别饮之歌存敝处,送别之席可使美人歌。梅史:贵邦人一时难歌,仆自歌之可也。白居易在浔阳江上召妓歌之曲,《琵琶行》之事。"①中国古代音乐、戏剧艺术十分发达,诞生了无数脍炙人口、传唱千载的曲目。昔时文士多雅好戏曲,沈文荧也不例外,故能在笔谈时能与日本友人侃侃而谈。他先介绍了戏曲押韵的规则,并介绍了蒋士铨名作《四弦秋·送客》以及戏曲伴奏常用的三弦月琴、竹笛等乐器,之后又介绍了《红楼梦》中提到的曲子《寄生草》以及中国的七声音阶与戏曲中常用的记谱形式——工尺谱,令宫岛大为叹服。

6. 中国书画作品展售活动

清代前中期,中日两国交往非常有限,中日两国的书画交流并不密切。19 世纪 70 年代后,随着两国海禁开放,特别是中国驻日公使馆的设立,两国人员往来更加便捷。乘此机会,中国许多画家、书法家、篆刻家都来到了日本。如卫铸生、王冶梅等。卫铸生,名铸,字铸生,江苏常熟人,工于篆刻治印之道,兼善书法。他出国前,在上海就已声名鹊起。到日本后,他主要在大阪、神户、京都一带开展作品展售活动,在日本有一定影响。王寅,字冶梅,江苏上元人,曾流寓上海。在艺术上,他画的人物、山水、兰竹、禽鱼俱佳。在日几年,他先后出版了《冶梅石谱》《兰竹二谱》《冶梅画谱》等多种画谱,经济收入和艺术影响力均有较大收获。

书画同行在日本收获之丰,吸引了更多中国士人前往。陈曼寿、胡璋、郭宗仪等书画家就是在此风的影响下前往日本的。陈曼寿在日除了与日本文

---

① 刘雨珍编校:《清代首届驻日公使馆员笔谈资料汇编》(下册),第 514~515 页。

人诗酒征逐外,也售卖自己的书法作品。胡璋的日本之行更为成功。他于1878年首次抵达日本,"日人慕其名,求画者辐辏"①。他此行不仅所获润笔之资费颇丰,更兼声名大噪,不少日本人都向他学习绘画之道。郭宗仪,浙江嘉善人,工书,兼善兰竹、松鹤。此人"性格温顺,为人所爱"②。除此三人外,蒲华、戴以恒、顾沄等书画家也先后前往日本淘金。

一批中国书画家的旅日及其作品展售,推动了中国丹青文化在日本的传播。

中国文字系统性传入日本后被日本采用为历史的标记工具,并掀起学习汉字的热潮,形成日本的书道。在汉字书法基础上,日本学人还创造了假名书法,形成独特的双峰对峙现象,产出极为丰硕的文化成果。但日本的书道文化发展并不平衡,中国书法中的碑学未受到日本书法家的青睐,导致在日本的书道史上,古拙肃穆的篆书与雄浑大气的隶书长期处于缺席状态。这一现象直到明治时期才有了根本改变。而其原因,则与中国旅日士人杨守敬有着密切的关系。

清代中叶,中国的书法艺术发展产生了重大的变化。贴学盛极而衰,而在阮元、包世臣等书法大家的推动下,文人学士群起响应,原本式微的碑学再度复兴。此期书家"由唐上溯六朝碑版,以至三代、秦、汉、魏晋各种金石文字,开拓了书法继承与革新的新天地"③。杨守敬就是在这样的风气中成长起来的。他早年从师乡贤朱景云学习书法,后拜入潘存门下,并与崇尚北碑的书法家张裕钊交往甚密。在崇尚碑学的同时,他又博采颜鲁公、苏东坡、黄山谷

---

① 徐柯:《清俾类钞》第30册《艺术》,商务印书馆,1912年,第100页。

② 陈捷:《十九世纪七十、八十年代中国书画家的日本游历》,日本关西大学文化交涉学教育研究中心、出版博物馆编:《印刷出版与知识环流:十六世纪以后的东亚》,上海人民出版社,2011年,第441页。

③ 钟明善:《中国书法史》,河北美术出版社,1983年,第188页。

诸家之长,呈现出碑贴并重,融汇百家的趋向。1880年,杨守敬受公使何如璋邀请,以随员身份东渡扶桑。临行前,他还搜集了约万余种碑版拓印,并将之一并携往。抵达日本后,他所带来的这些珍贵材料在日本文士中引起很大震动。日本书家遂纷沓而来,求教于杨氏。包括成名已久的日下部鸣鹤、松田雪柯、岩谷一六等人,都拜在杨氏门下。而杨守敬对他们的指导也非常耐心细致,鼓励他们改变观念,学习汉魏六朝诸碑,"诸公之学皆一时之能,若用功六朝汉魏等碑,则可前无古人,此非弟妄言也"①。他更将各种书法技巧倾囊相授,对涉及书法各个方面的内容都进行了介绍。他曾传授岩谷用墨之法,告知其需要在写字前一二日,磨墨一碗,存于铜瓶或磁瓶之内,以使其充分沉淀。数天后,渣滓沉于瓶底,而浮于表面者则为精华。但是注意瓶口必须密封,否则墨胶不化,无法用于书写。②杨氏还对岩谷执笔之姿势做了纠正,告诉他写大字需用悬腕双钩之法,写小字则不必。杨氏讲解之细致入微,足见其对日本友人之热忱。除指导书法外,杨守敬在日期间还先后撰写了《楷法溯源》《寰宇贞石图》等辑录性质的著作,主持刊刻了《邻苏园帖》《景苏园帖》等帖谱,给日本书道学者极大启发。

除上文所述之外,双方还有一些关于中国文物、对联、佛学思想的讨论。总之,在两国文士的笔谈活动中,旅日士人们就中国文化的诸多领域向日本友人作了介绍、解释、说明,有助于日本人士对中国文化更深入的认知。

---

① [日]石桥犀水编,日下部鸣鹤著:《八棱砚斋随笔》,第55页,转引自谷鸿:《论杨守敬对中日文化交流的贡献》,《临沂师专学报》,1997年10月第5期。

② 参见穆易:《杨守敬与岩谷一六之笔谈》,陈上岷主编:《杨守敬研究学术论文选集》,崇文书局,2003年,第281~282页。

三、旅外士人群体"中学西传"活动的影响

作为中学西传的"民间渠道",晚清旅外士人群体开展的"中学西传"活动在域外产生了非常积极的影响。

第一,传播学的相关研究表明,非语言符号构成了人际传播的主要信息源,人与人之间表达情感的信息大都是经由非语言符号传播的,其中大部分通过身体语言传播。而对于外语水平有限的旅外士人们来说,身体语言尤为重要——他们的服饰衣着,乃至表情、仪态以及展现的中国礼仪,都是中国文化的重要元素与标志。旅外士人们也深谙此道,他们身着华丽繁复的传统衣冠,以其翩翩风度让西方民众直观地感受了中华服饰的魅力。如戈鲲化初抵波士顿时,其服饰、风度就被当地媒体大加褒奖,称其"举止高雅,极富教养,令英国人或是美国绅士想起老式派头"①。在招待来访的客人时,"他穿着一件淡蓝色的花绉纱长袍,可爱、精致、光亮,银光闪闪,柔和而优雅地落在一件黄绿色的锦绸袍子上,这种颜色在时尚界被称为'褪了色的叶子'"②。其华美的服饰给来访者留下很深刻的印象。他的家人也颇受关注,当地媒体对其夫人亦不吝赞美之词,称赞她风度优雅、和蔼可亲,说话时表情生动。③曾在东语学堂学习汉语的德国作家比尔鲍姆在其自传性质的小说《托鲁多罗》中回忆:"广东来的绅士确实是个英俊的中国人","他的动作端庄严厉,有一种自信的优雅气质静静地呈现……他闪亮的黑色辫子无疑是真实而丰满的,垂到膝盖

---

① Guoqi Xu, *Chinese and Americans*, Boston: Harvard University Press, 2014, p.125.

② "Taking tea with Ko—Kun Hua", Francis Ellingwood Abbot, *The Index: A Weekly Paper*, Volume 11, Boston: The Index Association, 1880, p.137.

③ See *The Elk County Advocate*, December 4, 1879.

后面。然而,他的主要装饰和骄傲是那双极其纤巧的手,以及无可挑剔的长指甲,他穿了一件特别贵重的长袍,不过不是那种书生气十足的衣服:青苔绿色的衬袍,派克蓝色的外衣,袖口是深蓝色的。他拿着一把圆柄扇,而不是通常的折扇,扇柄以黄色丝绸制成,因而颜色更加丰富。在五米的地方,他散发出麝香和樟脑的气味"①。旅德士人潘飞声甚至以自身考究的衣着、高雅的气质和沉静的仪态,向域外展现了真实的中国士人形象,纠正了部分德国民众对中国人的偏见。德国姑娘特鲁德尔(Trudel)说:"原本以为中国人会有些粗暴,但是不,一点也不!相反,(中国人)很吸引人,很吸引人!"②域外媒体连篇累牍地描绘报道中国士人们的衣着打扮,也证明了中国服饰文化的影响。

中国作为礼仪之邦,孔子教导的"不学礼,无以立"被士人们奉为圭臬。即便是来到海外,戈鲲化仍然严格要求子女们遵循中国礼仪。因此,当美国友人前往戈鲲化寓所拜会时,戈鲲化子女们十分安静:"即使是(戈鲲化)最小的女儿也没有和她的姊妹们大闹,而只是安静地好好坐在父母指定的沙发之上,对美国孩子而言,处在相同情况下,他们的母亲一定会大叫:'别碰这东西!''别这样晃你的手!''你快把脚从沙发上放下来!''别动那个女士的东西!'……以及许多类似的言辞,但这些言辞对于受到良好教育的中国孩子而言,是不必要的。"③其文静有礼令外国友人惊叹。在戈鲲化不幸去世后,当地一份报纸也称:(戈鲲化)"不仅带给我们的街道一抹东方色彩,甚至东方式

---

① Otto Julius Bierbaum, "To-lu-to-lo oder Wie Emil Türke wurde," *Studenten-Beichten*, Berlin: Schuster & Loeffler, 1897, S.58.

② Otto Julius Bierbaum, "To-lu-to-lo oder Wie Emil Türke wurde," *Studenten-Beichten*, Berlin: Schuster & Loeffler, 1897, S.60.

③ "The Chinese Professpr at Harvard University", POPULAR AMERICAN AUTHORS, *Belle Langley: And Other Stories*, Boston:D. Lothrop and Company, 1877, p.34.

的壮观,而且带来了东方式的和谐。他的脸上溢出高贵的庄严,他浑身都笼罩着安详。……他使我们懂得了什么是一个富有声望、内涵深刻的学者。"①中国士人的宽慎谦和与翩翩风度,不仅增进了双方的友谊,更展现了中国作为文明古国的礼仪底蕴。也正因如此,旅外士人们得到了外国人的尊重,得以在社交舞台上大放异彩。

　　第二,旅外士人的域外汉语教学小有成效,其海外演讲活动对推广中国文化知识、改善西人对中国的认知也不无裨益。如为保证教学质量,柏林东语学堂采用小班制授课的形式,虽然招生人数不多,但据张德彝记载:潘、桂二君在此地至今已逾二年,"乃其学则有成效者颇多,皆已启程来华,有学充翻译者,当领事者,更有在上洋开设洋行充当总办者"②。东语学堂毕业生的汉语水平皆达到足以胜任来华工作的地步。潘飞声和桂林的中文实践练习和汉语写作课程显然发挥了重要作用。二人三年聘期将至之际,东语学堂提议增加两人每月报酬至400马克。③这也是对二人教学成果的充分肯定。1891年,东语学堂教习阿恩德(Adrent)出版《中国北方口语手册:汉语语言学习导论》一书,明确肯定了潘飞声对其编写此书的贡献。④ 1894年,阿恩德出版《中国北方口语入门——实践练习》一书,其中提到桂林曾多次与之商讨相关问题,提醒阿恩德留意日本汉语著作《华语跬步》。并且阿恩德关于吴启泰的《官话指南》的知识,也是从桂林处获得的。⑤潘飞声与桂林二人在域外汉语教材的编

---

① "Professor Kun Hua Ko", *Boston Daily Advertiser*, February 17, 1882.

② [清]张德彝著,钟叔河校点:《五述奇》(下册),钟叔河等主编:《走向世界丛书》续编,第377页。

③ 参见[清]张德彝著,钟叔河校点:《五述奇》(下册),钟叔河等主编:《走向世界丛书》续编,第377页。

④ See Carl Adrent, *Handbuch der Nordchinesischen Umgangssprache Mit Einschluss der Anfangsgrunde des Neuchinesischen Offiziellen und Bridfstils*, Stuttgart&Berlin: W. Spimann, 1891, S.241.

⑤ See Carl Arendt, "Vorwort", *Einführung in die nordchinesische Umgangssprache*, Stuttgart&Berlin: Spemann, 1894, S.XVI.

写方面,也做出了一定贡献。

旅外士人的海外演讲活动尽管不多,但也产生一定程度的反响。王韬在爱丁堡游历时,曾在演说中向当地人士介绍中国政情。一日,当地主事收到来自中国的邮件,据传是曾国藩与某位当朝要员之手书。其中提到禁止铺设铁路、禁止西方人游历内地、禁止西方人进入国内从事丝茶贸易、禁止西方轮船在内河通航、需等到皇帝 20 岁之后外国使节才能"面圣"五事。信中还表示,"惟以上五事,西人如有不从,则必出于战"。这封措辞强硬的信件,给部分英国人士带来忧虑,担心中英关系会因此而恶化,故纷纷向王韬询问此事。王韬在演说中解释,此信并非曾国藩向英国递交的国书,不过是一封私人信件,并且其真假也不能确定,依据情理推断,曾氏必不会有此言论。目前中国业已向英国派遣外交使团以发展两国关系, 故对此传闻"置之勿论可也"。一席演说,打消了众人的疑虑,浮议遂得以平息。①在爱丁堡时,理雅各邀请王韬在教堂内介绍孔孟之道,并负责翻译工作。王韬的演讲持续了两晚,吸引了很多听众。演讲结束后,他又应众人之请,高声吟诵李华《吊古战场文》,其音调几如金石和声,令听者无不击节赞叹。"经此一役,苏京士女无不知有孔孟之道者",王韬本人对此亦颇为自矜,认为此举不愧于黄霁亭所赠"吾道其西"之言。②据当地媒体报道,此次活动参与人数甚众,募集的资金是去年的两倍之多。③王韬演说影响力之大,由此可见一斑。

第三,旅外士人的中国典籍翻译和刊刻出版活动,在传播中国经典方面取得了明显成效。关于中国典籍翻译的影响,一位西方评论家在评论王韬协助理雅各英译《中国经典》时曾评价:"对于英国读者而言,即使他并不通晓

---

① [清]王韬:《漫游随录》,钟叔河主编:《走向世界丛书》(第 6 册),第 128 页。

② [清]王韬:《漫游随录》,钟叔河主编:《走向世界丛书》(第 6 册),第 145 页。

③ See *The Hull Packet and East Riding Times*, January 14, 1870.

中文,也能通过此书,了解到学者们多年以来对此书的研究以及与本土学者的交流",从而对中国经典有"充分而正确的认识","从这点说,再没有比这介绍的更详细的书了"。①一位在上海的牧师 Dr. Edkins 也说:"他长期辛苦工作的成果,包含了大量重要的事实,这些事实包括在中国人们耳熟能详的箴言以及统治着士人与民众心灵的观念。通过这些事实,欧洲和美国的观察家们能够准确判断中国的情况。"②《中国经典》此后多次再版,为欧洲各国图书馆所珍藏,并远销美国各地。③甚至连日本政府也订购了 10 套④,足见其影响力之广。受此影响,美国方面的报刊在对此书进行宣传的同时,也特别介绍孔子的生平及其学说。⑤这无疑增进了西方学者对中国传统思想的了解。

而杨守敬等旅日士人在日本的搜访、刊刻古籍活动,不仅带来卷帙浩繁《古逸丛书》的出版和《日本访书志》的刊行于世,为国内带来了失传的各种珍稀古籍,颇有"礼失而求诸野"的文化交流价值,同时对于扭转中国古代典籍文献在日的散佚局面乃至日本国内汉学地位的衰微趋势,也起到了一定促进作用。据杨守敬回忆:"余之初来也,书肆于旧版尚不珍重,及余购求不已,其国之好事者遂亦往往出重值而争之。于是旧本日稀。书估得一嘉靖本亦视为秘籍,以余一人好尚之笃,使彼国已弃之肉复登于俎,自今以往,谅不至拉杂而摧烧之矣。则彼之视为奇货,固余所厚望也。"⑥受杨守敬影响,原本对旧版

①　Helen. Edith. Legge,*James legge:missionary and scholar*,London:The Religious Tract Society,1905,p.34.

②　Helen. Edith. Legge,*James legge:missionary and scholar*,London:The Religious Tract Society,1905,p.38.

③　See "MULTUM IN PARVO",*ancaster Gazetter*,May 12,1866.

④　See Helen. Edith. Legge,*James legge:missionary and scholar*,London:The Religious Tract Society,1905,p.42.

⑤　See "Literary Notices",*North American*,Vol.XCIX,No.26,May 16,1866.

⑥　[清]杨守敬:《日本访书志》,谢承仁主编《杨守敬集》(第 8 册),第 28 页。

中国古籍尚不十分珍重的日本学界，也开始重新审视汉文古籍的价值。尽管这主要是出于经济利益的考量，并且也不能彻底扭转日本"崇洋抑汉"的风气，但至少为汉籍的保存提供了一个有利的环境。

第四，无论是王韬在苏格兰时对西人的诗词吟咏，还是潘飞声在德国对众"女史"的诗词相赠，旅外士人的诗词创作、吟诵活动，让西方人士充分领略了中国诗歌之美，传播了中国诗词文化。旅日士人通过与日本友人的日常交往与笔谈活动，增进了日本文士对中国多领域多层次文化的认识与了解，使其汉学与汉诗修养有了长足进步。如《红楼梦》这部被誉为"封建社会百科全书"的小说在日本的流行，与中国旅日士人的推广就有着密切联系。正是在王治本等人的推荐下，源辉声开始阅读此书，并在笔谈中多次留下他的阅读记录。可以看出，经过很长一段时间的阅读，源辉声对《红楼梦》的内容已十分熟稔，甚至已经到了在与中国文士笔谈中能信手拈来化用书中典故的程度。而这显然是与旅外士人的帮助分不开的。源氏自己也坦承，王治本的校点清晰明畅，"恍如瞽者得杖，辙鲋得水"。他内心对王氏充满感激，认为即使自己以赵氏连城璧相赠亦不足为报。旅外士人对中国文学作品的推广之功，由此可见一斑。

第五，旅外士人对中国书画艺术的推广，得到了海外热烈的回应。晚清前往日本旅居的中国书画家们，绝大部分都大获成功。如画家罗清，其画在日销路甚广，引得不少日本艺人争相效仿。据《东京曙新闻》记载："浅草公园一带，自清人罗雪谷作指头画，渐渐传染，仙媒刻者(指在茶具上作雕刻工作的手艺人——引者)菅原雪斋近日亦作指头画，同地之席画屋吞海得雪斋传授，亦开始作指画矣。"①卫铸生在日本也收获了巨大的成功,乞字者颇多。②即便是作画水平较为一般的郭宗仪,在日人水越成章主编的《翰墨因缘》一书中,也收录有他的作品。顾沄在名古屋游历时,亦曾应日本友人之请,作《南画样式》二册,上绘树木竹苇,下绘山石舟楫,日人常山取而影印之。③此书虽为应酬之作,但在日本仍产生了一定影响。总之,虽然这些中国士人赴日的初衷是以书画牟利,但其作品为日方收藏,客观上促进了中国书法、绘画、篆刻艺术在日本的传播推广。

在晚清旅日的中国书画家中,杨守敬的影响最为突出。他带去的碑版篆刻拓片,在日本极为罕见。据日本文士讲:"他自藏的碑帖中多有精拓品,而在我国的多是粗拓粗纸,加之被称为乾隆以后的新拓很多,这是令人遗憾的……(杨守敬)所藏之中,携带的汉印达六十方,古钱刀等稀珍之品达六七百枚之多,碑帖如山,皆是私人所集,实是可惊。其中宋以上的拓本是从前未曾看到过的绝迹。"④因此这些渴望书法变革的日本书家,将杨守敬带来的翰墨精品视为"金科玉条",争相前往清朝驻日公使馆一睹为快。杨向其展示之后,众人皆有望洋兴叹之感,并约定改日再来拜访。⑤总之,杨守敬带来的这些中国作品使得秦汉、魏晋的碑帖篆刻艺术为日本书道界所识,极大地开拓了他们的视野。日本书道界不少有识之士甚至渡海前往中国以学习正宗的碑学。如中林悟竹来到中国,拜杨守敬的老师潘存为师,圆山大迁、秋山白严拜徐三庚

---

① 陈捷:《十九世纪七十、八十年代中国书画家的日本游历》,日本关西大学文化交涉学教育研究中心、出版博物馆编:《印刷出版与知识环流:十六世纪以后的东亚》,上海人民出版社,2011年,第439页。

② 参见[清]王韬:《扶桑游记》,钟叔河主编:《走向世界丛书》(第3册),第183页。

③ 参见王世襄:《中国画论研究》(下),生活·读书·新知三联书店,2013年,第493页。

④ [日]木神莫山著,陈振濂译:《日本书法史》,上海书画出版社,1985年,第96页。

⑤ 参见[日]书论编辑室:《书论:松田雪柯东都日记》,大阪书论研究会,2012年,第263页。

为师,宫岛詠士师从张裕钊等等。辛亥革命时,杨守敬避居上海,日本学者水野疏梅因仰慕杨之学问,不顾同伴劝阻,执意来到中国向其讨教书法之道。杨为水野精纯之心所感,不顾年迈多病仍收其为徒,并写下《学书迩言》以赠。杨守敬对日本书坛的影响深远,被日本学人尊奉为"日本书道近代化之父"①。而这进一步推动了日本书道的变革。

总体而言,晚清旅外士人群体丰富多彩的"中学西传"活动,收效是明显的,一定程度上扩大了中国文化的海外影响力。

四、域外需求与旅外士人"中学西传"活动的驱动力

晚清旅外士人群体能在近代中西跨文化交流显著不平衡、"西风"压倒"东风"成大势背景下,尽心竭力在域外开展"中学西传"活动并取得积极成效,其背景和动因是复杂的,值得探寻。

1. 域外世界获取中国与中国文化知识的客观需求

近代以前西方对中国的认知非常有限,甚至充满了误解。对很多早期启蒙思想家而言,中国是他们心目中的"理想国"。在伏尔泰的笔下,中华帝国是一个富强、和谐、历史悠久的文明国度。中国人的礼节"可以在整个民族树立正直和克制的品行,使民风既庄重又优雅"②。中国的统治制度也非常理想,在他眼里,世袭制的皇帝代表了稳定的秩序,同时皇权又受到出身学者的文官阶层的限制,而这个阶层既代表民意,又代表理性。③孟德斯鸠尽管对中国

---

① [日]小木太法:《略谈日本现代书道》,龙译、丁灏校,书谱编委会编:《书谱珍藏本(1974—1990)》(第7册),上海辞书出版社,2017年,第18页。

② [法]伏尔泰著,梁守锵译:《风俗论》(上),商务印书馆,2000年,第217页。

③ 参见邓嗣禹:《中国科举制在西方的影响》,胡晓明,傅杰主编:《释中国》(第一卷),上海文艺出版社,1998年,第558页。

的封建专制有所批判,但仍认为中国的专制主义"把宗教、法律、风俗、礼仪都混在一起,所有这些都是道德。……这四者的箴规,就是所谓礼教"。通过科举制度,礼教制度得以上行下效,"中国统治者就是因为严格遵守这种礼教而获得了成功"①。狄德罗、奎奈等也对中国政教文化表示了欣赏。

18世纪60年代,第一次工业革命在欧洲爆发,社会进步一日千里。而同时期的中国,仍旧在"天朝上国"的迷梦中无法自拔。马嘎尔尼使团的到来,揭露了这个看似庞大的帝国外强中干的一面。他在日记中写道:"事实上帝国已发展到不堪重负,失去平衡,不管它多么强大有力,单靠一只手已不易掌控局势。尽管当今皇帝以他的精力和智慧可以长时期内维持国家机器平稳运行,但如果在我本人去世之前它已崩溃瓦解,那么我将不感到意外。"②与之同行的巴罗,更是在书中对清朝存在的男尊女卑现象加以无情的批判。③之后的阿美士德使团,对中国印象更加恶劣。鸦片战争的爆发,让清帝国的颠顸、虚弱暴露无疑。在此后的历史进程中,清帝国屡战屡败,国际地位每况愈下。在西方文化中心论的背景下,西人对中国与中国文化的认知处于极端负面的状态。

从高唱赞歌到批判贬斥,西方世界对中国的认知显然都是不全面、不客观的。中西文化之间处于相互隔膜状态。但此种状况随着近代历史的展开发生了显著变化。

从宏观的全球史及中西关系史背景看,近代以来西方的对华殖民扩张和基督教宗教复兴运动背景下的传教士东来,中国在外来冲击下的逐步开放和

---

① [法]孟德斯鸠:《论法的精神》,张雁深译,商务印书馆,1961年,第313页。

② [英]乔治·马戛尔尼、[英]约翰·巴罗:《马戛尔尼使团使华观感》,何高济、何毓宁译,商务印书馆,2017年,第29页。

③ 参见[英]乔治·马戛尔尼、[英]约翰·巴罗:《马戛尔尼使团使华观感》,何高济、何毓宁译,第206~209页。

多方面融入世界,造就了中西方相互认知、探求对方及其文化的强烈社会需求。中国需要了解学习西方,西方也需要了解与认知中国。近代以降,随着中国开放程度的不断提升,中国与欧洲各国的外交、商贸往来显著增加,西方的在华利益日益突出。西方很多有识之士认识到,必须增进对中国的了解才能更好地开展外交与通商事务。

正是在此背景下,欧洲一些大学开始将汉语与中国文化纳入学习研究范畴。1876 年,牛津大学设置汉语言文学讲座,聘请著名汉学家理雅各赴任。之后剑桥大学则聘用了威妥玛(Thomas Wade)。作为列强中的后起之秀,德国的汉语教学起步明显晚于英、法等国。19 世纪中叶,德国逐渐崛起,开始在海外扩张势力。1880 年左右,德国在外交和通商方面对于接受过完整系统东方语言训练的人员需求量开始增加,1884 年 12 月,汉学家格罗贝(Wilhelm Grube)向德国教育部提出在柏林开设中文课程的申请,后经过总理府、教育部、外交部等部门的商榷,决定于柏林大学内设立这样一所学院。1887 年 10 月 27 日,东语学堂正式成立,致力于培养包括汉语、日语等在内的东方语言。①

早在中美两国政府层面正式接触之前,两国的商业往来就已经非常密切了。自 1784 年"中国皇后"号始通中国到 1792 年的短短 8 年时间里,美国对华贸易就超过了荷兰、法国、丹麦,跃居中国对外贸易的第二位,仅次于英国。②从 1791 年到 1841 年,美国对华贸易总额增长了 6 倍。③鸦片战争后,美国商人受到条约特权的保护,加之美国国内资本主义的发展逐渐完成了工业化,更加刺激了中美贸易的发展。在美国东部沿海对华贸易重要城市如波士

---

① 参见[清]张德彝著,钟叔河校点:《五述奇》(下册),钟叔河等主编:《走向世界丛书》续编,第 380 页。

② 参见李定一:《中美早期外交史》,北京大学出版社,1997 年,第 14 页。

③ See Foster R. Dulles, *The Old China Trade*, Boston and New York: Houghton Mifflin, 1930, p.114.

顿、萨勒姆、费城、纽约等地,出现了一大批因对华贸易而致富的显赫家族和公司。哈佛大学汉语教学计划的提出,就与此历史背景有关。波士顿人蒲德(Francis p. Knight)早年来中国营口经商,创办了旗昌洋行,并且是美国驻营口第一任领事。[①]蒲德根据他在中国的生活、工作经历与对国际形势的判断,向时任哈佛大学校长的艾略特(Charles W. Elliot)提出在哈佛大学设置汉语教学课程的建议。他认为,如果外国人对中文一无所知便来到中国,不得不依赖中国人的"洋泾浜英语"进行交流的话,将会是"极大的错误"。蒲德的建议获得支持。最终,在蒲德与艾略特的斡旋之下,戈鲲化得以走出国门,成为哈佛大学的首任汉语教习。

晚清旅外士人能赴域外开展汉语与中国文化教学,归根结底是域外为满足其自身需求而为中国士人搭就了宣讲中国语言与文化知识的平台。对中国经典西译广受欢迎及旅外士人广泛社交活动中展示宣扬中国文化能取得成效,也应作如是观。

晚清旅外士人在日本传播中国文化活动的背景与西方有所不同。自隋唐以来,日本就极尊崇中国文化,江户时期更是如此。先是以朱子之学为主体的儒学在日本受到幕府的极度尊崇。文化、文政年间,在清代盛行的考据学也传至日本,并影响了狩谷掖斋、松崎慊堂等一批日本学者。除儒学外,中国的各种文学作品,如《唐宋八大家读本》《剪灯新话》《三国志通俗演义》《三宝太监西洋记通俗演义》《东周列国志》等,都在日本广为流传。中国的书法、绘画、篆刻艺术,也对日本艺坛产生了深远影响。[②]这种对中国文化的崇尚之

---

① 参见樊树华:《樊书华蒲德方案与哈佛大学的汉学起源》,刘海平主编:《文明对话:本土知识的全球意义》,上海外语教育出版社,2002年,第482页。

② 参见王晓秋、[日]大庭修主编:《中日文化交流史大系·历史卷》,浙江人民出版社,1996年,第232~240页。

风一直延续至明治时期,当时日本虽然已经开始推行近代化改革,但日本的文士大多还是对中国文化保持尊敬,渴望更多、更深入地了解学习汉学、汉诗及中国书画知识。1871 年,两国签订《中日修好条规》、正式建立外交关系后,双方互设公使馆、领事馆,互派常驻外交官,一系列举措使得两国往来更为自由便利,也为中国文化对日传播创造更有利条件。

关于日本文士对中国文化的崇尚之风,上文已有很多表述。又如,与中国文人交往甚密的宫岛诚一郎,就曾将其子宫岛大八送至中国,跟随中国知名学者、桐城派后期重要人物张裕钊学习。据郑孝胥记载,他在拜访宫岛时,"其子新自湖北归,呼出见,被服华制,进退甚似华人,年二十五矣"。"叩其所学,则《史记》《汉书》八家文皆已略诵。"①其对中国文化的推崇由此可见一斑。在此种风尚的影响下,日本学人都有较深的汉学功底,不仅能够以汉文与中国士人进行交流,更能够与中国来访的士人产生思想共鸣。这是双方得以建立如此密切联系的重要原因。

不过,随着日本对外扩张政策的实施,特别是甲午战争中国战败的结局,使中日关系发生重大变化,日本对中国文化的认知、态度,由战前的倾慕转为蔑视,中国旅外士人对日本文士的影响力也逐渐式微。

2. 旅外士人群体的内在驱动力

旅外士人群体远赴海外的原因不尽相同,但在其内心深处,热爱、崇尚、弘扬中国文化之情则是完全相同的,是发自内心的一种文化自觉行为。这是其开展"中学西传"活动的内在精神动力。

潘飞声的姻亲俞旦在其临行前的赠诗中写道:"诗教传中外,豪怀壮古

---

① [清]郑孝胥著,劳祖德整理:《郑孝胥日记》(第 1 册),中华书局,1983 年,第 253 页。

今。"①以"诗教"来概括中华文明诗书礼乐的人文传统,并说明潘飞声的未来使命。这同样也是潘氏对自己的期许。也正因为如此,潘氏才会在与域外友人、女史、学生的接触中,频频以诗相赠,大力宣扬中国诗词文化。

王韬也是一个非常典型的例子。他在墨海书馆协助传教士翻译《圣经》时,对传教士的中文水平颇有腹诽,对翻译工作非常不满,认为"彼邦人士拘文牵义,其词诘曲鄙里,即使尼山复生,亦不能加以笔削"②。从根本上说,王韬具有根深蒂固的儒学信仰,即使受了基督教的洗礼,但在内心深处仍然不想放弃自己的儒者身份。他所采取的办法,便是努力拉近基督教与儒学的距离。不仅如此,他希望为儒学的弘扬尽一份力。他曾夸赞理雅各"志欲于群经悉有译述,以广其嘉惠后学之心",并说"先生自谓此不过间出其绪余耳,吾人分内所当为之事,自有其大者远者在也,盖即此不可须臾离之道也"。③可见,虽然同样是"事夷",但因为目的是宣扬儒学经典,因此王韬便将之视为分内之事,欣然接受了理雅各的邀请。并且尽力克服各种困难,"凌晨辨色以兴,入夜尽漏而息",以极大地热情投入工作中。这和他在墨海书馆翻译《圣经》时的心态形成了鲜明的对比。从中也可看出其儒学信仰对其在海外的文化传播工作所起的作用。

大部分旅外士人,都是传统科举制度下的"失意者"。王韬虽18岁即中秀才,之后却再未得中。1846年他赴南京参加乡试,"一击不中,遂薄功名而弗事"④,自此对科举产生了厌弃的心理。虽然在亲友及生计的压力下,王韬之后又多次参加科考,结果却都不尽如人意。陈矩曾两度乡试,均以落榜告终。科

---

① 洪再新:《艺术鉴赏、收藏与近代中外文化交流史——以居廉、伍德彝笔潘飞声〈独立山人图〉为例》,林亚杰、朱万章主编:《广东绘画研究文集》,岭南美术出版社,2010年,第277页。

② [清]王韬:《与所亲杨茂才》,王韬:《弢园尺牍》(第6卷),第5页。

③ [清]王韬:《送西儒理雅各回国序》,王韬:《弢园文录外编》,中华书局,1959年,第213页。

④ [清]王韬:《与英国理雅各学士》,王韬:《弢园尺牍》(第6卷),第75页。

考不利后，遂转向学术研究。王治本最初也想走科举入仕的道路，但一直怀才不遇。后参加乡试考取一等补增广生。此时的王家因受太平天国运动的影响而家道中落。为了生计，他不得不在杭州以教授生徒为业。在客游京山三月，目睹官场腐败后，王治本摒弃了考取功名的想法，并写下《广陵赋别》一诗以明志。①潘飞声虽极富文才，且在岭南文坛声誉颇佳，但科场之路却一直不顺。族兄潘仪增云："兰史少以文名，负经世之志，数不得志于有司"。②潘飞声本人也回忆称："我昔慕功名，文战复屡北。未博堂上权，毵毵行叹息。"③总之，以传统"学而优则仕"的价值标准来判断，旅外士人们大都属于失败者。现实遭遇的坎坷与他们对自己的期许与抱负形成了极大的反差，其内心极为苦闷。如王韬在上海墨海书馆时"颛首领面，倒行逆施"，与李善兰、蒋敦复等人纵酒狎妓等种种"佯狂"之举，都是为排遣其心中不平之气。

但是当他们走出国门之后，情况发生了转变：因为域外世界对中国文化的好奇与探寻，作为中国文化代表的旅外士人，便从传统社会中默默无闻的边缘人物，成为众人瞩目的中心。所至之处，几乎无不受到众人的热情接待，社会地位亦陡然提升。如德国著名化学家奥古斯都霍夫曼（August·Hofman）举办生日宴会时，专门邀请潘飞声与桂林二人参加，④在潘飞声归国时，亦有意大利贵族专门设宴款待，并将其视为"大国宾师"⑤。而旅外士人们对此亦有清醒的认识，无论是在日常生活或是在工作中，都非常注意保持自己

---

① 转引自张如安：《天涯何处著游鞭——宁波近代诗人旅行家王治本初探》，《浙东文史论丛》，中国文联出版社，2000年，第177页。

② [清]潘仪增：《天外归槎录·序》，[清]潘飞声著，穆易点校：《天外归槎录》，钟叔河等主编：《走向世界丛书》续编，第125页。

③ [清]潘飞声：《悼亡百韵诗》，《说剑堂集》光绪廿四年广州仙城药州刻本，第1~2页。

④ See Jakob Volhard. *August Wilhelm von Hofmann ein Lebensbild im Auftrage der Deutschen chemischen Gesellschaft*, Berlin：Deutschen chemischen Gesellschaft, 1902, S.176.

⑤ [清]潘飞声著、穆易点校：《天外归槎录》，钟叔河等主编：《走向世界丛书》续编，第135页。

中国文士的形象，并利用一切机会宣扬、展示中华文化，通过此种方式巩固自己的社会地位。如戈鲲化虽然捐候选同知衔，但未得实职，可是在哈佛授课时，却坚持身着清代官袍，并且要求学生执中国传统弟子礼以体现师道尊严。①王韬在英国时，亦通过发表演说、诗歌朗诵等方式，扩大自身的影响力，借此弥补在国内时人微言轻的缺憾。这种实现自身社会价值的追求，也是旅外士人孜孜不倦地宣传中国文化的一个重要因素。

很多人的出洋之举，也是被逼无奈所致。除了像王韬、康梁等涉及政治风波之外，改善经济上的拮据状况也是一个很重要的因素。旅外士人群体大都处于贫困状态。林鍼祖父壮年猝然离世，"遗下诸孤皆幼弱，所有产业，尽被族人侵占"②，家境甚贫。且"白发在堂，无以为养"，故只能"乘风破浪，孤剑长征，将以博菽水资而为二老欢也"。③对此他的友人看得都很清楚。虽然潘飞声祖上为十三行行商，富可敌国，可此时已家道中落。其妻病逝后，情况更是雪上加霜，故时有"负米既已拙，歧路嗟蹇脩"之嗟叹。④叶炜也是因为归国后穷困潦倒、不得已再次赴日。陈曼寿、胡铁梅、王寅等画家之所以远渡东瀛，也是出于日本润格费用更高的考虑……总之，经济上的窘迫与现实生存的压力，使得旅外士人不得不暂时放下夷夏大防及安土重迁的传统观念，而投身于海外的文化传播活动中。

在域外传播中国文化方面，旅外士人群体也存在着明显局限。

首先，旅外士人虽然具有较深厚的中国文化素养，但却基本不通外国语

---

①　See "THE CHINESE PROFESSOR DEAD," *New York Times*, February 15, 1882.

②　《记先祖妣节孝事略》，[清]林鍼：《西海纪游草》，钟叔河主编：《走向世界丛书》（第 1 册），第 50 页。

③　[清]王道徵：《西海纪游草序》，[清]林鍼：《西海纪游草》，钟叔河主编：《走向世界丛书》（第 1 册），第 34 页。

④　《七洲洋被风出险述怀》，[清]潘飞声著，穆易点校：《天外归槎录》，钟叔河等主编：《走向世界丛书》续编，第 148 页。

言。尽管晚清时期的东亚诸国受传统影响,其学人对读写汉字几无窒碍,因此双方可以通过"笔谈"的方式进行交流,但效率毕竟不高。而对于旅西士人而言,这一问题的负面影响无疑更大。语言的隔阂,导致他们无法像留学生群体和部分外交官那样以外文进行撰著和演讲等活动,也无法用西语直接交流,极大地限制了他们传播中国文化的影响力。

其次,与长期存在并且群体数量庞大的留学生相比,旅外士人的数量较少,在海外也基本以个人活动为主,而很少有群体化的文化传播行为,像留学生那样组织集会以介绍中国文化的行为是旅外士人无论如何也无法做到的。这就导致其影响无法形成规模效应。且旅外士人的海外活动时间大都有限,也没有固定的继任者,因此其文化传播工作便难免"人亡政息"。戈鲲化不幸因肺炎早逝,哈佛的汉语教学便从此中断,直到1922年以后才由赵元任等中国留美学者重新开设,也证明了这一点。

最后,旅外士人群体"中学西传"的相关活动也无法突破晚清时期政治和外交关系主宰局面的桎梏。在晚清时期"西强东弱"的国际大背景下,域外真正为中国文化吸引并愿意学习了解者,几乎是凤毛麟角。潘飞声负责的粤语班在开设两年后即因人数太少而被关闭。①这一残酷的现实也告诉我们,对于晚清时期"中学西传"的影响评估,必须持谨慎的态度。

但无论如何,旅外士人群体在域外通过多种途径为传播中国文化做出了重要贡献,这一点是确凿无疑的。在晚清时期国势飘摇、中学暗弱的大背景下,他们走出国门,不遗余力地推广中国文化,种种举措,收获了良好效果,一定程度上增进了外部世界对中国文化的认识。对这些为对外传播中国文化筚路蓝缕、费尽心力的先驱者,我们应该致以敬意。

---

① 见前文东语学堂 Verzeichnis der Vorlesungen 表。

第四章
万国博览会①国人参与者群体的"中学西传"活动

　　兴起于英、法等国的万国博览会,是世界范围内经济贸易和文化交流的重要平台。从 1851 年到 1911 年,晚清政府多次受邀参加万国博览会,使参会活动成为"中学西传"的一个重要媒介。根据博览会主导者、参与者及其博览会观念认识的变化,我们将晚清参与万国博览会的历史分为三个时期:由民间参与者自发前往参会的民间自发时期(1851—1872);以赫德为首的海关洋员掌握中国参会权的海关主导时期(1873—1905);商部接管参会事务后的商部主持时期(1906—1911)。而博览会参与者群体的文化传播活动,按照身份、阶层、地位的区分,大致分为三类:一是以民间商人艺人为主体的文化传

---

　　① 本书所说的"万国博览会",是世界博览会的旧译,主要指由一国主办并邀请多国参与的国际性或世界性的博览会。1928 年国际展览局成立之后,博览会按性质被划分为综合性(注册性)和专业性(认可性)两类,但本文未做严格区分,两种性质的博览会均有涉及。并且各届博览会也会根据举办目的、办会主题进行定名,比如 1876 年庆祝美国独立百年举办的万国博览会,名为"美国定鼎百年纪念费城万国赛奇会"。为行文方便且遵从惯用法,采用"举办年份 + 举办地点 + 万国博览会 / 世界博览会(世博会)"的称呼方式,比如 1876 年费城万国博览会。

播;二是官员与民间商人、艺人共同参与的文化传播;三是官员、商会、商人合作参与的文化传播。

综合来看,三个时段万国博览会上的"中学西传"活动总体上呈现了中国传统农业国形象,但随着国人对博览会认知的变化,文化传播的内容开始从物质层面向精神层面渐趋深入。特别是进入 20 世纪,国人在参与万国博览会活动中,为维护民族尊严、追赶近代化所做的努力值得关注。万国博览会国人参与者群体的"中学西传"活动内容丰富,受众广泛,在晚清"中学西传"历程中发挥了不可替代的重要作用。

一、万国博览会与晚清中国参与概况

1. 万国博览会之兴起

博览会发源于欧洲古代的集市。进入 18 世纪,随着工业革命的发展,在特定时间、特定地点展示工业品的博览会开始在英国、法国出现。1847 年,英国人亨利考尔向"皇家艺术学会"会长阿尔伯特亲王提议举办一场国际性的博览会,邀请世界各国参与。当时正值第一次工业革命完成之际,也是英国殖民事业的鼎盛期,举办一场国际性的博览会既可以彰显英帝国的雄厚实力,同时也能为其生产的各类商品谋求更广阔的国际市场,所以这一提议正合时宜。1851 年 5 月 1 日,第一届具有现代意义的万国博览会在伦敦中心的海德公园正式举办。这次博览会展示了英国工业革命中取得的各项伟大成就,所展出的机器、艺术无不令人叹为观止,辉煌的水晶宫呈现着全新的建筑风格,也展现出人们对于自然光线的巧妙运用,更加预示着一个全新时代的到来。1851 年伦敦万国博览会的顺利举办进一步提高和巩固了英国在世界上的领导地位。

在此之后,各国都开始筹备起类似的博览会。1853 年纽约举办了第二届万国博览会,共有 23 个国家前来参加展览。法国也不甘示弱,1855 年在拿破仑三世的亲自监督下,第三届万国博览会在巴黎举办,该会的会展布置比伦敦博览会更加宏伟,增置的美术馆充分体现了法国优势。从 1855 年到 1914 年,平均每两年都会在世界某地举行有超过 20 个国家参与的博览会,①万国博览会的形式得以基本确立。

总体来看,万国博览会的主办国多为英、美、法等欧美大国,初衷是展示自身经济和科技发展的成果,并通过外交途径邀请各国前去参展。万国博览会不仅是官方层面的交流活动,其开放性也使普通大众获得接触科技、文化的机会,客观上逐步成为世界范围内经济、科技、文化交流的盛会。

2. 晚清中国参与万国博览会概况

晚清时期,鸦片战争打开了封建帝国长期封闭的大门,自此中国不可避免地被卷入资本主义世界市场之中。其中,参加各国举办的形形色色的博览会,是 19 世纪中后期至 20 世纪初中国走向世界的重要活动之一。中国参加万国博览会的情况与掌管博览会事务的主体机构、中国人对万国博览会观念认识的变迁存在密切关系。

1861 年总理衙门成立以前,英、法、美等国的坚船利炮虽已轰开中国的大门,但在中国封建王朝的朝贡体系之下,这些被视为"外夷"的西方国家,并不在清朝的交往范围之内,清政府也没有设立对应的机构处理相关事务。虽然魏源等进步思想家已经开始通过"开眼看世界"的一系列尝试来探索西方世界,但是清政府对外部世界的事务仍知之甚少。第二次鸦片战争后,为了应对日益增多的中外交往活动并顺应洋务事务的开展,清政府设立了总理衙

---

① 参见罗靖:《中国的世博会历程》,湖南师范大学出版社,2009 年,第 10 页。

门。1866 年,法国为次年即将举办的巴黎万国博览会向总理衙门发出了照会邀请,这是清政府首次受邀参加万国博览会。但是中国官方对此并不感兴趣,总理衙门仅下令晓谕中国商民参与。

清政府第一次正式以官方形式参与的万国博览会,是 1873 年举办的维也纳博览会。值得注意的是,虽然外交照会由总理衙门处理,但是由于清政府对博览会事务不甚重视,再加上人手不足、无组织经验等种种原因,总理衙门授权海关总税务司赫德处理维也纳博览会事宜。自此,海关总税务司赫德及税务司的各位洋员成为中国参与万国博览会的主导者和执行者。这种状况一直持续到 1905 年,是年清政府颁行《出洋赛会通行简章》,规定万国博览会事宜由海关总税务司转交商部办理,由此中国人才恢复对博览会事务的控制权。而在清末新政的大背景下,国内也掀起开办劝业会的热潮:1906 年开设"京师劝工陈列所",1910 年南洋劝业会正式开幕。而后随着清王朝被辛亥革命推翻,中国的博览会事业也在时代的浪潮中翻开了新的一页。

据统计,从 1866 至 1911 年的四十多年间,中国共计收到各类博览会的邀请超过 80 次。①这些博览会门类众多,包括劝业、商业、庆典、渔牧、技术、工业、杂项等。面对如此多的邀请,清政府的反应也多有不同:由中国官方带领、官民组团参加的博览会有 13 次,而以"晓谕商民参加"处理的达 24 次。其中后者的主要做法是在报纸上发布公告征集商品:"有家藏稀世之珍古董玩器,有愿赴美国博物大会者,务请早为预赴就近之海关,报明有何物件或由亲去赴会,新制奇巧玲珑物件,不论巨细。"②此外,还有当地使馆派人参加、

---

① 参见赵祐志:《跃上国际舞台:清季中国参加万国博览会之研究(1866—1911)》,《博览会与近代中国》,华中师范大学出版社,2010 年,第 15 页。

② 《大美国事:美国赛会序后》,《万国公报》,第 320 卷,1875 年 1 月 16 日,第 16~17 页。

地方政府派员参加、海关寄物参加等方式。①

　　总而言之,1873年维也纳博览会之前的民间自发时期(1851—1872),清政府对处理万国博览会事务态度消极,期间无官方参展行为。在此之后,总理衙门将中国的博览会事务交由海关总税务司赫德办理,自此海关全权筹办中国的博览会事宜长达数十年之久,即海关主导时期(1873—1905)。1905年清政府颁行《出洋赛会通行简章》,博览会事务的筹办权才从海关转移到商部手中,直至辛亥革命的爆发,这一时期为商部主持时期(1906—1911)。从1851年第一届伦敦万国博览会举办到1911年清王朝覆灭,晚清万国博览会的国人参与者群体及其"中学西传"活动,因时代的发展和主导者不同而面貌各异。

二、民间自发时期国人参与者群体的"中学西传"活动

1. 官方缺位与民间自发

　　1851年英国伦敦万国博览会,展出了来自25个同家和20多个殖民地的各类展品,分为"原材料""纺织制品""金属玻璃陶瓷制品""美术"及"其他"五大部分,展品多达十万余件。其中,大功率蒸汽机、左轮手枪、高速汽轮船、起重机等先进的技术成果展示了工业革命的伟大成就, 吸引着全世界的目光。这是工业革命的成果展示会,也是世界商贸、文化交流的盛会。1855年巴黎万国博览会召开,对于这场以"农业、工业和艺术"为主题的博览会,法国皇帝拿破仑三世宣称:"我们的愿望是:希望这次博览会不仅是新奇的玩意的集合地,而且是全世界的工业、商业和文化艺术领域的一个传播文明文化的渊

_____

①　参见赵祐志:《跃上国际舞台:清季中国参加万国博览会之研究(1866—1911)》,《博览会与近代中国》,第19页。

源。"①由此可见,不管是筹办理念还是实际活动的开展,万国博览会在展示和推广工业成就的同时,也为文化的交流与传播提供了时机和舞台。

但是当时的中国与外部世界刚刚建立联系,对博览会的认识浅薄,参会尚停留在"炫奇"之上。最初博览会就被译为"聚珍会""炫奇会""赛奇会",中国方面对于收到的邀请也多采取消极的应对态度。1861年总理衙门成立后,各国邀请中国参加万国博览会的照会,迎来了对应的处理部门,但遗憾的是它的成立并未使中国对万国博览会的态度和参与情况发生改变,1851年至1872年二十余年间共举办了5届万国博览会,中国官方并未参与其中。博览会上扮演传播中国文化角色的,主要是中国民间自发赴会的商人和艺人,以及在商贸、经济和文化学术方面与中国有联系的外国商人、官员和学者。值得注意的是,后者也形成了一定的团体,比如早期各届万国博览会上的许多中国展品是由外国商人和收藏家提供的,1867年巴黎万国博览会上的中国馆是由法国汉学家德里文等组织。

两次鸦片战争为以英国为首的西方资本主义国家打开了中国市场。但此时西方各国对中国社会文化的认知依旧是浅层次、片面而抽象的。而中国民间商人带着自家贩卖的货品参加万国博览会的展览活动,中国民间艺人与会表演节目,这些都给西方世界了解更为具象的中国创造了机会。

2. 中国商人展示农业大国特色

在晚清中国与前几届万国博览会的接触中,沿海地区的中国商人出于谋利目的自发赴会。在官方缺位、普通民众尚不知万国博览会为何物的背景下,中国商人称得上参加万国博览会的先行者。

1851年伦敦万国博览会筹办之时,在华的英国官员和商人们收到英国

---

① 舍予、王振宇:《牵手艺术 世博华丽转身》,《浦东开发》,2009年第2期。

官方指令,要求他们尽量促成中国的参与,但是中国时任两广总督徐广缙并未采纳在华英商和官员所提出的合作建议,负责讨论中国商品参展事宜的专门委员会也因为英方提出的关于由外国商人代替中国参加博览会这一不合理做法,而没有继续进行相关活动。1850 年 12 月 21 日,《北华捷报》刊登消息呼吁上海商界选送展品参与万国博览会,响应者寥寥无几,但是已有少量嗅觉敏感的商人自行前往。上海宝顺洋行的买办商人徐荣村就是一例,他从这条消息中敏锐捕捉到背后的商机,将 12 包"荣记湖丝"装上货船,送到英国伦敦参加了博览会。

十几年后,1867 年法国巴黎万国博览会,总理衙门经不住法方的再三请求,同意民间商人"悉听尊便"、自主参加。在此届博览会上中国方面也有少量商人携商品赴会。

由于中国国内对万国博览会知之甚少且缺乏官方的引导和宣传,再加上路途遥远、交通不便,参与到前几届万国博览会中的国人数量并不多,商人出于谋利目的自发参会,仅将万国博览会作为商贸之处,与万国博览会联系不紧密。但是中国商人带去的以农产品和初级手工业产品为主的传统产品,质量上乘,展现出中国灿烂的农业文明,为世界各国提供了一睹中国这一农业大国风采的窗口。

1851 年伦敦万国博览会上,中国的矿产品,茶、棉花、木材等经济作物,丝绸、丝织品等纺织品,以及雨伞、拐杖、扇子、烟斗、鼻烟壶、漆器、雕刻、装饰品等手工艺品在西方首次集中亮相。其中,矿产品、植物蜡、丝织品被授予荣誉奖,一直深受西方人青睐的中国茶更是得到无尽赞美,评委会认为中国茶值得比奖章更高的奖项来表彰其价值。[①]许多未能得奖的展品也得到了伦敦

---

① 参见上海图书馆编:《中国与世博:历史记录(1851—1940)》,科学技术文献出版社,2002 年,第 110~116 页。

万国博览会评委会的肯定。

值得一提的是,率先参加"赛会"并送展的买办商人徐荣村,在此届博览会上取得了不小成就。他送展的"荣记湖丝",经过评审的反复对比,以优异的品质获得评委的认可,被授予奖章奖励。该奖章上刻有"翼飞美人"图案,后来"荣记湖丝"以此为商标,被允许进入美国市场①,徐荣村也借此打开了对外市场的销路。

1862年伦敦万国博览会上,中国的农产品和手工艺品再次获得了伦敦万国博览会评委会的肯定。据《1862年伦敦世博会上评委会关于中国参展展品的评语(节录)》记载:由英国副领事送展的黑白芝麻籽样品及其制作的油、饲料饼和用作肥料的粗饼,"质量也堪称一流,所以评委会授予其大奖章";象牙雕刻、花瓶、杯子等手工艺品"精妙绝伦",同样被授予大奖章。②

整体而言,在官方缺位的民间自发参展阶段,中国商人携带以农产品和手工业产品为主的传统产品参赛,显现了中国农业大国特色。但遗憾的是,相比西方先进的工业文明展品,它们则显得古老、落伍。1851年伦敦万国博览会上有1.3万余件展品,机床、机车、冶金设备、轻纺等工业化成果数不胜数;1862年,英国第二次举办万国博览会,再次展示了最新的工业技术成果,所有展品都是在1850年之后生产的。相形之下,中国展品大多是数千年农业文明积淀之下的成果,科技含量不高,与英、法、美等强国的展品相比,显示出中国在科学技术方面的落后。

但是从展品的质量来看,与西方国家展示的工业化产品相比,中国展品的精美程度并不落后,所以在博览会的评审中,中国的展品也能占有一席之

---

① 参见上海图书馆编:《中国与世博:历史记录(1851—1940)》,第110页。
② 上海图书馆编:《中国与世博:历史记录(1851—1940)》,第246~247页。

地。它们展现出中国的丰富物产和精湛的手工技艺,标记了中国高度发达的农业文明。而在工业革命完成之初,中国优质的农业产品正是工业生产所急需的原材料。一个物产资源丰富、手工技艺成熟的农业大国的形象展现在世界面前,吸引着世界的目光。

3. 中国艺人展现特色文艺表演

中国民间艺术很早就出现在万国博览会上,但从事相关表演的民间艺人在以往关于万国博览会的研究中经常被忽略。

在 1851 年伦敦博览会期间, 从香港出发经好望角及美国东岸到达英国的耆英号船正好停靠在伦敦,这艘绕大半个地球航行的中国平底帆船在伦敦引起轰动。据《伦敦新闻画报》记载,这艘船全天向游客开放,船员们向游客呈现了各式各样的中国娱乐表演,例如戏曲演唱、武术表演、乐器演奏和变戏法等。在当地媒体的宣传之下,耆英号吸引了许多外国人上船参观并观看中国民间表演,其中包括英国维多利亚女皇在内的各方人士。①

而且此次伦敦博览会的唐人馆中还有一个以戏曲表演为生的中国家庭。妻子名叫潘怡果,金莲小脚,性格随和,谈吐风趣;丈夫彬彬有礼,十分殷勤,他们还有一儿一女两个孩子。他们共同表演一出折子戏,即先由潘怡果表演一两段粤剧唱段,丈夫伴奏,然后由丈夫表演粤剧唱段。这个家庭组合"服装艳丽夺目,式样奇特,高调展示了一个中国家庭的民族特色"②。

1867 年巴黎博览会上也有中国民间艺人出现。据王韬记载:"余闻有粤人携优伶一班至,旗帜鲜明,冠服华丽,登台演剧,观者神移,日赢金钱无

---

① 参见《伦敦新闻画报》(第 18 卷),第 483 号,1851 年 5 月 24 日,第 45 页。转引自沈弘编译:《遗失在西方的中国史:〈伦敦新闻画报〉记录的晚清 1842—1873(上)》,时代文化书局,2014 年,第 90 页。

② 《伦敦新闻画报》(第 18 卷),第 483 号,1851 年 5 月 24 日,第 45 页。转引自沈弘编译:《遗失在西方的中国史:〈伦敦新闻画报〉记录的晚清 1842—1873(上)》,第 89 页。

算。"①此次博览会的中国戏院表演则吸引了大量观众。一幅版画再现了中国剧院夜场演出的热闹情景:中国剧场露天搭建,右侧的舞台上中国演员正在表演"走绳索"的杂技,而台下则坐满了神情专注的观众,多为头戴礼帽的男士和身着洋装的女士,可以看出当时观剧之人都是法国中上流社会人士且中国杂技非常吸引他们。②《伦敦新闻画报》也记载着:"中国戏院的门票是1.5法郎。戏院是露天的,有的观众坐在剧院对面饭馆的包厢里观看。表演是纯粹的中国特色,包括体操、杂技及各种奇怪的表演。有些就像古希腊竞技场的表演,比如一个中国的魔术师把一把长剑吞到了肚子里。"③《伦敦新闻画报》将中国的杂技表演称为"魔术",反映了19世纪中期外国人对于中国文化知之甚少,而中国民间表演则因为新奇有趣而深受欢迎。

地域流动性强的中国民间艺人将戏剧、武术、中国乐器和杂耍等民间艺术搬到万国博览会的舞台上,对于参观者来说,这些新奇刺激的表演给他们带来非凡体验。万国博览会的舞台成为中国特色文艺在世界大众面前展示的一个窗口。

4. 国人参与者群体文化传播活动特点

民间自发时期国人群体中国文化传播活动主要呈现出两个特点:一是作为传播主体的参会国人群体人数少、声势小,二是传播效果不显著。

19世纪中叶,中国人在世界舞台上处于缺席状态。直到1866年清政府才向欧洲派出了第一个访问团,1870年因法国教案道歉事宜派出钦差大臣崇厚出使法国,中国才刚刚开始迈出国门。因此,当时不仅仅是博览会的会场,在整个世界舞台上也难觅中国人的身影。在1851年至1872年这段民间

---

① [清]王韬:《漫游随录·扶桑游记》,湖南人民出版社,1982年,第94页。

② 参见仝冰雪等:《世博会中国留影:1851—1937》,上海社会科学院出版社,2009年,第4页图3。

③ 仝冰雪等:《世博会中国留影:1851—1937》,第34页。

自发时期,虽然有眼光敏锐的中国商人以及从事表演的民间艺人参与了万国博览会,但终究人少势微。相形之下,在传播中国文化方面发挥着一定作用的是另一团体,他们由外国的商人、收藏家或驻华领事等组成。在1851年万国博览会上,参展的许多中国展品都是由外国的商人、收藏家提供的。而且,在此次博览会上获得荣誉奖的矿产品和植物蜡也都是出自英国驻上海领事之手。英国女王曾在日记中写道:"由于从中国送来的展品太少,为了充实中国展览,筹备委员会只得从英国收藏家手中借一些中国的物品来充实展览。"①该时期,外国的商人、收藏家及驻华领事等在一定程度上充当了中国文化的传播主体。

1851年博览会上也出现了"中国官员"的身影。现存于英国伦敦维多利亚·艾尔伯特博物馆、由英国画家亨利·塞鲁斯(Henry Selous)创作的巨幅纪实油画《女王在开幕式上接见各国使臣》,描绘了此次万国博览会开幕时的情形:维多利亚女王在高台上致词,而台下的人群中一位身穿中国官服的男子身影清楚可见。据考证,这名男子,人称"广东希生老爷",本人也确是中国人,他搭乘1846年12月从广东出发的耆英号于1848年3月到达伦敦。在纪念1848年耆英号商船抵达英国而铸造的纪念章中,还留存有一枚"希生老爷纪念章",正面刻着希生老爷的半身像。两件文物相互印证,证明了"广东希生老爷"确实曾到过伦敦,并受邀参加了1851年伦敦博览会。但是在清宫的外交档案中并无中国政府派官员参与1851年博览会的任何记载,因此可以断定希生虽然是中国人,但并非清朝官员。至于希生为何身穿官服以亲王级别类的人物形象出现在万国博览会的邀请席上,其中缘由不得而知。除了广东希生老爷之外,在万国博览会上中国人与西方各国上层人

① 乔兆红:《百年演绎:中国博览会事业的嬗变》,上海世纪出版集团,2009年,第90页。

士的交往非常罕见。

就传播内容而言,这段时期输出的文化都属于物质文化的范畴,主要展示传统农业社会的生产、生活图景,这对处于工业革命时期的欧美各国来说吸引力不强。传播目的上,赴会的中国商人和民间艺人多出于自我营生,主观上并无传播中国文化的意愿,其传播方式也多局限在传统的商品展示和新奇的民艺表演上。而且精美丝绸、醇厚茶叶等物的展示只是商人扩展销量的手段,由于商品质量参差不齐,没有统一布展,缺乏组织性,在文化展示和传播方面效果不显著。比如在1851年伦敦博览会上斩获奖项的荣记湖丝就因包装不够精致而遭到冷遇。生动有趣的民间表演利用新奇的表演形式和内容,虽然吸引了参观者的眼球,但是对中国文化的海外传播并不能起到更深层次的作用。

总体来看,该时期中国民间在万国博览会上自发开展的文化传播活动,人数少、声势小,以展示中国传统的农业文明为主,形式虽新奇生动,但由于参会者多出于商业目的而无主观意愿,再加上中国官方缺位,开展的活动零散没有组织性,整体上既无法与西方先进的工业文明相抗衡,传播效果也不显著。然而从文化交流层面上讲,这种借助博览会的展示舞台,传播中国文化的各项活动,是中国文化开始走向世界的一个标志,其重要性不可小视。

三、海关主导时期国人参与者群体的"中学西传"活动

1. 海关掌握博览会事务筹办权

1870年,奥匈帝国驻华公使嘉理治向总理衙门发出照会,邀请中国参加1873年在维也纳举办的万国博览会。虽然此前近20年间,中国已经陆续接到了来自法国和英国的博览会邀请,但是国内对于博览会依旧知之甚少。面

对奥匈帝国的邀请，总理衙门以"中国向来不尚珍奇，无物可以往助"拒绝参会，后来经嘉理治的一再请求，并附上《贵国应行送往物件清单》的建议清单，总理衙门才同意"如有意持精奇之物，送往奥国比较者，悉听尊便"①，这实际上也只是出于和睦邦交的需要。面对中国商人对参展毫无热情的状况，奥匈帝国要求中国政府设立专门机构组织策划，为解决这一问题，总理衙门将此次博览会事务交给了海关总税务司赫德办理。

在赫德为首的海关洋员的组织和筹办下，海关英籍洋员包腊作为清政府的代表携带中国商品到维也纳参展，其展品获得了维也纳博览会官方的奖励和赞赏，自此之后总理衙门将万国博览会事务的筹办权都交到赫德手上。当时中国从封闭的"天朝上国"状态被迫打开国门不过短短 30 年，面临着内外交困、外交人才缺乏的窘境，无力承担博览会的相关事宜。而赫德及海关总税务司在操办博览会事宜上则占有资金和人手优势：中国海关有着独立而稳定的海关收入，可以为中国参加万国博览会提供持续的经费；它也拥有完整的人员配置，且多为外雇洋员，他们既了解外国的文化和情况，又因长期与中国进出口货物打交道而熟悉商品，对选择什么样的商品参会了如指掌。以赫德为首的海关洋员还制定了专门的办事章程。以 1878 年巴黎万国博览会为始，赫德发起新的办事流程：成立中国委员会，将其分成 A、B、C 三组，"A 组在中国准备展品，由江海关税务司吉罗福、东海关税务司德璀琳和粤海关税务司裴式楷三人组成；B 组在巴黎打理开幕之前的事务……C 组是赴会的中国代表团，暂时未定。赫德作为三组委员会代表团的主席"②。这套工作模式行之有

---

① 《外交档》，《各国赛会公会》，1-27-4-1。转引自乔兆红：《百年演绎：中国博览会事业的嬗变》，第 92 页。

② 《总税务司通令 1875 年第 1 号通令》，1875 年 1 月 1 日。《总税务司通札》（1861—1875）第一辑。转引自沈惠芬：《晚清海关与国际博览会》，福建师范大学硕士论文，2002 年，第 31 页。

效。在国内,各地的海关机构不仅能更为有效地搜集全国展品,而且可以直接办理出洋和免税手续;在国外,海关洋员对负责展区、展品布置及开幕后的工作事务进行处理时,更占有语言优势;而且他们还可以借机回本国休假,节省差旅费用。按照这样一套流程,海关主导中国博览会事务三十多年,中国参会规模远超以往,并且会上中国主题的展览多次受到奖牌奖励。

在这届博览会之后,晚清中国逐渐形成一套博览会参会模式,即受主办国照会邀请,总理衙门咨行南北洋大臣晓谕商民赴会,同时札饬总税务司由海关具体负责博览会事务。在中国参与万国博览会事务的决策和办理上,海关洋员都具有相当大的权力。1883 年 11 月 25 日,赫德在致金登干的信函中这样写道:"总理衙门只是简单地对我说,'咱们给予合作还是不予合作'? 如我说'不',它就说'不予合作';如我说'可以',它就说'那么给予合作',而把合作的性质和程度交给我去安排,资金也得我去寻找!"①

虽然参加博览会的具体事务都由海关洋员负责,但值得肯定的是清政府对万国博览会的参与度也在逐步加深。1873 年海关洋员代表官方初次参加维也纳万国博览会时,总理衙门在咨行南北洋通商大臣晓谕商民赴赛的同时,也派出中国籍海关人员赴会考察。1878 年巴黎万国博览会上还出现了驻法公使郭嵩焘等中国官员正式赴会观展的情形,郭嵩焘还代表中国向法国总统麦克马洪递交国书,开展外交活动。1883 年荷兰在阿姆斯特丹召开万国博览会,总理衙门命驻德比大臣李凤苞负责会场事务。1904 年美国圣路易斯博览会时,清政府派出贝子溥伦为首的官方特使团。1905 年清政府任命驻比使臣杨枢为列日万国博览会的会场监督。

---

① "赫德 - 金登干 Z/148 号函",陈霞飞主编:《中国海关密档》(第 3 卷),中华书局,1992 年,第 407 页。

　　而且与上一阶段中国人鲜有参会的情况不同,19 世纪 70 年代到 20 世纪初的这段时间内,越来越多的中国人获得了参加万国博览会的机会,他们有的是私人游历,有的是开展贸易和进行考察,而且借此经商的目的性越来越明确,这说明国人对于博览会的功能有了更加清楚的认识。1874 年,刊登在林乐知等外国传教士所办的《万国公报》上的《大美国事:赛会各国珍奇之物》一文对赛会的介绍是这样的:"按泰西赛会,始于英国,嗣即轮次举行,或十年或二十年后不等,总以物之新奇而贵重者为最,泰西诸国无不乐从,虽云水苍茫,亦无不远千万里而来也","必欲使普天之下有新奇之物者,届期毕集现已照会"。①当时国内对博览会只谈到万国博览会上的奇珍异宝、各国汇聚之景象,而对博览会所具有的商品展览、贸易扩展的功能及商业价值认识不足。但是到了 19 世纪 80、90 年代,国人对博览会的商贸功能有了深入的认知。《申报》分别于 1886 年 7 月 10 日、1892 年 6 月 27 日刊登《论中国开设博览会之益》《论博览会之有益》两篇文章,前者说道:"中国之物亦有装运至彼(指万国博览会,笔者注),以备观览者,而百货藉此以流通商务,因此而畅旺惜乎!"②国内提倡自办博览会,说明国人已经深刻认识到万国博览会的商贸功能。

　　海关洋员凭借自身优势,以成功办理 1873 年维也纳万国博览会事务为契机,赢得清政府的肯定和信任,逐渐独揽了博览会事务筹办权。在此过程中清政府也逐渐认识到参与万国博览会的重要性,不仅派官员前去调查,也借此展开外交等官方活动。不仅如此,越来越多的商人也深刻认识到博览会的商贸功能,积极参与其中。在国人群体越来越多的参与下,大量中国展品

---

① 《大美国事:赛会各国珍奇之物》,《万国公报》,第 306 卷,1874 年 10 月 10 日,第 306 页。
② 《申报》,1886 年 7 月 10 日。

不断被输送到万国博览会的舞台。

2. 国人参与者群体展示中国文化产品

这一时期向万国博览会输送中国展品的渠道以商人与官方送展为主。中国商人及官方政府所送中国展品数量大、种类多,内容包罗万象,呈现出一定的展示规模和更为深入的文化层次,扩宽了晚清中国向国际舞台输送中国文化产品的通道。

商人送展加大了中国物质文化展示的规模。万国博览会是各国重要的商贸交流舞台。在前几届博览会中,中国商人主要以寄物参加的方式,很少亲身到场。海关主导时期则由海关代为收集国内货品,统一装船参加博览会。随着对博览会的商贸功能认识不断深入,越来越多的中国商人将万国博览会作为信息交流的平台和商贸交流的场所,参与程度逐步加深。

1878年4月,郭嵩焘自英国渡海前往法国兼任法国大使,刚抵达法国时,有来自宁波、广东等地的6名商人前来迎接。"又商人赴会者六人,曰王承荣,曰孙稼,并宁波人;曰马锦章,上元人;曰卓大业,曰卓兆鼎,曰叶阿厚,并广东人。"①这些商人正是专程来参加1878年法国巴黎万国博览会的。

1904年美国圣路易斯万国博览会举办之前,许多国内商人响应清政府的赴会号召,合股集资,筹备货物赴会。商人们还在广东、上海、浙江等地组建了专为参加博览会制造商品的公司,如北京工艺局、广东的广业公司、中国茶瓷赛会公司等。②北京工艺局运送美国的货物荷载较大,价值不菲,"以珐琅、地毯为大宗,而古玩、玉器、雕漆等物亦兼有之"③。广业公司也将翡翠、玉石、

---

① [清]郭嵩焘:《郭嵩焘:伦敦与巴黎日记》,岳麓书社,1984年,第555页。

② 参见乔兆红:《百年演绎:中国博览会事业的嬗变》,第70页。

③ 《赛会志略》,《东方杂志》,1904年,第1卷第3号,第185~186页。

象牙、古董、木器、丝茶、绣货及各种新式物品送往参会,随行商人75人。[①]中国茶瓷赛会公司先后运抵圣路易斯参赛的货物价值高达十几万元,以茶叶、瓷器为大宗。[②] 1904年博览会上的中国展品来自国内22个通商口岸,72家政府与民间机构,总重超过1400吨。根据美方的统计数据,中国在15大类中至少参加13类,包含99项细目。[③]

整体而言,在海关采取有效的展品搜集制度和中国商人愈加重视万国博览会并亲身赴会的双重作用下,万国博览会上中国展品数量越来越多,种类也越来越丰富。与民间自发时期相比,海关主导下展示的物质文化更加多彩。

官方送展则以中国文化典籍为主,兼及介绍中国时政和学习西方成果的出版物。在近代早期的文化交流中,中国文化的外传主要是靠来华外国人,特别是具有较高文化水平的各国传教士,他们在向中国传播近代西方文化和科技成果的同时,也注重将中国的典籍进行西译和西传,其中以英国传教士理雅各做出的成绩最为显著。从1861年他出版英文版的《中国经典》第1卷起,在此后的25年间,他又陆续将《论语》《大学》《中庸》《孟子》等中国典籍进行英译并出版。随着洋务运动的开展,中外文化翻译出版机构的涌现,更多的中国经典拥有了西译的机会,许多官方机构,如京师同文馆、江南制造局、海关总署和一些地方政府将大量中国典籍送到了万国博览会上。

在1884年的伦敦卫生博览会上,中国第二部展区为"教育部",主要分为京师同文馆出版、传教士译作、江南制造局出版、从曾纪泽处借来的展品四部

---

① 参见《溥伦为粤商创立广业公司赴美赛会事致外务部咨呈》,汪岳波:《晚清赴美参加圣路易斯博览会史料》,《历史档案》,1987年第4期。

② 参见《赛会志略》,《东方杂志》,1904年,第1卷第3号,第185~186页。

③ See *History of Louisiana Purchase Exposition*,P292.转引自王正华:《呈现"中国":晚清参与1904年美国圣路易万国博览会之研究》,《博览会与近代中国》,华中师范大学出版社,2010年,第91页。

分,展示了晚清中国的翻译出版物和文化典籍:其中书籍包括江南制造局出版的《四书》《五经》《唐诗三百首》《三字经》等,及曾纪泽收藏的《三国演义》《四书》《康熙字典》等;译作除宁波展品的传教士译作外,主要是来自京师同文馆出版的《国际法》《自然哲学》《西方教育报告》《化学分析》《西行记》等,及江南制造局出版的《日历书》《东方问题》《天文学纲要》等。①这些书籍在展现中国向西方学习成果的同时,也将中国传统的文化经典介绍给西方。

1904年圣路易斯博览会上,海关总署、湖北省及汉口市也提供了大量图书及出版物类的展品,内容丰富,值得注意。②海关总署送展的书籍用英文写成,共33种。其中5种地理、游记类著作,5种贸易统计资料,4种语言、文学及音乐舞蹈类著作,8种介绍鸦片、丝茶、黄麻、中药及相关贸易,2种记录万博会参展目录,2种属海关总署职员录及征税说明,2种介绍中国灯塔、浮标及航行指标,2种以中国武器、剑艺与操练为主题,最后3种分述中国的救生艇,纹银及外国使馆设置的历史。从内容来看,涉及中国政治、经济、文化、社会、军事的方方面面,能使外国人更加全面深入地了解中国。特别是有关中国国情的调查统计和进出口商品的调查报告,在很大程度上促进了西方对中国社会和经济的了解。

湖北省送展的是汉籍,包括两大部分:一是"崇文书局/湖北官书局"刻书,展示中国传统学术成就及湖北地方文化特色。"崇文书局/湖北官书局"刻书按中国传统的"经史子集"分类,包括经部《康熙字典》《说文解字》,史部《湖北通志》《大清会典》,子部《孔子集语》《医宗备要》,集部《唐宋八大家类选》《胡文忠公遗集》等著作179种。这些著作采用传统的线装书样式装订,"函

---

① 参见乔兆红:《百年演绎:中国博览会事业的嬗变》,第119页。

② 参见[美]居密主编:《1904年美国圣路易斯万国博览会中国参展图录》之《汉籍珍品域外流传篇》,上海古籍出版社,2010年,第1~3页。

套以不同颜色防潮蜡布制成,配以白色象牙插签,装潢挺括精致"[1],向外国人直观地展示了中式书籍的装帧特色。二是"湖北洋务译书局"及"湖北翻译学塾"的译书,共 22 种,大致可以分为 5 类:湖北洋务译书局及翻译学塾章程、出版物清单及译书局委员名录;外交类书籍;介绍亚洲各国政治、经济、风土人情及与他国所订外交条约;论述欧洲诸国法律、科技、教育类书籍;辑录电报和时事资料。较为全面地介绍了 20 世纪初我国对中外政治形势、外交关系、西方军事科技、教育以及中外时事的掌握情况。在这次万博会所设的四等奖牌中,以特等奖为首,余下是金奖、银奖、铜奖。而中国有两套参展图书,使得作为代表团成员的中国海关、两湖(湖广)总督及湖北巡抚等都获得了特等奖。

汉口市展出了《汉口日报》(Hankow Daily News),这是 1902 年 10 月 15 日由浙江商人宋炜臣创办的报纸,态度温和支持清末新政,1904 年初由张之洞接收,改为官报。[2]这份报纸除了湖北省还在天津、重庆、苏州、泸州、上海、香港等多个通商口岸销售,能够反映中国社会的真实情况和舆论风潮。

看得出,中国官方送展的出版物种类繁多,内容丰富,传播效果显著。这些书籍主要以中国经典为主,也有少部分反映中国艺术文化和现实生活的出版物,在展示学习西方取得的一系列成果的同时,也以更为深入的方式传播了中国经典和中国文化,获得较高评价并斩获诸多奖项。同时值得肯定的是,这些展览的书籍有部分是用英文写成的,大大提升了这些书籍在海外的文化传播效果。

总之,在官方和民间多种渠道的共同作用下,海关主导时期的中国文化

---

① ［美］居密主编:《1904 年美国圣路易斯博览会中国参展图录》之《汉籍珍品域外流传篇》,第 15 页。

② 参见《武汉档案馆收藏清代〈汉口日报〉每份千元》,《兰台世界》,2010 年第 17 期。

展示,物质文化和精神文化并重,参展规模进一步扩大,传播层次也得到加深,这是民间自发时期所不及的。

3. 国人参与者群体与中国文化空间的营造

海关主导时期,博览会上中国展区逐渐形成一种中国文化空间。它的营造,与中国工匠、乐师及其他工作人员的参与密不可分。

(1)中式建筑与中式陈设

如今各届世博会上,各国展馆依托本国独特的文化及先进的科技成果在场馆设计、建筑材料的使用上各有特色,是博览会最引人注目的存在。但在万国博览会兴办之初,往往采用将全部展区集中于一栋独立建筑的布局方式。1873年维也纳万国博览会突破了以往单栋建筑的限制,以工业馆、机械馆、艺术馆和农业馆这四大展馆的设立,开启了主题展馆的新尝试,并在之后相当长一段时间内得以沿用。1876年费城万国博览会在原有的主题展馆的基础上出现了主办国展馆,参展各国在会场上修建本国场馆的传统逐渐形成,场馆布局上也趋向于分散化。这反映出万国博览会展览概念发生变化:从原有的无所不包的展品展示走向专题表达,万国博览会逐渐从工业展示转向文化交流。[1]就文化传播的意义而言,参展各国的各具民族特色的场馆,成为各国文化艺术展示的又一平台。

中国展区呈现出相似的变化轨迹。1873年以前的民间自发时期,在国际上都以独栋建筑作为会场的前提下,不存在中国馆。1876年在费城万国博览会上诞生了第一个以牌楼为分界标志的中国馆。李圭在游记《美会纪略》中曾记录费城博览会的中国馆:"北向建木质大牌楼一座,上面大书'大清国'三字。横额曰:'物华天宝'。联曰:'集十八省大观,天工可夺;庆一百年盛会,友

---

① 参见郑时龄、陈易:《建筑世博会》,上海大学出版社,2010年,第21~23页。

谊斯敦'此为德君嘱圭所拟者。"①在此届博览会上,中国馆位于会场的西门处,左邻智利、秘鲁,右接日本、埃及、土耳其,正对意大利、挪威、瑞典等国。矗立在中国展区门前的牌楼首先起到了空间分界的作用,作为中国展区的大门,它以独特的中国建筑风格与他国展区相区分,同时还具有标志和装饰的功能。自此,牌楼这一具有浓郁中国特色的建筑形式为此后历届博览会的中国馆所沿用,成为万国博览会场上,牌楼就是中国的象征和代表。

1878年巴黎万国博览会上,中国人开始自行建造独立展馆"中华会所"。它不仅外观气派华丽,内部更是以中国庭院的建筑形式、别具一格的中式陈设吸引着参观者的目光。该馆虽搭建在巨大的西式布棚中,但是厅内悬挂着中式宫灯,棚顶四周沿绘着双龙戏珠的纹饰,展台上分层排列着各式各样、大小不一的瓷器。独具创意的是,中国展区设计师将四面镶有玻璃的展柜打造成双层挑檐的宫殿样式,将中国文化元素融入现代展柜,并在其中展示价值连城的奇珍异宝。②郭嵩焘评价此届万国博览会的中国馆"陈设华丽,牌楼亭榭,金碧辉煌"③。这届博览会,中国馆初具规模,在展馆布局、建筑景观、室内展品陈列等方面都有较为全面的规划,并得到落实。

1883年伦敦万国博览会,中国展区的布展采用中国传统园林设计,获得巨大成功。海关洋员金登干在1883年5月18日给赫德的信中谈到这届博览会的展馆情况:"凉亭和小桥非常成功,正符所望。从中国展区望去或从场地的另一端向中国展区望去,简直景色如画。中国展区无疑是海关的一项成就。它是博览会的一颗明珠,受到广泛的赞扬。"④金登干的态度虽然有夸耀自己

---

① ［清］李圭:《环游地球新录》,湖南人民出版社,1980年,第8页。

② 参见仝冰雪等:《世博会中国留影:1851—1937》,第46页。

③ ［清］郭嵩焘:《郭嵩焘:伦敦与巴黎日记》,第570页。

④ "金登干–赫德A/295号函",陈霞飞主编:《中国海关密档》(第3卷),第268页。

工作成果和恭维赫德的成分,但也在某种程度上反映出中式庭院深受欢迎。中国展区也确实获得了当时媒体的好评,《星期日泰晤士报》报道说:"中国展区是值得特别关注的……虽然展览的每个部分都对大多数参观者有极大的吸引力,但也许没有哪个比陈列中国展品的古色古香的庭院更能引起全世界的兴趣和好奇心了。"① 1888 年 5 月 12 日出版的《帕尔美尔公报渔业展览增刊》也评价到:"这一部分的装饰本身就值得单独写一章。庭院在设计、色彩和内容上都是中式的。至于装饰,其目的是要给庭院带来一种高广光明的感觉,使这批收藏品看起来就像一件中国的景泰蓝或瓷器。毫无疑问,设计师们成功了。"②

1889 年巴黎万国博览会,中国庭院的建筑样式得以延续,并注重与周围环境的融合。

1893 年芝加哥万国博览会,出现较为规范的院落式建筑群,包含寺庙、戏院等较大建筑,戏院门前还设置了对称的八层高塔,戏院内设有佛堂、百货店、茶馆等功能区。

1900 年巴黎万国博览会,中国馆建筑面积达到 3300 平方米,共有五座建筑,外形分别模仿北京城墙、万里长城、孔庙等著名建筑,园区内还安排有能工巧匠进行真人手工艺和民俗表演。

1904 年圣路易斯万国博览会是清政府最为重视的一届,清政府特选派溥伦贝子、黄开甲为正副监督组成官方代表团赴美参会。此届博览会的中国馆是以溥伦贝子的住宅"夏宫"为模型建造的,包括一座国亭、五间正厅、四间

---

① "International Fisheries Exhibition.", *The Sunday Times*(London,England),May 20,1883. Issue 3136,p.6.

② 吴松弟整理:《美国哈佛大学图书馆藏未刊中国旧海关史料(1860—1949)》之杂项系列第 219 册,广西师范大学出版社,2014 年,第 169 页。

侧厅、一座门楼和门楼外的一座八角亭。这座宏大的宫殿建筑群由六千余块精美木雕手工拼接而成,占地超过 15000 平方英尺,建筑古雅,雕工精致。其中所有建筑材料都是耗费巨资(约 12 万美元)事先在中国制造好的,组装过程中没有使用一个钉子。①该建筑群极尽中国传统建筑工艺之能事,引来大批参观者。由于来馆人员众多,馆内桌椅在博览会初期就微有损坏,直至下午才开馆,并且加雇五人轮流看管,只有得到监督许可票方能入内②,受游人青睐程度可见一斑。其中,中国馆奢华的装饰、馆前瑰丽的宝塔,成为西方媒体报道中国参展消息时的主要内容。③

总之,万国博览会上的中国馆以牌楼为首,馆内出现了宫殿、国亭、高塔、长城、孔庙等各式中国传统建筑,中式庭院的建筑形式也加以呈现,不仅注重与周围环境的融合,还进一步扩大规模且样式多变,这些无一不让来自世界各地的参观者"在通过展品认识中国的同时,也领略到中国传统建筑之美观和独特"④。更为重要的是,随着万国博览会展出观念的变化,馆内也增设了戏院、茶馆、寺院、中餐厅等多座功能性建筑,中国文化元素的馆内陈设也别具特色。中国文化空间的建设与营造,是参会国人群体辛勤努力的结果,也提供了在博览会期间进一步传播中国文化的舞台。

---

① 参见仝冰雪等:《世博会中国留影:1851—1937》,第 80 页。

② 参见[清]陈琪:《陈琪文集》,江苏文艺出版社,2012 年,第 105 页。

③ See "China to Have Fine Exhibit at World's Fair", *Idaho Statesman*(*The Idaho Daily Statesman*), 03-07-1904,Page 4; "China at the World's Fair of 1904", *Dallas Morning News*,08-28-1904,Page 3; "China's Great Fair Exhibit Land of Confucius is Getting into the Line Of Progress", *Morning Olympian*, 04-29-1904,Page 3.转引自[美]居密主编:《1904 年美国圣路易斯万国博览会中国参展图录》之《中国参展文化交流篇》,上海古籍出版社,2010 年,第 3 页。

④ 吴松弟:《走向世界:中国参加早期世界博览会的历史研究——以中国旧海关出版物为中心》,《史林》,2009 年第 2 期。

(2)国人参与者群体传播中国文化的努力

毋庸置疑,该时期万国博览会上中国馆的组织者是以赫德为首的海关洋员,但是会场上却处处可见中国人的身影。那些独具特色的场馆和中国传统建筑景观等都是出自中国工匠之手。加之博览会上演奏中国乐器的乐师和其他工作人员,他们无形中成为营造中国文化空间的国人群体。中国工匠、乐师用自己的辛勤劳动和精彩演奏将凝结着中国文化的传统建筑风格和传统民间曲艺展示在世界面前,中国馆的其他工作人员用认真周到的服务让各国游客真实体验中式生活,他们扮演着中国文化域外传播不可或缺的重要角色。

1883 年国际渔业博览会上,两名中国工匠德阿古和陈阿武进行了屋顶和墙壁的装饰工作,他们不仅在墙上、金属和木头上绘制、雕刻了鱼图、莲花、八卦图等中国传统纹饰,还在此届博览会上建造了中式庭院,使中国展区深受欢迎。中国工匠德阿古因自己卓越的技艺获得了博览会当局的银质奖章奖励。该届博览会结束后,德阿古继续留在伦敦,同来自北京的 3 名油漆工、木工为 1884 年伦敦卫生博览会一同建造了中国风格的餐厅、茶馆和商店。

1884 年伦敦卫生博览会为专业性博览会,中国展品包罗万象,从衣食住行到婚丧嫁娶,从教育情况到商业生活,全面地展现了中国人的日常生活和文化。其中,中国餐馆和茶室别具特色。为满足实际需要和取得生动的展出效果,中国海关招募了来自北京、镇江、宁波、汕头、广东等地的乐师 6 人、厨师 6 人、侍者 4 人、理发师 2 人、书记员 1 人作为工作人员参会。①而这些工作人员的到来,给中国馆带来勃勃生机,博得较多关注。

---

① 参见吴松弟整理:《美国哈佛大学图书馆藏未刊中国旧海关史料(1860—1949)》之杂项系列第 219 册,第 142 页。

首先是中国乐师。他们是来自北京的八角鼓①班艺人,会表演、能弹善唱。整个展览期间,6位乐师演奏了不少曲目,深受欢迎。他们在展馆内外保持着固定演出:每天早七点半到九点,下午四点到六点分别在中国展馆的茶室"幔亭"和餐厅"紫气轩"配乐,有时也到中式凉亭和花园水池上的小桥上为参观者演奏。正如海关洋员赫德所期望"在餐馆演奏音乐,用中国日常生活的乐事来'折磨'伦敦人的听觉"②。

据《1884年伦敦国际卫生博览会中国展品图示目录》中相关记载,乐师们演奏的器乐曲包括《华祝歌》《大八板》《开手吧》《打花鼓》《大鼓》《柳青娘》《姑娘表》《妈妈好明白》《出殡曲》《婚庆曲》,声乐曲包括《进兰房》《烟花柳巷》《大新春》《画扇面》《摔镜子》。其中《华祝歌》被标明为"中国国歌",是曾纪泽使欧期间创作的两首国歌之一。这些曲目的演奏不仅向西方介绍了中国北方民间传统的乐种曲艺,还通过《华祝歌》的表演传递了中国精神。

作为演奏中国音乐主要场所之一的中国餐室,自然也是热闹非凡。餐室共提供50种中国的特色食品,如燕窝、对虾、瓜子、蜜饯、绍兴酒等,并且依据西方人的饮食习惯,烹饪出符合欧洲人口味的菜肴。还设有茶室,为参观者提供中国特色的茶水。中国厨师和中国侍者还曾被邀请为英国女王准备午宴,为其烹制燕窝等中国传统美食。③

根据1900年巴黎万国博览会中国馆的彩印版画④,可以发现展馆前有中国人现场绘制瓷器,进行抬轿表演。1904年圣路易斯万国博览会上,中国馆

①　八角鼓是源自满族地区的一种说唱曲艺形式,原为满族人散居时期的歌曲,到清乾隆年间才发展为坐唱形式,并有专业艺人出现。在北方各地,特别是北京、天津和东北各地曾广泛流行。当时六位乐师所带的乐器有三弦、拍板、大鼓、板鼓等,演出形式以说唱为主。

②　"金登干－赫德A/54号函",陈霞飞主编:《中国海关密档》(第3卷),第452页。

③　参见陈霞飞主编:《中国海关密档》(第3卷),第581页。

④　参见仝冰雪等:《世博会中国留影:1851—1937》,第67页。

专门建造了中国戏院,表演原汁原味的中国京剧,每天吸引着大量观众。当时的照片显示,舞台上既有舞枪弄棍的武将,也有扮演皇帝及其侍女的演员。

海关主导时期,历届万国博览会上的中国馆多是模仿和复制中国传统建筑,其营造的中国文化氛围和独立空间对文化传播起到重要作用。将中国传统建筑牌楼、庙宇、宫殿、宝塔、庭院从国内移植到世界各国博览会会场,有助于中国文化空间的营造。从中国传统建筑层面讲,这种占地广阔、引人注目的巨大建筑物视觉上给游览者以瞬时的强烈冲击,在文化展示和传播方面效果显著。从传统建筑本身来说,其凝聚着深厚的历史和文化内涵,在世界各民族汇聚一堂、争奇斗艳的万国博览会舞台上,独具特色的中式建筑与陈设标榜着与西方文化截然不同的存在,展示出中国悠久的历史和文化的独特性。从与会工作人员的角度看,他们为静态的中国文化空间增添几多生色,特别是在传播中国大众娱乐文化方面,做出了积极贡献。中国工匠精湛的组装和装饰技艺再现了中国传统工艺之精巧,中国乐师原汁原味的演奏带来中国民间乐音之淳朴,中国厨师们更是献上中国传统美食的盛宴,使世界各国的游人们从视觉、听觉、味觉等直接观感中品味中国传统文化的点点滴滴。

4. 博览会的另类参与者及其文化传播活动

从 19 世纪 70 年代开始,随着中外联系交往的不断加深,有机会跨越重洋亲临万国博览会游历参观的中国人逐渐增多。留学生、外交官、官方特使或观摩团以及一些私人游历者都出现在万国博览会上,他们所行主要是考察西方文明,相关参也活动本身也成为一种重要的文化传播形式。

留学生群体诞生于 19 世纪后半期,是处于落后、被侵略地位的中国尝试学习西方先进文化以探求国家富强之路的产物。他们身处国外,了解博览会的相关信息,也容易获得参观万国博览会的机会,且本身具有强烈的学习欲望,对留学国举办的万国博览会,只要有机会都乐于前往。1872年到1875年,清政府派出120名幼童,分4批前往美国留学。1876年费城博览会举办之际,清政府已将120名幼童派遣完毕。在出洋肄业局官员及汉文教习容增祥的组织带领下,有113名留美幼童出现在了万国博览会的会场上。博览会上还展出了这批留美幼童的作品,其算术、地理、美术、绘图作业等功课成绩"皆有规格",作文用英文、拉丁文、中文撰写,展现了不输西方学生的学习能力和智慧。在近代中国留学史上书写浓重一笔的留美幼童们,此时也在参加博览会的西人人潮中颇受瞩目。除此之外,还有留学生对个别博览会展出烟枪、刑具等物和娼妓、乞丐、囚徒等丑化中国形象的展品气愤不已,撰文披露个中内情,呼吁国人"凡有血气之人闻之,当如何兴起奋发及时改良,以湔洗无穷之奇耻深恨,则是记者所亟待与我海内外同胞共勉者也"[1],展现了中国海外学子的爱国之情。

　　外交官参与到万国博览会主要存在两种情况:一种是因政务在身而参与博览会。1878年,时任驻英公使的郭嵩焘接到"兼充出使法国钦差大臣"的上谕。[2]此时第三届巴黎万国博览会将在公历5月1日举行,清政府的这一任命意在借巴黎万国博览会之机发展与法国的邦交关系。开幕当天,尽管未正式递交国书,郭嵩焘还是以公使身份出席博览会,并与法国百官和其他公使依照开幕式流程随法国总统绕场一周。开幕式后郭嵩焘等人就近到中国陈设货物处游览,与赫德、赫政、吉罗福、金登干等洋员会晤。后来,郭嵩焘又偕使馆参赞李丹崖和黎庶昌再次到万国博览会观摩。此外,1905年比利时在列日举办博览会时,清政府曾任命中国驻比利时公使杨兆鋆为监督,负责中国

① 陈占彪编:《清末民初万国博览会亲历记》,商务印书馆,2010年,第122页。
② 参见[清]郭嵩焘:《郭嵩焘:伦敦与巴黎日记》,第546页。

的博览会事宜。会后杨兆鋆通过奏折向朝廷汇报了此次博览会概况以及对博览会的认识,并提出了改革建议。另一种是自行考察博览会。1883 年的国际渔业博览会和 1884 年的国际卫生博览会,驻英公使曾纪泽曾到场参观;1889年,驻美公使张荫桓与新使交接后回国,途中经大西洋到达英国,又从英国乘船赴法,抵达后连续 5 天考察了第四届法国巴黎博览会;1904 年美国圣路易斯万国博览会上,驻纽约的领事夏偕复、驻旧金山副领事欧阳祺和欧阳庚也都因地利之便到场游历。①

官方特使是清政府派去专门参观考察万国博览会的人士,其中一种是中央政府所派,另一种是地方政府的派员,人数不少。如精通外文的驻德、法参赞陈季同在《巴黎印象记》一书中记载,由于通晓法文,他多次为国内前来游览 1889 年法国巴黎博览会的官员担任向导,"每天大部分时间我都在博览会上,几乎成了参展商中间被展出最多的人"②。李圭是经中央政府派员,代表中国官方参观考察万国博览会的第一人。1876 年,时任浙海关总税务司文书的李圭,经东海关税务司德璀琳的举荐,被海关税务司赫德派往费城博览会,李的任务是将博览会的会内情形及自己的所见所闻详细记录下来带回中国,作为中国人了解世界及万国博览会的媒介。李圭所著的《环游地球新录》中有一章《美会纪略》正是对 1876 年费城万国博览会经历的记录。

进入 20 世纪,中央政府派出官方特使团参观博览会。1904 年美国圣路易斯博览会召开,清政府任命贝子溥伦带领官方使团出洋参会,还代表中国官方赴白宫觐见罗斯福总统并呈上国书。③ 1906 年意大利米兰万国博览会

---

① 参见薛坤:《近代中国博览事业的起步和发展(1851—1937)》,苏州大学硕士论文,2011 年,第41 页。

② [清]陈季同:《巴黎印象记》,广西师范大学出版社,2006 年,第 15 页。

③ 参见[美]居密主编:《1904 年美国圣路易斯万国博览会中国参展图录》之《风云诡谲国际外交篇》,上海古籍出版社,2010 年,第 70 页。

召开,适逢端方、戴鸿慈等大臣受命出洋游历考察欧美及日本等国政治,他们也参观了这届万国博览会。

随着清政府开始派特使、观摩团参加万国博览会,地方派员考察的风气也随之兴起。1904年圣路易斯万国博览会上地方派员出国考察风气正盛,山东巡抚、四川总督、湖南巡抚都派人参加了考察。①这段时期地方政府派员游历博览会主要目的是考察学习,所派人员也都是受过新式教育的学生,如1904年美国圣路易斯博览会上四川总督便派下级官员率领新式学堂的20名学生前往游历。②后来主办1915年巴拿马国际博览会并大获成功的陈琪,也受到湖南巡抚赵尔巽的派遣前往美国参加圣路易斯博览会,负责湖南展品的陈设。③博览会后,赵尔巽还派陈游历欧洲,到英、法、俄、德、意等国考察风土人情和政教经济。1905年,陈琪第二次参与博览会事宜,考察了比利时列日博览会。这两次万国博览会的游历经历对陈琪产生重大影响,后来他联合道员严其章给端方呈上的举办一次全国性博览会的建议,与在外游历两届万国博览会所受的启发密切相关。

人际交往是文化传播的重要方式之一,在万国博览会的国人参与者与外国人的交流中,中国人的外貌服饰和言行举止都在塑造着国人在域外人士心目中的形象,他们也是中国文化的展示者和传播者。

以费城万国博览会上的113名留美幼童为例。他们自身受到万国博览会的关注和礼遇,"大会的工作人员还特意在他们居住的屋顶升起黄龙旗,在他

① 参见何立波:《陈琪——带领中国进入世博第一人》,《档案天地》,2010年第5期。
② 参见薛坤:《近代中国博览事业的起步和发展(1851—1937)》,苏州大学硕士论文,2011年,第43页。
③ 参见何立波:《百年前考察研究世博会的中国人——陈兰熏》,《中国档案报》,2010年7月22日。

们进出的时候,都有乐队负责奏乐,还安排他们在万国博览会就餐"①。当时的媒体还对留美幼童一行人的行为举止给予高度评价,认为他们"聪敏好学""相互亲爱",在与人交往时也能做到"言谈彬彬然"。同在会场的政府官派人员李圭,也对他们褒奖有加,称他们在观会时仪态大方,"于千万人中言动自如,无畏怯态"②。美国总统格兰特听闻他们的事迹,在到达费城后还特意接见他们。当时,海外的中国人难得一见,留美幼童的言行举止展现了中国人的良好风貌,特别是在美国排华潮流兴起的时代,留美幼童出现在万国博览会的舞台上,既是一种学习活动,也是一种宣传活动,展示和宣传了中国青少年开放进取、走向世界的积极姿态。

而在会场上连续几天都遇见他们的李圭,所到之处也无不引起人们的关注。他本人成为万国博览会上的"一景",常被参观者围住攀谈,外国人"无不以得一见,交一言为幸;而啧啧赞美,敬礼有加。因而每至一处,竟若身入重围,几不可出"③。不知不觉中,李圭成为向西方展示中国人良好面貌的窗口,充当了中外文化交流的使者。

值得注意的是,参加费城博览会的留美幼童中有一位名为黄开甲的留学生,虽然年幼,却表现不凡,后来他还以 1904 年美国圣路易斯万国博览会监督的身份,携夫人一同前往美国工作。随之,美国女记者康斯托克(Sarah Comstock)对黄开甲夫人做了专访,并被刊登在《沃斯堡电报》(Fort Worth Telegram)上:黄开甲夫人的一张照片占据了版面的中心位置,照片上黄开甲夫人身穿清代中国妇女常见的袄裙,面容端庄。她的照片被富有中国特色的云纹纹饰装饰,直观地展示了中国妇女的形象。专访提到,黄夫人也是万国博览

---

① 杨伟:《晚清首批留美幼童黄开甲与世博会的情缘》,《兰台世界》,2014 年第 28 期。
② [清]李圭:《环游地球新录》,第 105 页。
③ [清]李圭:《环游地球新录》,第 8 页。

会中国馆设计的参与者,她在言谈中大方表示不赞成缠足,十分关注中国妇女的受教育问题。①通过这一专访,外国人了解到黄开甲夫人是一位思想开明进步、举止大方得体的中国女性,某种程度上刷新了西方对中国传统女性的认知。

5. 中国文化传播活动特征与缺憾

海关主导时期,中国商人及官方政府在海关的组织下将大量中国商品和文化典籍送展博览会,保证了中国文化产品输送通道的畅通。随着中国展区的发展,中国馆内以中国传统建筑及中式陈设为载体,构建了一种静态的、具有中国特色的展区空间,进而在中国工匠、乐师的精彩展示及其他工作人员的周到服务下,营造出一种动静结合的中国文化空间。而中国留学生、外交官、政府专派人员及其他人员等另类参与者群体也通过人际交往塑造着国人的良好形象。

总体来看,海关主导时期万国博览会上中国展品不仅数量增多、规模增大,也越来越注重凸显中国各地的地域文化特色,同时文化深度也有所提升。以上为此时期博览会国人参与者群体中国文化传播重要特征。

1873年维也纳博览会是由海关税务司办理的第一届博览会,为了显示自身的能力、获得更多权力和机会,赫德对此届博览会的筹办分外上心,他下令从全国14个通商口岸收集展品。从中方通商口岸的展品目录来看,当时已开埠的厦门、广州等14个通商口岸除矿物、农产品、手工业产品之外,还送展了许多能展示本地特色和优势产业的展品。比如,牛庄地处平原,土壤肥沃,物产丰富,在展品目录上,牛庄海关报送的展品中粮食、药材便有78种,

---

① 参见[美]居密主编:《1904年美国圣路易斯万国博览会中国参展图录》之《风云诡谲国际外交篇》,第35页。

品种丰富；①江浙地区的丝绸誉满天下，上海海关收集了产于杭州和湖州的各种颜色、各类纹饰的缎、绸、锦缎、丝、罗、纱共 132 种，其中仅来自杭州的摹本缎一类便有大红、桃红、妃色、湖色、竹灰、银灰、蜜色、宝蓝、水绿 9 种颜色，每种颜色又各有纯素和时花 2 种纹饰，一共有 18 种之多；②汉口则送展了仅在宜昌出产的竹笋石屏，扇面在江苏出产但是在汉口加工完成的翠扇；③汕头的展品中则有扇面上绘有《杭州西湖志》《八仙闹东海》《王母蟠桃》《天台遇仙》等中国历史文献和神话故事的"蓬洲扇"④……

值得注意的是，这一阶段中国文化传播的内容也从物质文化层次上升到精神文化层面。中国文化典籍展示的丰富内涵，传统建筑中的文化和精神，向各国的博览会参与者及游览者勾勒出更加真实、丰富的中国生活和中国人的精神世界。特别是英译版中国文化典籍的展示和流通，缩小了中西间文化交流的鸿沟，使中国深层次的思想文化财富获得了向外传播的机会。《1905年美国国会图书馆年报》有记载："东方部新增（文献）包括一百九十八种中国著作，共九百六十五卷，是中国（湖北省）参与圣路易斯万博会的部分展品，会后通过中国驻华盛顿使馆送赠（国会）图书馆。"⑤这些书籍部分以英文写就，并且捐赠给美国，不仅在海外为中国学术保留了珍贵版本，也为有志于研究中国学术文化的海外学者提供了宝贵资料。

---

① 参见吴松弟整理：《美国哈佛大学图书馆藏未刊中国旧海关史料(1860—1949)》之杂项系列第 211 册，广西师范大学出版社，2014 年，第 372~376 页。

② 参见吴松弟整理：《美国哈佛大学图书馆藏未刊中国旧海关史料(1860—1949)》之杂项系列第 211 册，第 660 页。

③ 参见吴松弟整理：《美国哈佛大学图书馆藏未刊中国旧海关史料(1860—1949)》之杂项系列第 211 册，第 456 页。

④ 参见吴松弟整理：《美国哈佛大学图书馆藏未刊中国旧海关史料(1860—1949)》之杂项系列第 211 册，第 113~115 页。

⑤ [美]居密主编：《1904 年美国圣路易斯万国博览会中国参展图录》之《汉籍珍品域外流传篇》，第 12 页。

　　此外,与以往的民间私人参展不同,海关主导下的中国参展从 1873 年维也纳博览会开始均代表中国的国家行为,国人参与者群体的文化传播活动一方面受制于国内的政治诉求,同时也受到国际政治局势的影响。

　　1904 年圣路易斯万国博览会上,送展的慈禧太后肖像画便是一件极具政治意义的展品。此画被摆放在美术宫正馆内展览,并由贝子溥伦为之主持正式的揭幕仪式。画中,慈禧太后身穿冬季朝袍,披珍珠宝石披肩,头戴珠宝,面容肃穆。画上方题有"大清国慈禧皇太后"的字样。当时的清王朝正处于严重的内忧外患之中,作为清王朝皇权的实际掌握者,慈禧太后允许其画像参展,表面上展示了她对圣路易斯博览会的浓厚兴趣,实际上是为了代表清王朝向世界释放善意以争取国际支持。

　　万国博览会的展示中伴有强烈的殖民主义色彩。1876 年费城博览会上,黑色人种及被殖民的原住民设立专属展示区的要求被拒绝, 他们被要求只能在属于其殖民帝国的区域内进行展示。1893 年,日本在大阪举办的内国劝业博览会上原拟将中国人与印度人、朝鲜人、琉球人、阿伊奴人(夏威夷人)、爪哇人划分为"低等民族"作为"人种馆"的成员进行展示,这一举动不仅反映出种族歧视的倾向, 同时也将中国人定义为国际殖民主义秩序中被殖民的一方。虽然这一计划因遭到中国国内的强烈抗议而没有实施,但是日本仍然利用一名台湾妇人展示了中国缠脚陋习。

　　文化与政治无法剥离, 资本主义强国举办的万国博览会本就是强者掌握话语权的舞台,弱者的文化展示和表达受到强者的控制甚至被剥夺。西方列强在博览会上通过直接或者间接的方式,将东方文化构建为比"文明"更为低等的存在,以此作为猎奇和取乐,通过与自身文化形成的对比,展示其文化的优越性。

　　尽管万国博览会上中国的展品日益丰富, 但是中国展品在陈列上布展杂乱、水平不高的问题一直存在。根据陈琪的记载,1904 年圣路易斯博览会上,矿产品和农产品再次因布展不够精细遭到冷遇:湖南、四川、浙江等地送展了优质的矿产品,但是由于没有详细情况的图画介绍,没有配套采矿工具的展示,没有专人进行讲解,只能在"杂艺院"中被闲置,导致无人过问。中国虽然为农业大国,但是累积的生产经验未能形成系统学说,所在博览会的"农业院"内见不到中国的身影;展览经办者对于各口海关运送的种子、药材、干果及盐、糖精制食品的种植、加工的信息知之甚少,导致中国展品"偏陋阴暗之一隅,颠倒错乱"①。科学布展观念的缺乏大大降低了展品的展示价值。

与此同时,为了博人眼球,海关洋员数次筹办丑化中国形象的展品。1904年圣路易斯万国博览会举办,清政府不但派贝子溥伦亲自挂帅代表中国官方参加,还向各省摊派强行筹措了 70 万银两,对参会非常重视。但是海关洋员阿尔乐和巴士伯筹措的展品中竟然出现了身穿中国服装的"小脚"女人和"鸦片鬼"等泥塑或木雕人偶。《东方杂志》对此批评:"外人过者无不嗤之以鼻。是则此次出品名曰陈赛,实无异于献丑。"②从海关主导中国万国博览会数十年的历史来看,海关洋员在搜集展品的过程中注重猎奇猎珍,作为异国人,他们并没有维护中国民族尊严和国家形象的想法和态度,为吸引眼球而将展示中国的缠足和抽鸦片之陋习的展品作为炫"奇"之物,严重损害了中国的形象,与参会国人群体借参会谋取商业利益、展示中国良好形象、传播中国文化的初衷形成鲜明对比。

---

① [清]陈琪:《陈琪文集》,江苏文艺出版社,2012 年,第 92 页。
② 《圣路易会场之国耻》,《东方杂志》,1904 年,第 1 卷第 7 号,第 43 页。

四、商部主持时期国人参与者群体的"中学西传"活动

1. 博览会参会主导权收归商部

随着中外交流的增加以及民族意识的觉醒,由海关税务司代表中国参加万国博览会并包揽一切事务这一做法的弊端逐渐暴露并招致国人不满。1904 年圣路易斯万国博览会,本是清政府自参与万国博览会以来在政治上最为重视的一届博览会,却在会场上出现了"泥工""苦作""娼妓""小脚"和"鸦片"等展现中国陋习的展品,使中国颜面尽失。参加此届博览会的留美学生张继业在游记中称海关洋员布展的"赛品之丑,奚啻天壤","嗟彼洋员,章(彰)吾国耻,言之痛心"。①消息传回国内,舆论一片哗然。海关洋员阿理嗣还在会上口出狂言并压榨华商。这一众事件引发中国商人和中国留学生抗议,他们上书外务部,陈述博览会上出现的种种问题并请改由国人自行负责博览会事务。1905 年比利时列日万国博览会上,有辱国体的展品——刑具、烟枪、缠足鞋等物再次出现,且海关洋员仍旧态度恶劣,再次引发华侨和大众的不满。6 月,驻比利时公使杨枢也上奏清政府:"赛会关系商务,向由税务司领办,以西人置华货,所择未必精,陈所不应陈,每贻笑柄。"② 1904、1905 年两届博览会上,由海关总税务司掌管博览会事务的弊端接连暴露,海关洋员与清政府驻外人员、留学生、商人之间矛盾日深,国人对收回万国博览会参会主导权的诉求日益强烈。

进入 20 世纪后,中国在政治经济等方面的变化和发展奠定了清政府从海关手中收回博览会参会主导权的基础。当时,面对帝国主义瓜分中国的深

---

① 转引自陈占彪编:《清末民初万国博览会亲历记》,第 130 页。

② 罗靖:《中国的世博会历程》,第 120 页。

重危机,清政府不得不出台一系列新政变革措施以图振作,其中一项政策便是 1903 年商部的成立,并由载振、袁世凯、伍廷芳等人负责拟定商律,实行奖励工商、发展实业的政策。1904 年,清政府仿照日本将在上海成立的商业会议公所正式改组为上海商务总会,由此中国第一个正式商会诞生。此后,各地兴起建立商会的热潮。同年,天津、山东、山西、福建、湖南 5 省把商业会议公所改组为商会,全国各地的新商会如雨后春笋般不断出现。[①]从商部成立到商会的不断涌现,以及一系列商律的施行,清政府对商人的管理逐步形成一套较为完整的体系。"清末新政"客观上促进了中国民族资本主义的发展,"实业救国"思潮兴起,中国商人群体的力量进一步增强。

在国内外的情势之下,1905 年比利时列日博览会成了中国从海关手中收回博览会主导权的转折点。会后,同年 11 月,商部颁行了《出洋赛会通行简章》。简章第一条规定:"外国遇有赛会,由商部咨行各省督抚,晓示商人,有愿赴赛会者,务于期限内,呈报本省商务局、商会,转报督抚,汇咨商部办理"[②],确定了"商部—督抚—商人—商务局(商会)—督抚—商部"这一办事流程,更明确表示万国博览会事宜交由商部负责办理,结束了海关独揽中国博览会参展权近 40 年的局面。这一简章还规定了在外国会场设立参会机构"总事务所"和展品的选取标准、装箱及运输等具体要求的细则,鼓励商人携货参会,规定"赴会商人所陈列物品,应与各国所陈同类之品用心比赛,取彼之长补我之短,以图改良之计",且特别强调"凡有害风教卫生各品不准赴赛"[③]。该简章的出台与落实,使中国的参展活动开始走向制度化和规范化。

根据学者赵祐志的统计数据分析发现,自 1906 年至 1911 年,清政府以

---

① 参见章开沅、朱英主编:《中国近现代史》,河南大学出版社,2009 年,第 290 页。
② 章开沅主编:《苏州商会档案丛编:第一辑》,华中师范大学出版社,1991 年,第 462~463 页。
③ 章开沅主编:《苏州商会档案丛编:第一辑》,第 462~463 页。

使馆派员参加、政府派员参加、官民组团参加、晓谕商民参加、海关寄物参加或商民自行参加等方式参加各种性质的万国博览会共有 14 次。短短 6 年间，几占清末参会总数的 17%。可见，办会权收归商部后，晚清中国自上而下形成了积极参加万国博览会的风气。这一时期万国博览会，一般由商部、外务部联合牵头，在外由驻外公使负责相关事务，在内以成立相关公司或组织工会的形式进行筹办工作。

尽管清政府收回了万国博览会的参会主导权，但此时的清王朝已是强弩之末，财政面临严重困难，对参加万国博览会的筹办工作"有心无力"。截至 1911 年清政府覆灭，参加的影响较大的博览会共有两次：1906 年意大利米兰万国博览会和 1910 年比利时布鲁塞尔万国博览会。囿于客观条件的限制，整体上这两届博览会中国参展筹办得很仓促，经费在两三万两白银之间，会场偏僻狭小，展品也不够丰富。尽管如此，在商部的主持及办会中国官员的摸索和努力下，万国博览会上的中国展览虽历经波折，仍取得了可喜的成绩。在米兰博览会上共斩获一百多张奖评、奖牌，其中特等奖 9 项；在布鲁塞尔博览会上，"货物如各种花瓶、绣花品、风筝、豆腐、竹器，均为外人所称艳"[1]，获得了奖牌 65 份，包括超等奖状 14 张，荣誉奖状 8 张，头等金牌 15 面，银牌 18 面，铜牌 2 面，存记奖状 5 张，公赠奖状 3 张。这些成绩的取得，与清末中国针对参加万国博览会的筹办工作所形成的官商合作体系及参会国人群体的进一步发展是分不开的。

2. 办会官员与商会群体积极作为

随着中国参加万国博览会的主导权由海关移交到商部，出现在万国博览会上的国人群体有所增加，其中办会官员和商会群体作为参与主体在中国参

---

① 《比京赛会记》，《东方杂志》，1910 年，第 7 卷第 8 号，第 41~42 页。

加万国博览会的整个过程中起到至关重要的作用。

先看办会官员。《出洋赛会通行简章》第二条规定:"外国会场应设立总事务所,经理华商赛会事宜,届时或奏派监督,或出使大臣就近照料,或派员督理,由外务部、商部酌核办理。"①该条明确了博览会事务收归商部后代替海关洋员的办会人员。在1906年意大利米兰万国博览会和1910年比利时布鲁塞尔万国博览会上这一规定都得以践行,驻意使臣黄诰、驻比使臣杨枢分别担任这两次万国博览会上的华员监督,还有许多国内官员被安排到会场上辅助办会。他们负责"勘察场地,予为布置,检查陈列展品,负责与主办国联络、交涉,保护华商利益,掌管经费开支"②。

1906年意大利米兰万国博览会是商部主持之下中国参展的第一届博览会,同时也是自1873年以来第一次由中国官员负责全权办理中国馆的博览会。在国家财政非常困难的情况下,国内率先筹措划拨经费白银一万两,经由上海银行电汇到米兰,并根据《出洋赛会通行简章》在会场设立总事务所,经办参展的一切事务。1910年比利时万国博览会,商部、外务部筹拨白银二万两,主要负责人杨枢费尽周折向当地博物馆借来1905年列日博览会中国捐赠的展示柜、桌椅,在很大程度上缓解了经费的紧张和展品的匮乏。身穿紫红锦缎官服的杨枢,不仅参加了开幕式,还在武备街中国使馆招待比方各官员,期间发表了精彩的演讲,"屡为喝彩及拍掌之声所截断"③。而后,中国展览顺利开展。

该时期最为显著的变化是,受国内救亡图存、实业救国思潮的影响,办会官员对中国当前展品的不足有了清醒的认识,并产生积极追赶、要求进步的

---

① 章开沅主编:《苏州商会档案丛编:第一辑》,第462~463页。

② 罗靖:《中国的世博会历程》,第123页。

③ 《比京赛会记》,《东方杂志》,1910年,第7卷第8号,第46页。

愿望,十分重视商业贸易的发展。作为1906年意大利米兰博览会的监督,黄诰在述职奏折中肯定了中国参加此届博览会的成果,如渔业方面对渔界、渔具、渔船、鱼类、水产、制造6项的陈列"布置井然,西人亦有称赞者";另一方面,他也明确指出会上他国陆运、海运之先进,以及军事武器、各项工艺等之精良,中国远不能及的落后现实,并极力建议派专门人员到欧洲考察学习,以作国内之参考。①作为随员的李鸿宾则对于赛会的展品和流程都提出了自己的思考,一方面针对渔业、工艺、织造、绣货、瓷器、漆器、雕刻、扇子等中国传统送展展品,提出根据西人喜好在花纹、样式、工艺、色彩等方面进行改进的建议。另一方面对会上他国的陈列细心观察,详细阐述了西方机器、海军、铁道和火车及美术、卫生学领域的先进性,并对赛会的流程、参会机构等提出建议,表示应在上海分设一个"赛会总事务所",甚至在国内"开大赛会以增商智"等。可见中国各级办会官员追求中国博览会事业、商贸事业进步的意愿十分强烈,他们不仅对万国博览会的思想认识有了更多进步,也对中国的商贸发展分外上心。②

　　再看商会。正值清政府将万国博览会的承办权从海关洋员手中收归自办的转型时期,为弥补海关洋员的空缺,政府官员将各地商会作为出洋赛会的依靠力量。商部为劝谕工匠亲身赴会考察、设立工厂、学习外语等事务与各地商会往来频繁。③中国商会群体也积极参与其中,在该时期中国参加的万国博览会上扮演了举足轻重的角色。

　　1906年米兰万国博览会以展示交通运输为主,因而与海运、河运相关的经济活动也颇受重视。清政府方面接纳实业家张謇的建议,为整合国内渔业

---

① 参见郭慧编:《光绪三十二年中国参加意大利米兰赛会史料》(中),《历史档案》,2006年第2期。

② 参见郭慧编:《光绪三十二年中国参加意大利米兰赛会史料》(下),《历史档案》,2006年第4期。

③ 参见章开沅主编:《苏州商会档案丛编:第一辑》,第466~469页。

力量成立了"七省渔业公司",其中以浙江渔业分公司为代表,由渔业分会会长、湖南省候补通判罗诚组队共 5 人参加了渔业分场展出,并布设展厅。首次参展的中国渔业公司把会场布置得井然有序,别出心裁,受到来自世界各地与会人员的称赞。此外,参展的还有各地民间商会和企业,其中广东、江苏、湖北、湖南、浙江 5 省的公司,携带着瓷器、玉器、绣货、茶叶、竹木雕刻等多种中国传统工艺品积极参展。其中,浙江杭州舒莲记扇庄的扇子颇受欢迎,参观者大都愿意购买收藏。

此次博览会,中国商人为了能够展出代表民族的商品,避免洋人故意拿中国守旧、糟粕的东西博人眼球的行为,坚决抵制洋员充当中国赴会监督随员。会前,虽然《出洋赛会通行简章》明确规定万国博览会不再由海关税务司办理,意大利驻华公使巴乐礼仍向清政府外务部推荐洋人达裴禄作为外籍随员,"一俟达斐禄到罗马前往拜谒时,即可与黄钦使当面商订也"①。对往届博览会中海关洋员的所作所为憎恶非常的华商立刻行动起来,林子屏、林毓等商人共同上书反对聘用外籍随员,情愿罢会也不愿同意,恳请"嗣后华商在外赛会,专归我中国官员照料"②。在禀文中他们指出西人办事的几大弊端:一是西人不能为中国商人考虑、办事,二是西人受中国俸禄的供养却又置办有辱我国国体的展品,三是西人掌握博览会办事权意味着"握我国权……灭我自由,夺我权利,扬我恶陋,辱我国体"③。一方面是商部的成立和《出洋赛会通行简章》的颁行使中国商人可以名正言顺地拒绝海关洋员参会,另一方面这篇禀文中所使用的词汇"国权""自由""权利"等也反映了受到维新思想影响的中国商人在民族意识上的觉醒。

---

① 郭慧编:《光绪三十二年中国参加意大利米兰赛会史料》(上),《历史档案》,2006 年第 1 期。
② 郭慧编:《光绪三十二年中国参加意大利米兰赛会史料》(上),《历史档案》,2006 年第 1 期。
③ 郭慧编:《光绪三十二年中国参加意大利米兰赛会史料》(上),《历史档案》,2006 年第 1 期。

　　对于万国博览会事务,商会不仅代官方向商人传递赛会的相关消息,号召商家积极赴赛,协助办理征集展品和办理展品赴赛手续的事宜,还组织商人或者以商会为整体出洋赛会。比如1910年的比利时布鲁塞尔万国博览会,上海商务总会为"联商业、笃邦交"之目的,主动奏请参加,希望清政府予以派遣监督、拨发经费。上海总商会还积极筹组"华比赛会工会",该工会几乎网罗了上海商界全部的重要人物,对促进商人认识、参与万国博览会大有裨益。此届博览会上,上海商会的商品展览场馆约占整个中国馆的80%,"所占又均当扼要,预先择取精华地段,而货品门类既多,资本充足","上海此次所来各货,皆为外人所称羡",获得较大成功。①特别是法国华商豆腐公司的展品,成为中国会场的特色,所"陈列黄豆制品三十余种,百奇千种,为欧洲人所未见,复多印图说,各报喧播",也引起各国人以"全会场中第一新颖之问题"的研究讨论,陈列方法得当,引起诸多关注。②同时,也有商会积极派出代表到博览会游历考察。1910年天津商务总会派出"土著天津,热心实业,向于泰西艺术语文亦均研求"的姚彤诰为天津商会代表,前往布鲁塞尔游览博览会,并在观会后游历各国调查商务以备研究考证。③

　　自1905年博览会办会权收归商部后,出现了许多专门办赛的商人和团体。除以上海总商会为首的不断涌现的商会之外,华比赛会工会、出洋茶磁公司、广业公司、七省渔业公司、通运公司等机构,以及张人杰、张尧庚、严其章等专司其职的带头商人也专门参与到万国博览会的各项事务中去。商部、商会、商人之间逐渐形成了较为紧密的官商合作体系,国人参会群体在积极作为中得到空前发展。

---

①　乔兆红:《上海商会与中国近代博览会事业》,《史林》,2010年第2期。

②　参见《比京赛会记》,《东方杂志》,1910年,第7卷第8号,第42页。

③　参见《畿辅近事:禀派专员赴比赛会》,《北洋官报》,1910年第2382期,第9页。

3. 国人参与者群体的中国文化传播活动

商部主持万国博览会事务时期,国人参与者群体积极开展中国文化传播活动,其中在1906、1910、1911年三次博览会上的作为尤其突出。

为避免发生以往赛会"由洋员采办,率多亵玩,贻笑外人"的情况,1906年商部主持参与的第一届万国博览会——意大利米兰万国博览会上,中国驻意大利大臣黄诰等办会人员严阵以待,严格按照《出洋赛会通行简章》第六条规定:"凡有害风教卫生各品,不准赴赛",对于参赛展品,"当令逐件开列,留心检查"①。同时还密切关注会场上的动向:"十五日诰赴密拉诺往视会场,有一洋教士将中国女鞋陈列场中并写万疆无世四字"②,他们敏锐地觉察到这是在讽刺中国的裹脚陋习长久存在。面对这样有辱国体的行为,熟悉会场秩序和管理的中国办会人员迅速与会务方进行沟通处理。首先,随员李鸿宾和渔业公司委员罗诚向该会管事者询问详情,对方回复:此鞋是在欧洲所造,"万疆无世"四字也没有提及中国,不便禁止。而后黄诰等官员再次进行交涉,最终在总办方的命令下该会管事者与中国办会官员李鸿宾、罗诚一同撤去女鞋并撕掉"万疆无世"四字。黄诰、李鸿宾、罗诚等办会官员的做法不仅反映出他们积极交涉的工作态度,也显示了作为办会官员应有的素质和能力。通过他们的认真巡查、妥善处理,有损国家形象的事件得以避免,参展的茶叶、瓷器、玉器、景泰蓝、绣货绸缎、雕刻木石等类产品中均未发现有辱国体的展品。

在1910年的布鲁塞尔博览会上,参会国人群体更注重中国文化特色的展示。其时中国馆室内的装饰无不充满中国气息:会场上悬挂皇帝溥仪、摄政王载沣画像,并挂中国名画,摆放中国绣品及中国风格桌椅器具,延续了以前中国展品、展厅对中国特色文化的展示风格。更引人注目的是,中国开始在博

① 郭慧编:《光绪三十二年中国参加意大利米兰赛会史料》(上),《历史档案》,2006年第1期。

② 郭慧编:《光绪三十二年中国参加意大利米兰赛会史料》(上),《历史档案》,2006年第1期。

览会上展现洋务运动开展 40 年来取得的一系列近代化成果。除陈列商品之外,还有几百幅图片,种类繁多,涉及军事、路政、教育、政治等内容:军事方面有南北两军秋操图片;路政方面有正太铁路玻璃画片及各类铁路相关图表;[①]教育方面有各省官立、公立、私立各种学校的图片;政治方面有宪政筹办图表,各省咨议局章程议案,北京、天津、上海等地的各类报纸等等。[②]这些图片彰显了晚清几十年间中国在政治、经济、教育、军事、社会等方方面面取得的近代化成果,展现出新世纪国人焕然一新的精神面貌。

此外,在 1911 年意大利都朗万国博览会上,中国展品延续了此前的风格:展品与时俱进,包括了新式教育及近代化工业等领域的大量优秀成果。

在教育领域,"现经该会审查时,我国学校制度及教育成绩统计获得卓绝之奖……",共有 34 所学校上榜,获得最优等奖的 4 所,优等奖 9 所,金牌奖10 所,银牌奖 9 所,铜牌奖 2 所。[③]其中,各项工业学校、工艺职业学校及各项补助工商农业之设施均有获奖。比如上海邮传高等实业学堂获最优等,湖北省矿务学堂获金牌,安徽省实业学堂获银牌,直隶高等实业学校及广东省广州光华医学堂获优等;北京罗马音字研究会获卓绝奖等。[④]

在铁路运输业方面,北京的邮传部所提供的电线及铁路图,唐山的铁路及材料厂都获得最优等的评定。

矿务及化学工艺学方面,直隶临城的矿务局和湖北的汉冶萍煤铁厂矿有限公司的钢铁制品、矿产都获得了"采勘矿脉开采矿山之法、金属学"小项中的最优等,直隶滦州的矿务局获优等奖项;贵州铜仁府的铜仁公司获得金属

---

① 参见《比京赛会记》,《东方杂志》,1910 年,第 7 卷第 8 号,第 42 页。
② 参见陈占彪编:《清末民初万国博览会亲历记》,第 201 页。
③ 参见《学部呈赴义赛会得奖情形报告》,《临时公报(北京)》,1912 年第 1 卷,第 6~7 页。
④ 参见《工商部准驻义代表申送义国都朗赛会奖案清单》,《工业世界》,1912 年第 1 期。

冶炼方面的金牌;湖北宝塔牌水泥厂和直隶唐山的启新洋灰公司在"石灰水泥"小项中分别获最优等、优等奖。

报纸及印刷术方面,商务印书馆在"字模""排印""刻版"三小项中分别斩获金牌奖、最优等奖、最优等奖。①

在"房屋内外装饰"项目中,全国各地的工艺制造局除了展出传统的铜器、瓷器之外,还增设新式灯盏、玻璃、水晶等展品。

在食品方面,各食品加工厂在吸收西餐饮食方式的基础上推出粉烘制面包、葡萄酒、果汁及甜酒等,分别斩获了最优等、优等、卓绝奖、金牌、银牌、铜牌等各类奖项……②

诸多获奖展品既展示了中国近代工商业的发展和向西方学习过程中日渐精进的工业技术,也充分彰显了博览会国人参与者群体对外展示、传播中国文化的突出业绩。

4. 国人参与者群体中国文化传播活动特征

商部主持时期万国博览会国人参与者群体的中国文化传播活动主要具有三个特点:一、展览形式趋向多样化;二、展示内容上更具时代性;三、以官商合作为主导的国人群体更积极投入。

首先,较之以往多采用实物展品形式的展览,该时期的万国博览会上另采用照片展示、模型展示、木雕展示等多种形式,直观生动,展览形式趋向多样化。其中最有代表性的就是由中国送展的大量照片展品,随着摄影技术的进步及其在中国的普及,越来越多的照片展品在各届万国博览会上不断涌现。大量照片中既有体现新军风貌的南北两军秋季操练图,还有更为直观的

---

① 参见《工商部准驻义代表申送义国都朗赛会奖案清单》,《工业世界》,1912 年第 1 期。
② 参见《工商部准驻义代表申送义国都朗赛会奖案清单》,《工业世界》,1912 年第 1 期。

正太铁路玻璃画片,也有北京、上海各大城市创办的各类报纸,以及详细的商务统计表等,内容涉及晚清中国军事、路政、教育、政治的方方面面。这些纪实性照片正是中国民族意识进一步觉醒和大众传播技术进步的一个体现,它们既能真实地反映出中国的社会变化和向西方学习而取得的成果,也具有丰富展览形式、吸引游人兴趣的功能。加上模型、木雕等展示形式,无一不体现出中国在展览观念上的进步和对参展事务的积极心态。

其次,与民间自发时期、海关主导时期不同,进入 20 世纪的晚清官员在万国博览会上的文化传播活动,在展示内容上呈现出更加具有时代性的特点。在不放弃中国原有传统文化展品的基础上,开始将洋务运动开展 40 年以来所取得的近代化成果搬上万国博览会的舞台。除几百幅写实性照片外,斩获诸多奖项的近代化展品更彰显了晚清几十年间在教育、经济、工业等方面取得的显著成果。各类新式学校体现了教育制度改革的卓越成绩,铁路运输方面从微观抽象的电线及铁路图到直观立体的铁路及各材料厂都获得了最优等评定,矿物及化学工艺学方面也表现不凡,报纸和印刷术的更新更体现了晚清中国近代化新媒体的快速发展。这些近代化成果甚至已悄然渗透到日常生活的方方面面,新式灯盏、玻璃、水晶等新物件在室内装修上的应用,增设水晶等展品,烘焙面包、各式甜酒果汁等在食品方面的推陈出新,无一不向世界展现着正在动态发展中的中国社会之风采,同时也传达出中国积极向西方学习并迈向近代化的不断努力和智慧。

最后,自万国博览会的承办权收归商部之后,相比于洋员的糊弄了事甚至为吸引眼球展出有辱国体之展品的行为,中国的办会官员严格对待每一届万国博览会,态度积极,工作认真,而且在详细考察万国博览会之后对中国办会提出具体的改善方案。在 20 世纪初中国工商事业发展迅猛的情况下,商部连同各地商会迅速成长起来,成为政府筹办出洋赛会的重要依靠力量。他们坚决抵制洋员充当中国赴会监督随员,使晚清在最后五六年间能自主选择参会展品,实现真正意义上的自主管理。更为重要的是,中国办会官员同商部、商会携起手来形成日益密切的官商合作体系,在国内各界人士的努力下,他们一方面据理力争力图在国际性的展示舞台上杜绝辱华展品,维护国家形象;另一方面将中国近代化的发展成果进行展示,抓住时代发展的契机,对中国正面形象的树立起到积极作用。

五、博览会国人参与者群体"中学西传"活动的意义与影响

晚清时期参与万国博览会是中国被迫卷入资本主义世界市场的表现,同时又是一场长时间、大规模的文化交流活动。在近代西学东渐的强烈声势对比之下,万国博览会的国人参与者群体为中国文化域外传播赢得了宝贵机会,其意义和影响不容小觑。

1. 强化了中国传统农业国形象

毋庸置疑,对博览会的观念认识及组织力量等因素影响着展品选择、展馆建设、展品陈列等内容,进而左右了中国展品在万国博览会上所展示的具体面貌。历届万国博览会上都少不了丝、茶等中国物产和传统手工艺品,它们在展示中国文化深厚传统方面永不缺位。

在民间自发时期,与万国博览会初接触的国人群体展出丰富的物产和传统手工艺制品,迅速在西方人心中树立起中国农业大国的形象。在海关主导时期,依托海关行之有效的展品搜集模式,国人群体同样将大批量的传统产品带到了博览会的会场。1876年费城博览会上,中国参会的物品数量共有720箱,价值约白银20万两,但是参展物品中"物件悉遵华式,专为手工制

造,无一借力机器"①,传统手工业品占据很大的比重。中国展馆也一直延续着牌楼、宫殿等中国传统的建筑形制,这同样是中国农业文化、王朝文化的重要符号代表。到了商部主持时期,国人送展的一些展品反映出中国社会发生的变动,体现了晚清中国走向工业化的趋势,但是与农业文明相关的产品依然大量存在。从本质上看,这是由当时中国的生产发展状况决定的,在自然经济尚未解体、资本主义经济发展薄弱的现实情况下,农业产品和传统手工产品大量存在是必然现象。

历届万国博览会上的中国展品,使传统农业国的形象不断被强化,成为晚清塑造国家形象的重要载体,也形成国际社会对中国最深刻的认知。

2. 扩大了文化传播内容和受众面

晚清的"中学西传"虽然促使欧洲学术界开始了解中国的传统文化和科学技术,但对西方大众的影响却始终有限。随着鸦片战争的爆发,中国被迫打开国门,但囿于长久的文化隔膜、迥异的语言文化和交流的渠道狭窄,西方世界对中国与中国文化的认知并不清晰。万国博览会的举办及中国的参与,使中西交流多了一个重要渠道,中国文化的域外传播也展现出受众空前扩大、内容极大丰富的独特优势。

在万国博览会举办之前,中国文化向外传播是通过其他形式进行的。13世纪马可·波罗来华,留有《马可·波罗游记》一书,第一次向欧洲人全面介绍了历史悠久的中国文化。此书在欧洲广为流传,激发了欧洲人对于东方的无尽向往。到了16世纪,中国文化的传播主要集中在来华传教士对中国文化典籍的翻译活动,以利玛窦为代表的传教士将天文、数学、地理等自然科学知识带到中国的同时,也将中国的文化经典通过翻译传向西方。除了"四书五

① ［清］李圭:《环游地球新录》,第9页。

经",传教士还将其他儒家经典和历史文献进行了翻译和外传,如《孔子经略》《列女传》《历代大贤传》《孙吴兵法》《劝学篇》《通鉴纲目》等等。除此之外,来华传教士还留下大量报告、书信、日记等内容,记录他们对中国的亲身经历和实际感受,这也成为欧洲了解中国文化的重要渠道。但是受限于文字、书本这类抽象的文化传播形式,万国博览会之前的文化传播活动在内容上多局限于学术文化领域。

万国博览会上展示和传播的中国文化,在艰深的中国学术文化之外,还包括其他丰富多样的文化内容。中国展品技艺精湛、造型优美,中国展馆有着完全不同于西式建筑的东方风格,还有全景式的社会风俗展示和艺术表演,这些以实物或动态形式进行的展示,向万国博览会的参观者呈现出更加广泛而多样的中国文化。而与会中国人,更是通过他们的穿衣打扮、行为举止、与外国人的交往活动等人际交往形式,展开了独特而生动的文化传播。万国博览会大大增强了中国文化传播内容的多样性。

以往中国文化传播的主要受众为西方的知识阶层,甚至局限于西方的汉学界人士,只有他们可能有机会或有意愿去通过阅读中国典籍译本了解中国文化。而各届万国博览会门票价格适宜,普通的民众也能负担,参观者上至各国的王公贵族,下至平民百姓。文化传播活动得以扩展到西方社会的普罗大众,这大大扩宽了中国文化的受众范围。

从统计数据来看,1851年伦敦万国博览会会期168天,共有604万人次参加了本届博览会。1876年,美国费城博览会的游览人数为1000万人次。两年后,法国巴黎万国博览会的入场人数多达1603万,是美国的1.6倍。而为纪念法国大革命一百周年而举行的1889年巴黎万国博览会,入场人次更是远超以往,达到巅峰,为3235万。世界的经典建筑埃菲尔铁塔便是为这届博览会设计建造的。1904年美国圣路易斯博览会的入场人数为1969万,1905

年比利时列日万国博览会的入场人数为 700 万,1906 年意大利米兰万国博览会参会人数为 550 万,1910 年比利时布鲁塞尔万国博览会的入场人数为1300 万。虽然进入 20 世纪后博览会的规模和参会人数不如以前,但是从第一届开始的每届万国博览会的参与人次都在 500 万以上,这说明万国博览会吸引了西方社会各阶层的参与,万国博览会上的中国文化传播作用与以往仅局限在知识界或者某一领域范围内的情况迥异。

海关洋员金登干在与赫德的通信中曾写道:对于像英国和中国这样相隔如此遥远的国家来说,这些国际博览会起了很大作用,以伦敦举办的渔业博览会为例,从全国各地蜂拥前来参加博览会的大批观众,都决心要参观中国展区。[①]通过对中国展馆、中国展品及陈设、中国游艺活动的参观,以及与中国人的亲身交往,西方大众增加了对中国与中国文化的直观感受。

3. 有利于中外政治和商贸交往

万国博览会上主要活动是展品的展览、评比和推广,它在促进中国近代商业贸易上的重要作用自不必说。同时,博览会上的中外文化交流活动,一方面借助文化接触表达了清政府缓和中外紧张关系的努力,为中外政治交往开辟了可能;另一方面,文化和商品的结合又为中国商品外销提供了新思路。

博览会参与者群体在万国博览会上的文化传播活动向西方展示了中国在商贸文化领域的开放,使西方看到了中国在外交方面进行更深层次开放的可能。1873 年,中方出于维护邦交关系的考虑,与奥方协商之下参加了维也纳万国博览会,中国代表在万国博览会上的出现令西方惊喜。西方人认为,与以往诸国通过武力等方式从中国手中掠取权益不同,中国对博览会的参与

---

① 参见陈霞飞主编:《中国海关密档》(第 3 卷),第 376 页。

显示出中国在工业和艺术领域的对外交流意愿:"特别令人满意的是,在这种情况下,中国政府已经突破了传统政策,并自愿在平等的基础上与其他国家在促进工业和艺术的发展上团结起来……我们赞扬中国在维也纳国际展览会上的出现,这是一个好兆头,也表明她愿意在平等的基础上加入国际社会的倾向。"① 1878 年中国展品在巴黎万国博览会上的再次出现,使西方人对中国抱有更深层次开放交流的希望:他们有理由推断,中国放弃了迄今为止一直奉行的排外政策,促进商业、艺术和科学的发展方面团结西方国家。虽然西人对中国外交政治层面的认识,包括"排外政策"的认知和态度推测并不准确,但是文化交流活动让西方各国看到了与中国进行深入接触的可能,万国博览会成为中国走向世界的一个途径。

随着与外国交往的增加和在博览会上汲取经验,中国商品开始结合西方市场的需求进行改造创新。李圭在游览 1876 年费城博览会上就说道:"逐日在会与西人相处,深知其爱憎……则将来赴会者,置货必有把握,非若前时之凭空揣拟矣。"②参会的中国商人通过博览会的平台,在与西人的交流中更加了解西方市场的需求。他们在中国传统商品的形式上,结合西式的要求进行生产创新。如 1904 年圣路易斯博览会上,宁波产的一套中式家具,桌椅上的各类纹饰为中式,包括松、梅、竹、菊、兰、龙、凤、鹿、太湖石、如意、花园景观、渔樵耕读等等,但是结构功能却为西式,桌上置柜以摆放文具,椅子还能旋转,这可以称得上中西结合的外销品精品。③中国展品在中西结合中的推陈出新,在塑造产品的文化特色并进行生产创新方面,为中国商品的外销提供了

---

① "The Chinese Court In The Vienna Exhibition.", *The Times*, 1 Nov. 1873, p.4. The Times Digital Archive, http://tinyurl.galegroup.com/tinyurl/9peBJ7. Accessed 22 Apr.2019.

② [清]李圭:《环游地球新录》,第 9 页。

③ 参见[美]居密主编:《1904 年美国圣路易斯万国博览会中国参展图录》之《中国参展文化交流篇》,第 47 页。

新思路。

　　国人群体参与下中国商品的参展本就是一次大规模的中国文化展示和传播活动。从 1851 至 1911 年,晚清中国在万国博览会上走过民间自发时期(1851—1872)、海关主导时期(1873—1904)、商部主持时期(1905—1911)三个时段,期间国人对万国博览会的观念认识不断深入,而由万国博览会走向世界的中国人越来越多,身份也愈加多样化,他们丰富了中国文化向外传播的内容和层次。同时,国人开展的中国文化传播活动丰富多彩,既有共性又各具特色。其共同点在于,整个晚清时期中国展品都以物产资源和手工艺品为主,不断强化着中国传统农业国的形象。但另一方面,借由各届万国博览会,中国商品、民间艺术、建筑文化、学术文化及中国在时代发展中的新变化都获得了向世界展示的窗口。其特色在于,万国博览会上国人群体的中国文化传播活动从形式、内容和效果上都展示出动态发展的趋势,随着对博览会参与的深入,文化传播规模不断扩大,传播形式越来越多样化,传播内容从物质文化层次到精神文化层次渐趋深入,到了 20 世纪更是显现出鲜明的时代性,呈现出晚清中国人维护民族尊严、追赶近代化脚步的精神面貌。

　　晚清万国博览会国人参与者群体的文化传播活动表明:文化传播活动深受传播主体的影响,博览会上国人群体的中国文化传播活动是随着参与者队伍逐步扩大而逐渐丰富起来的;而要做到高质量的文化传播,传播主体必须对所传播的文化内容具有深刻认识,且善用多种多样、生动有趣的形式为传播内容添色,与此同时要注重传播更为深刻的精神文化层次的内容,只有精神领域的共通才能带来更多理解与合作。

主要参考文献

一、中文资料

(一)基本史料(档案、日记、文集、回忆录、传记等)

1.[清]宝鋆等编:《筹办夷务始末:同治朝》,中华书局,2008 年。

2.查屏球编著:《甲午日本汉诗选录》(上),《中国近现代稀见史料丛刊》第 4 辑,凤凰出版社,2017 年。

3.[清]陈焕章:《孔门理财学》,韩华译,中华书局,2010 年。

4.[清]陈季同:《巴黎印象记》,段映红译,广西师范大学出版社,2006 年。

5.[清]陈季同:《中国人自画像》,黄兴涛等译,贵州人民出版社,1998 年。

6.[清]陈矩:《东瀛草》,清光绪刻本。

7.[清]陈矩编撰:《灵峰草堂丛书》,光绪十九年(1893 年)铅印本。

8.[清]陈琪:《陈琪文集》,江苏文艺出版社,2012 年。

9.陈霞飞主编:《中国海关密档》(第 3 卷),中华书局,1992 年。

10.陈燮君主编:《世博词库》,上海教育出版社,2012 年。

11.陈学恂、田正平编:《中国近代教育史资料汇编·留学教育》,上海教育出版社,2007 年。

12.陈学恂编:《中国近代教育大事记》,上海教育出版社,1981 年。

13.陈占彪编:《清末民初万国博览会亲历记》,商务印书馆,2010 年。

14.[美]丁韪良:《花甲忆记——一位美国传教士眼中的晚清帝国》,沈弘等译,广西师范大学出版社,2004 年。

15.[美]李恩富:《我在中国的童年》,刘畅译,福建教育出版社,2013 年。

16.[清]辜鸿铭:《中国人的精神》,北京联合出版公司,2013 年。

17.[清]辜鸿铭:《辜鸿铭文集》,黄兴涛等译,海南出版社,1996 年。

18.[清]辜鸿铭:《辜鸿铭信札辑证》,吴思远编译,凤凰出版社,2018 年。

19.顾维钧:《顾维钧回忆录》(第一分册),中国社会科学院近代史研究所译,中华书局,1983 年。

20.郭慧编:《光绪三十二年中国参加意大利米兰赛会史料》(上)(中)(下),《历史档案》,2006 年第 1 期、第 2 期、第 4 期。

21.[清]郭嵩焘:《郭嵩焘:伦敦与巴黎日记》,岳麓书社,1984 年。

22.国家清史编纂委员会编:《清代缙绅录集成》,大象出版社,2009 年。

23.[清]黄楙材:《西輶日记一卷》《游历刍言》《印度札记》,[清]王锡祺主编:《小方壶斋舆地丛钞》初编第十帙,光绪二十年(1894 年)上海著易堂铅印本。

24.[清]黄尊三:《留学日记》,湖南印书馆 1933 年。

25.[清]黄遵宪著,陈铮编:《黄遵宪全集》,中华书局,2005 年。

26.[清]贾桢等修:《筹办夷务始末:咸丰朝》,中华书局,1979 年。

27.江庆柏:《清代人物生卒年表》,人民文学出版社,2005 年。

28.[美]居密主编:《1904 年美国圣路易斯万国博览会中国参展图录》之《中国参展文化交流篇》《风云诡谲国际外交篇》《汉籍珍品域外流传篇》,上海古籍出版社,2010 年。

29.[清]黎庶昌:《拙尊园丛稿》,沈云龙编:《近代中国史料丛刊》(第一辑)(第 76 册),台湾文海出版社,1966 年。

30.[清]李凤苞:《使德日记》,沈云龙主编:《近代中国史料丛刊》(第一辑)(第 155 册),台湾文海出版社,1966 年。

31.[清]李圭:《环游地球新录》,湖南人民出版社,1980 年。

32.[清]李圭:《美会纪略》《东行日记》,[清]王锡祺主编:《小方壶斋舆地丛钞》初编第十二帙,光绪二十年(1894 年)上海著易堂铅印本。

33.[清]李鸿章:《李鸿章全集》,顾廷龙、戴逸主编,安徽教育出版社,2007 年。

34.李庆编注:《东瀛遗墨:近代中日文化交流稀见史料辑注》,上海人民出版社,1999 年。

35.[俄]列夫·托尔斯泰:《列夫·托尔斯泰文集 书信》(第 16 卷),周圣等译,人民文学出版社,1992 年。

36.凌叔华:《凌叔华自述自画》,中国青年出版社,2013 年。

37.[清]刘成禺、张伯驹:《洪宪纪事诗三种》,上海古籍出版社,1983 年。

38.刘雨珍编校:《清代首届驻日公使馆员笔谈资料汇编》,天津人民出版社,2010 年。

39.[清]潘飞声:《说剑堂集》,光绪二十四年(1898 年)广州仙城药州刻本。

40.[清]潘飞声:《西海纪行卷》《天外归槎録》,[清]王锡祺主编:《小方壶斋舆地丛钞》再补编第十二帙,光绪二十年(1894 年)上海著易堂铅印本。

41.[清]潘飞声:《在山泉诗话校笺》,谢永芳、林传滨校笺,人民文学出版社,2016 年。

42.[英]乔治·马戛尔尼、[英]约翰·巴罗:《马戛尔尼使团使华观感》,何高济、何毓宁译,商务印书馆,2017 年。

43.秦国经主编:《清代官员履历档案全编》,华东师范大学出版社,1997 年。

44.清国留学生会馆:《清国留学生会馆第五次报告》,(东京)清国留学生会馆 1904 年。

45.[清]容闳:《容闳回忆录》,恽铁樵、徐凤石等译,东方出版社,2006 年。

46.[清]容闳:《西学东渐记》,恽铁樵、徐凤石译,湖南人民出版社,1981 年。

47.[清]单士厘:《受兹室诗稿》,陈鸿祥校点,湖南文艺出版社,1986 年。

48.上海图书馆编:《中国与世博:历史记录(1851—1940)》,上海科学技术文献出版社,2002 年。

49.沈弘编译:《遗失在西方的中国史:〈伦敦新闻画报〉记录的晚清 1842—1873》(上),时代文化书局,2014 年。

50. 王宝平主编:《日本藏晚清中日笔谈资料·大河内文书》(影印版),浙江古籍出版社,2016 年。

51.王宝平主编:《中日诗文交流集》,上海古籍出版社,2004 年。

52.[清]王韬:《漫游随录·扶桑游记》,湖南人民出版社,1982 年。

53.[清]王韬:《弢园尺牍》,光绪二年(1876 年)铅印本。

54.[清]王韬:《弢园文录外编》,光绪二十三年(1897 年)时务学社刻本。

55.[清]王韬:《王韬日记》,方行、汤志钧整理,中华书局,1987 年。

56.王铁崖编:《中外旧约章汇编》,生活·读书·新知三联书店,1957 年。

57.王彦威纂辑:《清季外交史料》,王亮编,王敬立校,书目文献出版社,1987 年。

58.吴义雄、恽文捷编译:《美国所藏容闳文献初编》,社会科学文献出版社,2015 年。

59.[清]吴锺史:《高丽形势》《朝鲜风土略述》《东游记》《游高丽王城记》,[清]王锡祺主编:《小方壶斋舆地丛钞》初编第十帙,光绪二十年(1894 年)上海著易堂铅印本。

60.谢承仁主编:《杨守敬集》,湖北人民出版社、湖北教育出版社,1997 年。

61.[清]许午:《朝鲜杂述》,[清]王锡祺主编:《小方壶斋舆地丛钞》初编第十帙,光绪二十年(1894 年)上海著易堂铅印本。

62.[清]薛培榕:《朝鲜风俗记》《朝鲜八道纪要》《朝鲜会通条例》,[清]王锡祺主编:《小方壶斋舆地丛钞》初编第十帙,光绪二十年(1894 年)上海著易堂铅印本。

63.颜惠庆:《上海档案史料丛编:颜惠庆日记(1908—1919)》,上海档案馆译,中国档案出版社,1996 年。

64.颜惠庆:《颜惠庆自传—— 一位民国元老的历史记忆》,吴建雍等译,商务印书馆,2003 年。

65.[清]姚文栋:《天南同人集》,中国国家图书馆藏,清光绪刻本。

66.[清]袁祖志:《瀛海采问纪实》《西俗杂志》《涉洋管见》《出洋须知》,[清]王锡祺主编:《小方壶斋舆地丛钞》初编第十一帙,光绪二十年(1894 年)上海著易堂铅印本。

67.早稻田大学图书馆藏:《鸿迹贴》(清国来宾纪念),1906—1908。

68.[清]曾国藩:《曾国藩全集·日记(二)》,唐浩明主编,岳麓书社,1995 年。

69.张宏生编著:《戈鲲化集》,凤凰出版社,2000 年。

70.张宏生编著:《中美文化交流的先驱:戈鲲化的时代、生活与创作》,凤凰出版社,2016 年。

71.张静蔚编:《中国近代音乐史料汇编 1840—1949》,人民音乐出版社,

1998 年。

72.［清］张祖翼:《伦敦风土记》,［清］王锡祺主编:《小方壶斋舆地丛钞》再补编第十二帙,光绪二十年(1894 年)上海著易堂铅印本。

73.章开沅主编:《苏州商会档案丛编:第一辑》,华中师范大学出版社,1991 年。

74.赵之恒、牛耕、巴图主编:《大清十朝圣训》,燕山出版社,1998 年。

75.［清］郑观应著,夏东元编:《郑观应集》,上海人民出版社,1988 年。

76.［清］郑孝胥著,劳祖德整理:《郑孝胥日记》(第 1 册),中华书局,1983 年。

77.中国第一历史档案馆编:《明清档案与历史研究》(下册),中华书局,1988 年。

78.中国第一历史档案馆编:《清宫万国博览会档案》(第 1 册),广陵书社,2007 年。

79.中国人民政治协商会议天津市委员会文史资料委员会:《天津文史资料选辑》第 35 辑,天津人民出版社,1986 年。

80.中国史学会主编,中国科学院近代史研究所史料编辑室、中央档案馆明清档案部编辑组编:《中国近代史资料丛刊 洋务运动》,上海人民出版社,1961 年。

81.钟叔河主编:《走向世界丛书》,岳麓书社,1986 年。

82.钟叔河主编:《走向世界丛书》(修订本),岳麓书社,2008 年。

83.钟叔河等主编:《走向世界丛书》(续编),岳麓书社,2016 年。

(二)近代报刊

1.《北洋官报》

2.《东方杂志》

3.《工业世界》

4.《教育杂志》

5.《临时公报(北京)》

6.《岭学报》

7.《申报》

8.《万国公报》

9.《学报汇编》

10.《学部官报》

11.《新民丛报》

(三)研究著作

1.[法]伏尔泰:《风俗论》,梁守锵译,商务印书馆,1995 年。

2.[法]孟德斯鸠:《论法的精神》,张雁深译,商务印书馆,1961 年。

3.[美]柯文:《在传统与现代性之间——王韬与晚清革命》,雷颐等译,江苏人民出版社,1998 年。

4.[美]马士:《中华帝国对外关系史》,张汇文译,上海书店出版社,2006 年。

5.[日]木神莫山:《日本书法史》,陈振濂译,上海书画出版社,1985 年。

6.[日]神田喜一郎:《日本填词史话》,程郁缀、高野雪译,北京大学出版社,2000 年。

7.[日]实藤惠秀:《明治时代中日文化的联系》,陈固亭译,中华丛书编审委员会,1971 年。

8.[日]实藤惠秀:《中国人留学日本史》,谭汝谦、林启彦译,北京大学出版社,2012 年。

9.陈捷:《人物往来与书籍流转》,中华书局,2012 年。

10.陈抗:《中国与日本北海道关系史话》,中外关系史学会编:《中外关系史论丛》(第二辑),世界知识出版社,1987年。

11.陈上岷主编:《杨守敬研究学术论文选集》,崇文书局,2003年。

12.陈振濂:《陈振濂学术著作集 日本书法史》,上海书画出版社,2018年。

13.陈振濂:《近代中日绘画交流史比较研究》,安徽美术出版社,2000年。

14.陈振濂:《维新:近代日本艺术观念的变迁——近代中日艺术史实比较研究》,浙江古籍出版社,2006年。

15.党月异:《王韬与中国近代文学的转型》,中国社会科学出版社,2014年。

16.方厚升:《君子之道:辜鸿铭与中德文化交流》,厦门大学出版社,2014年。

17.郭绍棠:《旅行跨文学想象》,北京大学出版社,2005年。

18.郭世佑:《历史的误读》,生活·读书·新知三联书店,2014年。

19.何芳川主编:《中外文化交流史》,国际文化出版社,2008年。

20.洪振强:《民族主义与近代中国博览会事业(1851—1937)》,社会科学文献出版社,2017年。

21.胡斌:《何以代表中国 中国在世博会上的展示与国家形象的呈现》,岭南美术出版社,2016年。

22.胡晓明、傅杰主编:《释中国》(第1卷),上海文艺出版社,1998年。

23.胡以萍:《多维视域下的世博会展示设计》,武汉大学出版社,2017年。

24.花宏燕:《〈申报〉刊载旧体诗研究(1872—1949)》,凤凰出版社,2018年。

25.黄兴涛:《文化怪杰辜鸿铭》,中华书局,1995年。

26.蒋雪芹:《肖山漫笔》,中国博学出版社,2016年。

27.李定一:《中美早期外交史》,北京大学出版社,1997年。

28.李华川:《晚清一个外交官的文化历程》,北京大学出版社,2004年。

29.李文杰:《中国近代外交官群体的形成(1861—1911)》,生活·读书·新知三联书店,2017年。

30.李喜所主编,刘集林等著:《中国留学通史·晚清卷》,广东教育出版社,2010年。

31.李喜所主编:《五千年中外文化交流史》,世界知识出版社,2002年。

32.李雪涛:《日耳曼学术谱系中的汉学——德国汉学研究》,外语教学与研究出版社,2008年。

33.梁初鸿、郑民编:《华侨华人史研究集》(二),海洋出版社,1988年。

34.刘禾主编:《世界秩序与文明等级》,生活·读书·新知三联书店,2016年。

35.刘健:《博览劝业——世博会与近代中国博览会》,上海教育出版社,2010年。

36.罗福惠:《非常的东西文化碰撞:近代中国人对"黄祸论"及人种学的回应》,北京大学出版社,2018年。

37.罗靖:《中国的世博会历程》,湖南师范大学出版社,2009年。

38.马敏:《博览会与近代中国》,华中师范大学出版社,2010年。

39.乔兆红:《百年演绎:中国博览会事业的嬗变》,上海世纪出版集团,2009年。

40.日本关西大学文化交涉学教育研究中心、出版博物馆编:《印刷出版与知识环流:十六世纪以后的东亚》,上海人民出版社,2011年。

41.仝冰雪:《一站一坐一生:一个中国人62年的影像志》,上海社会科学院出版社,2010年。

42.仝冰雪等:《世博会中国留影:1851—1937》,上海社会科学院出版社,2009年。

43.汪向荣:《日本教习》,读书·生活·新知三联书店,1988年。

44.王宝平主编:《中日文化交流史研究》,上海辞书出版社,2008年。

45.王建朗、栾景河主编:《近代中国、东亚与世界》,社会科学文献出版社,2008 年。

46.王勤谟主编:《近代中日文化交流先行者王惕斋》,宁波出版社,2010 年。

47.王世襄:《中国画论研究》,生活·读书·新知三联书店,2013 年。

48.王晓秋主编:《近代中日文化交流史》,中华书局,2000 年。

49.王晓秋主编:《近代中日文化交流史人物研究》,昆仑出版社,2015 年。

50.王晓秋主编:《中日文化交流史大系》,浙江人民出版社,1996 年。

51.奚永吉:《文学翻译比较美学》,湖北教育出版社,2001 年。

52.相蓝欣:《传统与对外关系——兼评中美关系的意识形态背景》,生活·读书·新知三联书店,2007 年。

53.谢辉:《陈琪与近代中国博览会事业》,国家图书馆出版社,2009 年。

54.忻剑飞:《世界的中国观:近二千年来世界对中国的认识史纲》,学林出版社,2013 年。

55.忻平:《王韬评传》,华东师范大学出版社,1990 年。

56.熊丽君、刘学华主编:《跨文化交际学》,上海交通大学出版社,2010 年。

57.熊月之:《西学东渐与晚清社会》,中国人民大学出版社,2011 年。

58.徐国琦:《中国人与美国人:一部共有的历史》,尤卫国译,四川人民出版社,2019 年。

59.叶维丽:《为中国寻找现代之路:中国留学生在美国(1900—1927)》,周子平译,北京大学出版社,2017 年。

60.元青等著:《留学生与中国文化的海外传播:以 20 世纪上半期为中心的考察》,南开大学出版社,2014 年。

61.詹庆华:《全球化视野:中国海关洋员与中西文化传播(1854—1950年)》,中国海关出版社,2008 年。

62.张海林:《王韬评传》,南京大学出版社,1983 年。

63.张睦楚:《民族意识与自由主义的双重变奏——留美中国学生联合会之历史考察》,社会科学文献出版社,2018年。

64.张庆松:《美国百年排华内幕》,上海人民出版社,1998年。

65.张世安编著:《各国外交行政》,大东书局,1931年。

66.张小庄:《清代笔记、日记中的书法史料整理与研究》,中国美术学院出版社,2012年。

67.张仲礼:《中国绅士——关于其在19世纪中国社会中作用的研究》,上海社会科学院出版社,1991年。

68.章开沅、朱英主编:《中国近现代史》,河南大学出版社,2009年。

69.章开沅主编:《辛亥革命词典》,武汉出版社,2011年。

70.赵大川编:《图说首届西湖博览会》,杭州西泠印社,2003年。

71.赵福莲:《1929年的西湖博览会》,杭州出版社,2002年。

72.浙江大学日本文化研究所编:《中日关系史论考》,中华书局,2001年。

73.郑时龄、陈易:《建筑世博会》,上海大学出版社,2010年。

74.郑曦原:《帝国的回忆:〈纽约时报〉晚清观察记1854—1911》,当代中国出版社,2007年。

75.钟明善:《中国书法史》,河北美术出版社,1983年。

76.钟叔河:《走向世界:近代知识分子考察西方的历史》,中华书局,1985年。

(四)论文

A.期刊论文

1.鲍静静:《钱单士厘与第一部女子出国记》,《文史杂志》,1998年第6期。

2.曹文倩:《晚清民国的世博会中国馆与中国艺术》,《艺海》,2017年第8期。

3.陈传席:《杨守敬书法及其在日本的重大影响》,《中国书法》,2016年第3期。

4.陈复兴:《王韬和〈扶桑游记〉》,《社会科学战线》,1981 年第 2 期。

5.陈上岷:《杨守敬手稿〈学书迩言〉与中日书法艺术交流》,《文物》,1979 年第 11 期。

6.陈振濂:《日本书道现代化之父——论杨守敬对日本书法的贡献》,《文史杂志》,1987 年第 2 期。

7.[美]崔颂人:《美国汉语教学的先驱——戈鲲化》,《世界汉语教学》,1998 年第 3 期。

8.代顺丽:《近代域外游记的特征及价值》,《福建师范大学学报》(哲学社会科学版),2006 年第 4 期。

9.丁大刚,宋莉华:《王韬辅助理雅各翻译中国典籍过程考》,《国际汉学》,2020 年第 1 期。

10.高辛萍:《单士厘与〈癸卯旅行记〉》,《辽宁师范大学学报》,1991 年第 5 期。

11.郭文仪:《清末文人西方书写策略及其地域特征——以袁祖志与潘飞声的海外行旅书写为中心》,《江苏社会科学》,2014 年第 3 期。

12.[美]韩南著,段怀清译:《作为中国文学之〈圣经〉:麦都思、王韬与〈圣经〉"委办"本》,《浙江大学学报》(人文社会科学版),2010 年第 2 期。

13.何立波:《百年前考察研究世博会的中国人——陈兰熏》,《中国档案报》,2010 年 7 月 22 日。

14.何立波:《陈琪——带领中国进入世博会第一人》,《档案天地》,2010 年第 5 期。

15.洪振强:《国际博览会与晚清中国"国家"之形塑》,《历史研究》,2011 年第 6 期。

16.花宏艳:《王韬游记中的自我形象与幻象》,《兰州学刊》,2018 年 6 月。

17.花宏艳：《早期〈申报〉文人唱酬与交际网络之建构》，《华南师范大学学报》（社会科学版），2013年第4期。

18.黄万机：《自强、开放的探寻与呼吁晚清旅外文学初探》，《贵州社会科学》，1995年第5期。

19.江芝兰：《中国文献对西方的传播与影响》，《江苏图书馆学报》，1995年第6期。

20.赖某深：《清末风流文人袁祖志出洋考察》，《博览群书》，2019年第7期。

21.李爱丽：《中国参加1878年巴黎博览会述略》，《中国社会经济史研究》，2003年第2期。

22.李文杰：《总理衙门总办章京研究》，《史林》，2010年第5期。

23.梁碧莹：《民初我国实业界赴美的一次经济活动——中国与巴拿马太平洋万国博览会》，《近代史研究》，1998年第1期。

24.林传滨：《旧文体中的新世界——潘飞声〈海山词〉的价值与特色》，《古籍研究》，2016年第1期。

25.刘亮：《从晚清官吏李圭〈环游地球新录〉看中澳的经济文化交流》，《内蒙古农业大学学报》（社会科学版），2011年第6期。

26.龙文展：《进退之间：袁祖志的域外书写》，《宜宾学院学报》，2016年第5期。

27.罗军凤：《王韬与理雅各学术交往的切实证据》，《兰州学刊》，2016年第9期。

28.吕万和：《杨守敬赴日访书》，《历史知识》，1983年第2期。

29.吕文翠：《晚清上海的跨文化行旅——谈王韬与袁祖志的泰西游记》，《中外文学》，2006年第9期。

30.马骥：《高第（考狄）档案中的马建忠法文信函——兼论高第与马建忠

关系》,《宁波大学学报》(人文科学版),2017 年第 6 期。

31.马敏:《清末第一次南洋劝业会述评》,《中国社会经济史研究》,1985年第 4 期。

32.马敏:《中国走向世界的新步幅——清末商品赛会活动述评》,《近代史研究》,1988 年第 1 期。

33.马敏:《中国近代博览会事业与科技、文化传播》,《历史研究》,2004年第 2 期。

34.母庚才:《论杨守敬的〈古诗存目录〉》,《首都师范大学学报》,1994 年第 1 期。

35.庞思纯:《"陈氏三杰"之陈矩》,《贵阳文史》,2007 年第 2 期。

36.齐国华:《巾帼放眼着先鞭——论钱单士厘出洋的历史意义》,《史林》,1994 年第 1 期。

37.钱穆:《读康南海〈十一国游记〉》,《思想与时代》,1947 年 1 月第 41 期。

38.乔兆红:《中国与世界博览会:西学东渐与中学西渐》,《学术月刊》,2009年第 11 期。

39.裘伟廷:《世博会上的首位中国代表——李圭》,《世界文化》,2016 年第 8 期。

40.冉彬:《王韬汉语国际传播思想与实践》,《出版发行研究》,2015 年第 2 期。

41.任云仙:《试析晚清驻外公使群体构成与知识结构》,《历史档案》,2007年第 4 期。

42.舍予、王振宇:《牵手艺术 世博华丽转身》,《浦东开发》,2009 年第 2 期。

43.沈惠芬:《走向世界——晚清中国海关与 1873 年维也纳世界博览会》,《福建师范大学学报》,2004 年第 4 期。

44.施正宇:《戈鲲化与早期美国汉语教学》,《对外汉语研究》,2007 第 00 期。

45.石田肇、王建:《藤野真子与陈矩——关于〈秋柳〉四律》,《贵州文史丛刊》,2001 年第 3 期。

46.宋建昃:《近代中西文化交流中的王韬》,《中国文化研究》,2001 年第 5 期。

47.苏明明:《近代赴美执教先驱者戈鲲化》,《海外华文教育》,2003 年第 2 期。

48.田正平、叶哲铭:《重新认识王韬在中外教育交流中的"置书英国事件"》,《华东师范大学学报》,2006 年第 3 期。

49.王飚、关爱和、袁进:《探寻中国文学从古典到现代的转型历程—中国近代文学研究的世纪回眸与前景展望》,《文学遗产》,2000 年第 4 期。

50.王承略:《杨守敬与〈日本访书志〉》,《文献》,1989 年第 1 期。

51.王凤霞:《对晚清时期商会的初步探讨》,《山东教育学院学报》,2007 年第 2 期。

52.王宏志:《"卖身事夷"的王韬:当传统文士当上了译者》,《复旦学报》(社会科学版),2011 年第 2 期。

53.王立群:《王韬与近代东学西渐》,《北京科技大学学报》(社会科学版),2004 年第 1 期。

54.王翔:《中国近代化的一个里程碑——1910 年南洋劝业会述论》,《江海学刊》,1989 年第 3 期。

55.王一川:《中国的"全球化"理论——王韬的"地球合一"说》,《四川外语学院学报》,2001 年第 2 期。

56.魏丽莎:《日本藏晚清中日笔谈史料述略》,《文献》,2011 年第 3 期。

57.翁春萌:《晚清世博会上的中国国家形象表达》,《湖北大学学报》(哲学社会科学版），2016年第2期。

58.吴松弟：《走向世界：中国参加早期世界博览会的历史研究——以中国旧海关出版物为中心》，《史林》，2009年第2期。

59.吴晓樵：《关于南社诗人潘飞声掌教柏林——兼谈一段中德文学因缘》，《中国比较文学》，2014年第1期。

60.《武汉档案馆收藏清代〈汉口日报〉每份千元》，《兰台世界》，2010年第17期。

61.夏红卫：《文化交流逆差下的跨文化传播典范——中国执教美国第一人戈鲲化的传播学解读》，《北京大学学报》（哲学社会科学版），2004年第1期。

62.阎国栋：《沟通中俄文化的先驱——张庆桐生平事迹补苴》，《俄罗斯文艺》，2009年第2期。

63.杨波：《经世之心与文人风雅——李圭的环球之旅与域外诗文新论》，《河南师范大学学报》（哲学社会科学版），2015年第3期。

64.杨济深：《错位下的日本想象——甲午前晚清士人的日本游记研究》，《中国文学研究》，2013年第4期。

65.杨爽：《依田学海与晚清中国外交官的交流》，《日语学习与研究》，2019年第2期。

66.杨伟：《晚清首批留美幼童黄开甲与世博会的情缘》，《兰台世界》，2014年第28期。

67.杨增和：《王韬〈漫游随录〉中的异国女性形象》，《零陵师范高等专科学校学报》，2001年第1期。

68.詹庆华：《晚清海关洋员与世界博览会》，《上海海关学院学报》，2010年第3期。

69.张炳清：《王韬〈扶桑游记〉史料价值发微——读王韬〈游记〉札记》，

《绥化师专学报》(社会科学版),1985 年第 1 期。

70.张伯伟:《东亚文人笔谈研究的回顾与展望》,《人文中国学报》,2016 年第 1 期。

71.张宏生:《戈鲲化:传薪西洋第一人》,《传统文化与现代化》,1998 年第 6 期。

72.章开沅:《西学东渐与东学西渐——耶鲁馆藏档案简介》,《浙江社会科学》,1999 年第 1 期。

73.赵炜:《中国近代妇女旅游第一人:单士厘》,《社科纵横》,2007 年第 2 期。

74.朱英:《端方与南洋劝业会》,《史学月刊》,1988 年第 1 期。

B.学位论文

1.安丽敏:《单士厘的世界之旅及其思想认识研究(1898—1912)》,东北师范大学硕士学位论文,2010 年。

2.代祥:《清末赴日考察官绅的教育思想研究——以"东游日记"为中心》,厦门大学硕士学位论文,2006 年。

3.戴东阳:《晚清驻外使臣与不平等条约体系》,北京大学博士学位论文,2000 年。

4.符云云:《晚清域外游记研究》,暨南大学硕士学位论文,2007 年。

5.郭思晨:《潘飞声词研究》,华东师范大学硕士学位论文,2018 年。

6.洪振强:《1928 年中华国货展览会研究》,华中师范大学硕士论文,2003 年。

7.蒋彬王莹:《近代中国对西方科学技术的认识——从晚清的海外游记角度的分析》,南京航空航天大学硕士学位论文,2016 年。

8.阚萌萌:《王韬与中国近代的东学西渐研究》,渤海大学硕士学位论文,2016 年。

9.李柏霖:《庚子事变文学研究》,山东大学博士学位论文,2018 年。

10.李丹:《1902 年河内博览会述略》,中山大学硕士学位论文,2006 年。

11.刘振宇:《外交与留学:晚清留俄教育研究》,华中师范大学博士学位论文,2014 年。

12.吕光斌:《近代自费留美生研究》,南开大学硕士论文,2010 年。

13.吕顺长:《清末中日教育交流之研究——以教育考察记等相关史料为中心》,浙江大学博士学位论文,2007 年。

14.乔兆红:《商品赛会与湖北早期现代化——以武汉劝业奖进会为中心》,华中师范大学硕士论文,2000 年。

15.沈惠芬:《晚清海关与国际博览会》,福建师范大学硕士论文,2002 年。

16.汪年:《单士厘域外游记研究》,河南大学硕士学位论文,2010 年。

17.王昕:《从身体到国族——晚清旅欧文人游记中的西医书写》,福建师范大学硕士学位论文,2019 年。

18.谢辉:《西湖博览会研究》,杭州大学硕士论文,1994 年。

19.薛坤:《近代中国博览事业的起步和发展(1851—1937)》,苏州大学硕士论文,2011 年。

20.杨波:《晚清旅西记述研究 1840—1911》,河南大学博士学位论文,2010 年。

21.叶锦霞:《晚清外交中郭嵩焘外交思想及影响研究》,外交学院硕士学位论文,2019 年。

22.张睿:《晚清旅日游记研究》,广东外国语大学硕士学位论文,2015 年。

23.赵向红:《王韬与冈千仞游记比较研究》,华中师范大学硕士学位论文,2014 年。

24.朱寒:《日本汉学家冈千仞的中国之旅》,华东师范大学硕士学位论文,2008 年。

二、英文资料

(一)史料汇编

1.吴松弟整理:《美国哈佛大学图书馆藏未刊中国旧海关史料(1860—1949)》之杂项系列,广西师范大学出版社,2014 年。

(二)报刊

1.*Boston Daily Advertiser*, 1882.

2.*British Library Newspapers*, Part1-5.

3.*Glasgow Herald*, 1868—1870.

4.*Grantham Journal*, 1897.

5.*Manchester Courier and Lancashire General Advertiser*, 1886.

6.*Rocky Mountain News*, 1882.

7.*Ruhamah, Special Correspondence of the Globe-Democrat, St. Louis Globe-Democrat*, 1884.

8.*Salt Lake Semi-Weekly Tribune*, 1899.

9.*The American Journal of International Law*, 1909.

10.*The Belfast News-Letter*, 1897.

11.*The Center Repoter*, 1879.

12.*The Chinese Students'Monthly*.1906-1912.

13.*The Daily Inter Ocean*, 1881.

14.*The Era*, 1886.

15.*The Friendly Companion*, 1887.

16.*The Illustrated Catholic Missions: An Illustrated Monthly Record, in Con-*

nection with the Society of the Propagation of the Faith, 1887.

17. *The Index: A Weekly Paper*, 1880.

18. *The Leeds Times*, 1887.

19. *The Milwaukee Journal*, 1897.

20. *The Milwaukee Sentinel*, 1885.

21. *The Milwaukee Sentinel*, 1886.

22. *The Morning Post*, 1890.

23. *The New York Times*, 1879, 1904–1913.

24. *The Pall Mall Gazette*, 1890.

25. *The Sheffield Daily Telegraph*, 1901.

26. *The Standard*, 1881.

27. *The Sunday Times Digital Archive*, 1822–2006.

28. *The Times Digital Archive*, 1785–2010.

29. *The Times*, 1886, 1890, 1899.

30. *The Yorkshire Evening Post*, 1897.

31. *Washington Correspondence of New York Press, The Milwaukee Journal*, 1897.

(三)研究著作

1. Andrew Gyory, *Closing the Gate: Race, Politics and the Chinese Exclusion Act*, Raleigh: The University of North Carolina Press, 1998.

2. Edward J. M. Rhoads, "In the Shadow of Yung Wing: Zeng Laishun and the Chinese Educational Mission to the United States", *Pacific Historical Review*, Vol. 74, No.1, 2005.

3. Foster R. Dulles, *The Old China Trade*, Boston and New York: Houghton

Mifflin,1930.

4.Guoqi Xu,*Chinese and Americans*,Boston:Harvard University Press,2014.

5.Helen. Edith. Legge,*James legge:missionary and scholar*,London:The Religious Tract Society,1905.

6.Immanuel C. Y. Hsü,*China's Entrance into the Family of Nations:The Diplomatic Phase,1858—1880*,Cambridge,Mass:Harvard University Press,1960.

7.James Legge,The Chinese Classics,Vol.V,Hong Kong:London missionary society's printing office,1872.

8.P. R. Harris,*A History of the British Museum Library,1753—1973*,London:The British Library,1998.

9.Patrick Hanan,*Treasures of the Yenching:seventy—fifth anniversary of the Harvard—Yenching library*,Boston:Harvard Yenching Library,2003.

10.Popular American Authors,*Belle Langley:And Other Stories*,Boston:D. Lothrop and Company,1877.

11.Scott D. Seligman,*The First Chinese American:The Remarkable Life of Wong Chin Foo*,Hong Kong University Press,2013.

三、德文资料

(一)档案史料

1.Verzeichnis der Vorlesungen by Seminar für Orientalische Sprachen an der Friedrich—Wilhelms—Universitat zu Berlin,1887—1890.

(二)研究著作

1.Carl Adrent,*Handbuch der Nordchinesischen Umgangssprache Mit Ein-*

schluss der Anfangsgrunde des Neuchinesischen Offiziellen und Bridfstils,Stuttgart &Berlin:W.Spimann,1891.

2.Carl Arendt,*Einführung in die nordchinesische Umgangssprache*,Stuttgart &Berlin:Spemann,1894.

3.Jakob Volhard,*August Wilhelm von Hofmann ein Lebensbild im Auftrage der Deutschen chemischen Gesellschaft*,Berlin:Deutschen chemischen Gesellschaft,1902.

4.Otto Franke,*Das Seminar für Orientalische Sprachen in Berlin und seine geplante Umformung*,Leipzig:Quelle und Meyer,1924.

5.Otto Julius Bierbaum,*Liliencron*,Leipzig:Georg Müller,1910.

6.Otto Julius Bierbaum,*Otto Julius Bierbaum Gesammelte Werke*,Dritter Band,München:Georg Müller,1921.

7.Prof. Dr. Ed. Sachau,*Denkschrift über das Seminar für Orientalische Sprachen an der Kniglichen Friedrich-Wilhelms-Universitat zu Berlin von 1887 bis 1912*,Berlin:Reichsdruckerei,1912.

四、日文资料

1.陈捷:《明治前期日中学術交流の研究———清国駐日公使館の文化活動》、東京:汲古書院、2003 年。

2.[日]実藤恵秀編訳:《大河内文書:明治日中文化人の交遊》、東京:平凡社、1964 年。

3.[日]小島晋治編纂:《幕末明治中国見聞録集成》、東京:ゆまに書房、1997 年。

4.张伟雄:《文人外交官の明治日本:中国初代駐日公使団の異文化体験》、東京:柏書房、1999年。

后　记

　　本书系教育部人文社会科学规划基金项目"晚清时期走向世界国人群体'中学西传'活动研究"（18YJA770022）的结项成果，是课题组成员合作研究的结晶。书稿的整体构思与研究框架、写作思路与基本观点由元青提出，各章节初稿由课题组成员分别撰写，具体分工如下：

　　绪论：李清、元青

　　第一章：吴鲁锋、元青

　　第二章：李春晓、元青

　　第三章：王钧、元青

　　第四章：黄思雨、申文静

李清对初稿进行了初步整理、修改。全书由元青统改定稿。

　　19世纪以降，在近代西方文化大规模输入中国的同时，中国文化对域外的传播同样获得了空前的发展，近代成为中国文化域外传播史上一个不可忽视的历史时期。但迄今为止，近代"西学东渐"一直是学术界研究的一个重点，成果堪称丰硕,而中国文化的域外传播亦即"中学西传"则少有专门的探讨和考察,总体上研究比较薄弱。本书希望能为推进近代"中学西传"百年历程研究提供一项阶段性成果。

本书即将付梓之际,我们对教育部人文社会科学基金对本课题的研究资助,对天津人民出版社刘庆社长、王康总编辑的大力支持,对本书责任编辑郑玥老师的辛苦付出,一并表示衷心的感谢!

元 青

2021 年 10 月